GHQ/SCAPと
戦後の政治再建

占領計画や政策における
日本保守主義者たち

ユハ・サウナワーラ【著】

原谷 友香
黒川 賢吉 【翻訳】

大学教育出版

Originally published as "In Search of Suitable Political Leadership –
Japanese Conservatives in Occupation Plans and Policies 1942–1947".
Acta Universitatis Ouluensis, B Humaniora 93, University of Oulu, Oulu 2010"

GHQ/SCAP と戦後の政治再建

― 占領計画や政策における日本保守主義者たち ―

目　次

序　章 ……………………………………………………………………………… *1*

第1章　計画過程 — 二項対立の発生（1945 年 8 月以前）— …………… *17*

1.1　政党政治と政治的資質の境界線　*22*

1.2　保守派の過去と未来を反映した基本方針　*31*

1.3　太平洋を越えて — ワシントン計画から GHQ/SCAP アジェンダへ

38

第2章　占領期（1945 年秋）……………………………………… *44*

2.1　生き残った保守派 — 保守派情報とそれに代わるものの欠如 —

45

2.2　懸念をもたらした背景と要因　*58*

2.3　国会会期中に強まる先入観　*65*

第3章　望ましからざる保守分子のパージ（1946 年 1 月）……… *75*

3.1　差し迫った保守主義者の支配がパージを促進した　*76*

3.2　パージは特に保守主義者に対する打撃となった　*84*

3.3　パージの内容に対する否定的な姿勢の影響　*91*

第4章　新しい日本の針路を定める（1946 年春）………………… *97*

4.1　保守派は新憲法の脅威ではなかった　*99*

4.2　保守派が選挙に勝っても、延期はなかった　*105*

4.3　保守派は合格で、鳩山は落第だった　*116*

第5章　無干渉主義から失望へ（1946 年夏と秋）………………… *134*

5.1　有望な徴候 — 保守政党の再評価 —　*135*

5.2　楽観論の時代 — 協力的内閣と進歩する政党 —　*141*

5.3　失望と新たな解決策の探求　*148*

目 次 *iii*

第6章 中道保守主義者の支援 ································ *161*

6.1 歓迎される民主党と国民協同党　*163*

6.2 選挙法改正と中道派連立の圧勝　*169*

6.3 民主党指導部の改造　*173*

6.4 新内閣は GHQ の期待に添っている　*185*

文　　献 ·· *190*

人名索引 ·· *224*

序　章

　1945 年秋、改革着手にあたり占領当局が直面した大きな課題は、敗戦と戦前デモクラシーの失敗で激しく非難を受けた日本の保守勢力をどう扱うかということだった。革命には実効性ある行政機構の存在が不可欠だった。民主化されたばかりの日本の政治は、国民の意思を反映する政党によって主導されるはずだった。しかし、当時の政治家や政党が民主社会で果たすべき役割は、まだ定まっていなかった。日本政治の民主化を推進した占領当局がこのとき頼りにしたのは戦時計画だった。占領当局は決して受け身の傍観者ではなかった。彼らはある方向性に向かって占領初期の数年間に個人のキャリアや組織の形成を積極的に主導した。つまり占領当局は、個々の政党の成長を促し、組閣に導いたのみならず、直接的な介入によって政党を彼らの方向性に導いたのだ。彼らの目標とその達成のための手法は力動的で、時代とともに変遷した。

　外国勢力によって進められた日本の民主化と当時の体制の廃止は、近年多くの学者の研究対象となってきた。その主な理由は、アフガニスタンとイラクの最近の情勢に類似性が見られたためである。民主化成功の理由が日本占領にあるとする研究は数多い。[1] しかし、日本占領を扱う歴史学者の多くが、1945 年から 1952 年にかけて日本で起きた一連の出来事の内部および外部プロセスに焦点を置いている。その見解によれば、同盟国による占領が、当時の日本において全く新しい政治的・経済的・社会的なモデルを提示したわけではなかった。[2]

　しかし、この見解は興味深い民主化事例としての日本占領の価値を否定するものではない。ケネス・パイル（Kenneth Pyle）によれば、近代国家において、降伏後の日本が経験した以上に、ある国の政治に対して大きな外的影響力が及んだ事例は歴史上ほかにない。[3] したがって、外的影響力の存在を抜きにして、独裁主義政権の廃止・民主主義政権の発足、そして連合または民主政権の長期的持続といった一連の民主化の過程について論じることはできない。[4] しかし、私の

研究は、強制的に国民に自由をもたらしたという矛盾を道徳的側面から考察するものではない。民主化の正当性や、民主主義的理想を強制的に浸透させたがゆえの障壁といった問題には触れつつも、その是非について論じるのは歴史学者としての私の務めではない。

大日本帝国の決定的な崩壊と、それに続く無条件降伏はあっという間というか、少なくとも予期せぬプロセスで進んだものの、占領は突如始まったわけではない。本書は、敗戦後の日本の民主化にとって戦時計画が、たとえばニューディールや冷戦下の反共産主義体制などと並んで、同盟国の日本占領において重要な指針だったとする研究動向に寄与することを意図している。つまり私の研究は、占領開始当時の日本を理解する上で、ポツダム宣言や、1945 年の夏から秋にかけてその他の重要な計画が採択に至った過程の考察が重要だという前提に基づいている。

同盟国の日本占領に関する他のあらゆる研究と同様、ここでも東京の連合国軍最高司令官（GHQ/SCAP）・米国務省および陸軍省・JCS（Joint Chiefs of Staff、統合参謀本部）、そしてワシントンのアメリカ大統領の役割とパワーバランスに関する問題に触れる。本研究は、占領初期の政策立案および実施過程において、GHQ/SCAP が極めて独立的に機能していたとの前提に基づいている。したがって、ワシントンの省庁および FEAC（Far Eastern Advisory Commission、極東諮問委員会）（後の FEC（Far Eastern Commission、極東委員会））、ACJ（Allied Council for Japan、対日理事会）などの国際組織は多くの場合、すでに決定された事項を単に追認していただけである。

同盟国の日本占領を扱った歴史的文献には、幾つかの段階がある。1950 年代には、占領に関わった将校の多くが回顧録を出版している。1970 年代半ば、アメリカと日本政府は、重要な公認記録の機密扱いを解除した。同時に、占領当局の中級官僚の数名が、回顧録の出版を予定していた。したがって、1970 年代の終わりに、占領に関する新しい論文が多数輩出されたことは自然な流れである。事実、占領期文学の一つの特徴は、それが大抵の場合、実際の出来事の当事者によって執筆された点にある。1975 年以来、著名なアメリカ人および日本人学者によるセミナーがバージニア州ノーフォークのマッカーサー記念館（MacArthur Memorial Archives）で開催されたが、これもまた影響力の高い書

物が輩出される要因となった。[5)]

　1992 年に筒井清忠は、1955 年の保守合同の直前に起きた出来事に関する論文の多さと、この画期的な出来事に先立つ数年間における、戦後の保守政党の歴史を記録した論文の少なさを指摘している。[6)] 数年後、この不均衡は改善したとはいえ、依然として筒井の指摘が通用する状況にあった。保守勢力の検証や捉え方は、それぞれの研究課題や占領初期の全般的解釈によって多様である。

　そこには少なくとも次の 5 つのテーマが見られる。政党および個々の政治家と何らかの関連を持つ占領当局の初期政策に関する研究、占領初期における保守勢力の活動に関する研究、1955 年の保守合同の発端となった戦後の保守党の変遷に関する研究、占領初期の数年間を戦後の政党史の一環とする研究、そして占領初期の有力な保守政治家に焦点を当てた研究である。

　占領計画は異なる研究課題である。組織計画や、そこで行われた多岐にわたる議論の詳細記録が残されている。しかし、占領政策にとっての占領計画の重要性に触れつつ両者の関連性に着目した研究は数少ない。

　では、何故そうした研究が少なかったのか？ 1955 年の体制に焦点が置かれているという事実は、戦後日本の保守勢力を扱う文学を定義する一つの特徴である。また、戦後初期の研究は、憲法制定といった民主化改革に焦点が偏りがちだった。一方、初期の占領政策はしばしば路線変更後に採用された政策と矛盾するものだった。したがって、初代占領研究者の大部分を占める占領当局の元官僚にとっては、これらの課題は扱いづらかったと考えられる。この見解は、吉田茂とジャスティン・ウィリアムズ（Justin Williams Jr.）が支持している。両者ともに、旧体制の追放は占領当局にとって誇れるものではなく、むしろ思い出したくない出来事なのではないかと論じた。[7)] 同様に、歴史を書くにあたっては政治的側面が大いに影響を及ぼしたと考えられる。アメリカが日本で最も重要な同盟国であり、また追放された政治家が主導した自由民主党が日本の政治を支配していた状況においては、研究によって古傷を開くことがマイナス要因と働いたと考えることができる。

　本書では、占領計画および実施当局が日本の保守勢力に対しどのような政策をとったか、そして、日本の政治的リーダーシップの再構築において彼らがどのような役割を果たしたかについて考察する。考察にあたっては、以下に挙げる疑問

4

を分析しつつ議論を展開する。日本の保守勢力が、敗戦後の日本復興計画におい
ていかなる役割を果たしたのか、そしてその理由は何か。保守勢力に関わる戦時
政策の立案は、実際の占領政策にどのような影響を及ぼしたのだろうか。日本の
保守勢力に対する占領当局の政策の真の目的とは何か。占領期間にこの政策がど
のようにして生まれ、また再評価の機運が高まった理由は何だったのか。この政
策を策定したのは誰か、またどのように実施されたのか。この政策に関して、占
領当局にはどのような見解の相違があったのだろうか。

　合理的意思決定モデルに基づく政策決定の古典的定義によれば、政策が生ま
れる過程においては問題の予備的評価、目的または方針の特定、目標到達のため
に考え得る政策の調査、選択または決定といったさまざまな段階が絡み合うもの
である。これはつまり、問題に直面した後に、合理的政策決定者が自らの目標、
価値または方針を明確にし、それらの優先順位を決定し、頭の中で整理する。そ
の後、目標達成のためのあらゆる方策・政策をリストアップし、代替政策を取っ
た場合に想定されるあらゆる結果を調査する。最終的に、政策決定者は目的と照
らし合わせてそれぞれの政策実施の結果を比較し、自身の目標に最も合致する結
果が得られる政策を選択することができるのだ。[8]

　このモデルは過度に簡略化されており、政策決定をあたかも統治者個人の産物
であるかのように見なす傾向がある。加えて、政策決定者は特定の問題に実際に
は直面していない状態で問題を想定・特定しなければならないため、伝統的な問
題解決モデルにおける措置のいずれも、複雑な問題の前では完全に機能していな
い。あらゆる関連データを明確化・整理し、あらゆる重要な代替政策を調査し、
考えうる代替政策の実施結果を永続的に追跡し、目的に照らした複数の結果の
それぞれと適合させるのは不可能である。さらには、問題解決に必要な情報・時
間・エネルギーが不足しているために起きる人間の思考の限界もひとつの要因で
ある。[9]

　また、この伝統的モデルに対抗する戦略的思考といった要素の存在も見逃せ
ない。意思決定者は、合理的決定において伝統的な考えを最大化する。しかし、
最善の政策は必ずしもコストに見合うものではない。よって、政策決定者はしば
しば許容レベルを見出すために、最大化に代えて埋め合わせをするのである。も
う一つの戦略は、意図的にささいなミスを犯して、大きなミスを避けることであ

る。すなわち、目的に完全に合致はするが修正の困難な政策は敢えて選択せず、次の段階でより高い効果を発揮する可能性のある政策を意図的に選択する。同様に政策アナリストも、問題を棚上げすることを好むだろう。これは、時の経過と共に状況がより良く見えてきた時のためにチャンスを残しておきたいと考えるためである。もう一つの課題は、目標設定と関連している。

　政策決定者は、どのような利益を達成する必要があるかといった前向きな目標よりは、むしろどういった不都合を是正する必要があるかといった後ろ向きな目標を先に分析する傾向がある。同様に彼らは、政策決定という作業が連続的段階の終わりなきプロセスであることを知っている。したがって、政策の立案に当たって彼らの頭にあるのは第二のステップではなく、第三、第四のステップなのである。さらに政策決定者はしばしば、政治的に実施可能な政策というのは、既存の政策とわずかな違いしかないことを知っており、政策決定に当たっては常にそれを勘案している。最後に、必ずしもあらゆる状況に対応しうる計画が策定されている訳ではないといえる。むしろ、政策決定者は起こり得る特定の問題を解消するために政策を立てることがある。[10] 関係する政治家のインセンティブ、権力および戦略を実際の政治に反映するためのプロセスを再構築する上では、こうした全ての要素に留意する必要がある。[11] 占領当局もまた、日本の保守勢力への対応方針を策定する上でこうした戦略をとっていた。

　政府の行動は、2つの競合または補足的な働きを持つ概念モデルによって解釈することもできる。一方のモデルでは、政策が慎重な選択というよりもむしろ標準的な行動パターンに沿って機能する組織のアウトプットであることに焦点を当てるのに対し、他方のモデルでは政府の政治および政府内での政治プレーヤーによる交渉ゲームに焦点を当てている。GHQ/SCAP および計画組織内部の分析にあたっては、この2つのモデルを勘案する必要がある。言い換えれば、アクターである GHQ/SCAP は一枚岩というよりもむしろ指導者をトップとした（複数のセクションを持つ）結びつきの弱い同盟組織の集まりである。この組織構造は、それぞれの組織が限定された業務を遂行する際には有効に機能する。その業務というのは定められた行動プログラムであるが、トップの意向が反映されるのを妨げたり、遅らせたりするものである。こうした限定的な業務に依存した状態は、戦略的計算をもって説明がつけられない。同様に、こうした組織のトップに立つ

指導者もまた一枚岩ではなかった。むしろ、個々の指導者が政治という名の競争的ゲームのプレーヤーであり、その政治とは階層的に配置されたプレーヤー同士の交渉を通じて行われる選択のメカニズムである。つまり、意思決定やワンパターンの行動の理由を説明するには、どのゲームにどのプレーヤーが参加してきたのかを特定し、連立や、交渉や、譲歩の実態を明らかにする必要があるのだ。[12]

　占領計画者とは、戦時中にあっては主に米国務省、陸軍省、海軍省管轄のさまざまな委員会、セクションや調査団に属していた、またはその影響下にあった将校のことである。連合国軍最高司令官（The Supreme Commander for Allied Powers）およびその略称（SCAP）は、基本的にはダグラス・マッカーサー（Douglas MacArthur）司令官のみを指すものであるが、実際には氏の従属下にあった占領機構全体を指す言葉として用いられている。マッカーサー司令官は日本において、占領の非軍事的側面を監督するGHQのトップと、また太平洋陸軍総司令部（AFPACまたはUSAFPAC）の最高司令官という二重の役割を果たしていた。占領初期に、これら司令部は数回再編成された。しかし、本研究において、「占領当局」とは主にマッカーサー自身、GHQ/SCAP特別参謀部、POLAD（Office of Political Adviser、政治顧問部）および総参謀部（G-1、G-2、G-3、G-4）を指す。[13]

　占領開始当初は、多くの場合短命な政党が、魅力的な政策を掲げて次々と誕生した。しかし本研究で論じる日本の保守勢力とは、主に1945年11月9日から1945年12月18日にかけて誕生した3つの政党、つまり日本自由党、日本進歩党、日本協同党であり、またその後継である日本民主党、協同民主党、国民協同党を指す。占領当局はこれらの政党を、占領初期における最も重要な保守勢力であると認識していた。これらの政党は、政党に所属しない少数の保守勢力と共に内閣の構築に参加し、継続的な政治的影響力の源と見なされていた。他の政党は、日本の保守勢力に対する占領当局の政策において際立った役割を有したり果たしたりすることはなかった。

　価値や、道徳的・政治的信念、文学モデル、社会科学理論・手法および個人的欲求を見定めるには、自らの任務を内政的・自己批判的に検証する必要がある。たとえ、あるテーマについて考察することが、私の場合においてそうであるように、私的考察の必要がなく、地理的に離れており、時間的にも自身の体験の範疇

外であり、国民性や国益等が絡む場合にあっても同様である。したがって、本書においては著者としての役割を最優先した上で、次に歴史家としての私個人の歴史観の根拠について述べる。

　歴史物語は、歴史知識を育んだり、歴史解説を行ったりする上での、最も重要な手段である。その一方で、物語は、語り手独自の理解に基づいた筋書きとしての、既定の出来事や事実が整理された上で成立するものと定義することができる。歴史研究においては、語り手独自の解釈が、描写されている過去の出来事や事実の現実性と匹敵するものと見なされている。しかし歴史物語は、普遍的な議論の的である。ポストモダンの批評によれば、歴史物語は、歴史家が過去の出来事を語り継いだものなのか、自らが創作した架空の出来事を語っているのか、という疑問に集約することができる。私は、そのパターンと関連性において、史実とは結局、発見された事実であって創作ではない、という歴史家達の見解を支持する。

　歴史物語の現実性を認めつつ、こうした批評が、その欠点を浮き彫りにしていることを認めないわけにはいかない。歴史物語の多くが、一見すると全能の「偉大な人物」とその功績を中心に語られているのだ。占領を扱った文献において、この兆候はしばしば見受けられることが確かである。そこではマッカーサー元帥（以下同様）は偶像化されている。ゆえに、氏の類い稀な存在は認めつつ、私は竹前栄治氏と同様の手法で GHQ/SCAP、または日本自由党の内実を追及する。一連の行為が組織の名のもとでなされたのは事実だが、その組織自体が行為者ではないということが重要である。人間個々の営みを認識すること、つまりこうした組織に属し、それぞれの見解や、それに基づき活動したかもしれない人々の存在を認識しなければならない。もちろん、組織体を主語にすることが構文上好都合である場合は認めるが、行為者である人々ではなく組織間の会話や対立だけを見て事実を分析するべきではない。[14] また、私は語り手として、物語に記述された事件や付随的な出来事を否定したり軽視したりするべきではないと考える。語り手が完全に理解したとは言い切れないストーリーがあれば、そのことを率直に認めることも大切であり、同様に、既存の議論における説得性の強さや弱さ、そしてその仮説的な性質に留意することも大切である。[15]

　また、決定論は決して用いないこと、そして下された決定や採用された政策が

当時において必然的なものではなかったことに留意しなければならない。[16] ゆえに、そうした決定や政策を決定論をもって言及すべきではない。最後に、多様な物語形態の存在が認められていたことについてであるが、歴史物語を過去の出来事の仮説として認め、また、ある出来事や構造を考察する際の多様な観点の正当性を認めることで、矛盾なく並行する物語の存在を認めることができる。

　史料の分析は、2つの大きな質問群に分類される原典批評に基づいて行われる。1つは、その史料の当時における本来的位置づけや目的を明確にする試みから生じる質問である。もう1つは、それらの要素が、史料に記載された情報の信頼性や事実との整合性にどう作用しているかという疑問に対する答えを模索するものである。つまり外部の原典批評は、史料の文脈付けや、その史料の属する時代の歴史状況を再構築することおよび、史料が作成された状況を考察することに焦点を置いている。出典とその文脈とを関連付ける手法は、質問の内容によって異なる。ある質問群に対し、特定の文脈を検証することになるからである。しかし、そうした検証そのものによって、研究課題には明らかな関連性が見受けられるものの、歴史家が当初認識していなかった新しい文脈がもたらされることがしばしばである。文脈や文脈付けに関連して言えば、情報源として用いられる文章が書かれる要因となった質問を特定することが重要である。このアプローチは、ある文書が質問の答えとして書かれていることと、そうしたもともとの質問を明らかにすることが、ある文書を適切な歴史的文脈に結び付ける上での歴史家の任務であることを前提としている。[17]

　著者や著者の意図および、その文書が書かれた状況に重点を置くことに加え、史料の批評研究においては、想定読者像および、その内容を発表する上で経たであろう仲介者の存在についても考慮する。たとえば、占領当局の階層構造の象徴として、政治観察者と最高司令部とが直接通じることはなかった。1人あるいは複数の下級将校が作成した報告書または覚書は、数度のチェックを経てマッカーサー元帥に渡った。政策提言を通過させる可能性を最大限に高めるには、そうした仲介者の見解についても考慮しなければならない。加えて、文書は筆者の直接の産物ではあるが、筆者の意見や野心が必ずしも反映されているわけではないことも留意する必要がある。したがって、ある文書が史料として残された背景や意図について考慮することが重要となる。[18]

GHQ/SCAP に関する文書を研究する上での特徴と課題は、マッカーサーに最も近いジャーナリストと言われた AP 通信の東京特派員ラッセル・ブラインズ（Russell Brines）の、マッカーサー元帥と GHQ/SCAP における意思決定過程についての記述に見ることができる。「将軍は、東京の連合国総司令部ですべての基本政策を決定していた。彼自身が考えた政策と、下級将校が考えて彼のものとなった政策とを見分けるのは非常に困難だった。つまりマッカーサー元帥は手柄と責任の両方を負ったということだ。同氏の主な情報源は、公式報告と主要な参謀将校からの口頭説明だった。いずれの場合でも、元帥の見解に沿うような形で、かなりの情報操作が行われたのではないかと疑われる」。[19]

加えて、情報の信憑性を判定する基準は、情報源の種類、更に厳密に言えば、その情報へのアプローチの観点によるところが大きい。指標または証言といった定性的データへのアプローチは２種類に区別することができる。自然発生的なデータ、つまり収集するという行為により何ら影響を受けることのないデータは、指標として理想的な素材である。ある情報を指標として用いる際に、それは解明しようとしている問いに対する間接証拠と見なすことができる。証言という観点においては、情報源は研究対象についての証言と見なすことができる。同じ情報源を、指標および証言の両方として用いることも可能である。[20] たとえば、1965 年に出版されたダグラス・マッカーサーの回顧録は、同盟国による日本占領の初期に起きた出来事をマッカーサー自身が証言したものである。しかし、これをたとえば、マッカーサーの人柄や、1960 年代当時のアメリカの日本に対する姿勢を考察する際の指標として用いることもできる。同様に、1946 年 1 月 4 日の公職追放令は、その後の追放運動の展開について研究する指標にもなる。また、発令の理由についての説明を証言と捉えて、そこでは言及されていない他の要因を分析することもできる。指標と証言の両方とも、情報の種類や、解明しうる疑問の種類は異なるものの、分析における重要な素材である。

歴史の当事者の動機部分が解明できてない点は特筆すべきである。歴史家は当事者の心はわからない、書物を読むことしかできない。だからといって、当事者の意図を解明することができない訳ではない。行為に先立つ議論を振り返り、ある一連の出来事を特性評価することによって、その行為が成功することを証明するとともに、それに次ぐ一連の行動が正当化されるのである。実証研究により、

いずれの根拠が用いられ、また、いずれが成功につながったのかを明らかにできる。[21] これにより、当時考案された代替案のうち、何故一方が採用され、他方が不採用となったのかについての説明もつくことになる。これは政策研究の核心を成すものである。つまり、政策決定の過程を説明する上で、私は、当時の社会にとって適当と思われる代替案ではなく、実際に施行されたある政策が成功した理由をまず考察する。

　文書がすなわち筆者の意図の産物であると単純に考えてはならない。何が語られ、それがどう語られているかは、その制作に関わった機関と参考資料に拠るところが大きい。[22] 占領研究の場合、それは、軍部、情報機関および国務省の文書において報告や見解を表明するための従来型の手法であり、同時に占領当局が日本政府に意思を伝えるための独自の手法だったことに留意しなければならない。占領機構内部の報告書を研究する際には、文体様式のみならず、執筆者と受信者の階層の違いといった要素も勘案しなければならない。さらに特筆すべきは、政治観察者が執筆した覚書に、見解や提言が述べられていることは稀だという事実である。代わりに、実施された政策を提言した特定の専門家集団について言及するという手法がよく用いられている。GHQ/SCAP 部門と日本の政府機関との意思疎通においては、占領当局が政策決定とは名目上距離を置いていたことも忘れてはならない。さまざまな文書に散見される、一見したところ非命令的な技術的助言や提言が、強制力を持っていることが多い。[23]

　公式の GHQ/SCAP 文書の意図を分析する上では、文書に残されていない形態の意思疎通手法について理解しておく必要がある。たとえば、日本の政党はGHQ/SCAP の指示（SCAPINS）を受けてはいなかった。実際、政党に関連するSCAP からの命令や公式な指示は殆ど見受けられない。占領当局は、日本国内の政治を内部的な指示によって統制していた。つまりは、非公式な意思表明によって日本の政治家を操作していたということである。升味準之輔によれば、こうしたシステムが成功したのは、GHQ/SCAP が絶対的な権力を保持していたこと、および、政府、政党および党派が、GHQ/SCAP の支援を得るために競争する一方で、占領当局の意向を理解することに必死だったという状況あってのことである。[24] マイケル・シャラー（Michael Schaller）も同様の事象について取り上げているが、これを「非公式な誘導」と呼んでいる。日本政府に対して、公式

な助言の代わりに非公式な「提言」を発することにより、マッカーサーはそうした行為を ACJ に通達されずに済んだのである。[25] GS（Government Section、民政局）の元役人、ジャスティン・ウィリアムズは、このシステムをSCAPの「命令」ではなく「圧力」政策と表現した。[26] ハリー・ワイルズ（Harry Wildes）の論評も上述の見解をサポートするものである。ワイルズによれば、GS や他の占領組織は明確な指示を出すことを注意深く避けていたが、政治家は何が承認され、何が否認される行為であるかの示唆を手がかりに情報を集めていた。[27]

したがって、日本の保守勢力に対する占領当局の政策の本質は、GHQ/SCAP の命令から直接読み取ることはできない。さらに、内部交渉および、組織内の認識や優先事項の違いについては、残された文書から詳細を把握することはできない。[28] したがって、当事者や事情に通じていた外部の観察者が残した日記や回顧録と共に残された私信は非常に有益な情報源である。しかし、回顧録やその他の内省的な情報源を用いる際にも、注意深い検証が必要である。

占領計画者および占領当局が執筆した文書は、本研究における最も重要な情報源である。米国国立公文書館および東京の国会図書館に所蔵されたこれらの資料は、研究に際し考慮すべきある特徴を備えている。その数の多さも特徴の一つと言える。東京の連合国総司令部だけでも、1945 年から 1952 年までの間に 6,000 万ページもの文書を残している。[29] 当然、保守政党や政治家に関する文書はごくわずかであり、原文の大部分は失われてしまっている。とはいえ、これらの資料も、国務省・陸軍省・海軍省の文書と OSS（Office of Strategic Services、戦略諜報局）の報告書とを合わせれば膨大な量になる。そのため、あらゆる関連情報の所在を把握し、内容に精通するのは、不可能とは言わないまでも非常に困難な作業である。

関連資料の多さは、研究対象となっている個人が、どこまでの情報を把握していたのかを突き止められないという問題を生む。時間が足りない状況は全ての歴史家につきものであるが、私が情報源を見つけ出すのに要した時間は、占領当局が機能していた当時の多忙な状況とは比べものにならない。また、意外なところから情報が得られる場合も多い。したがって、個々の政策立案者が占領当局の全ての内部資料を把握していたとは考えられない。

GHQ/SCAP に関する公文書は、「第二次世界大戦における連合国の作戦行動

および占領の文書」として米国国立公文書館（NARA）のRG 331と分類されている。国立国会図書館（NDL）においては、これらの記録は記録を作成した参謀部に基づき個別のコレクションに分類されている。たとえば、GSの重要な記録は通し番号が付され、Government Sectionを意味する“GS”の略称で所蔵されている。他の部門の公文書も同様の保存形態である。各部門における極秘記録はそれぞれコレクションされている。更に、RG 331の文書は、マイクロフィルムのコレクションにも所蔵されている。

　加えて、1948年初めから半ばにかけて毎月刊行された『日本と朝鮮における非軍事活動の概要』は、占領当局の活動を詳しく把握する上で貴重な情報源だった。また、45本の研究論文から成るシリーズ『日本占領の非軍事的活動史』も同様の役割を果たしていた。しかし、これらの史料に対する批判も見過ごすことはできない。連合国軍最高司令官、占領政策／手法および占領当局のメンバーを批評することは認められず、更には、それらの記録においては、最高司令官が迅速且つ完璧に任務を全うしたことを証明するよう求められていた。[30] こうした批評は、磨き上げられたうわべの公式記録と、続く章において繰り返し議論する占領政策の現実性という両者の共存を示唆するものである。

　占領当局の個人記録の公文書もまた、重要な情報源である。たとえば、米国国立公文書館のRG 200には、チャールズ・ウィロビー（Charles Willoughby）将軍の個人記録および公式記録の両方が所蔵されている。同様に、国立国会図書館には、アメリカ各地に所在するマイクロフィルム化した個人の記録のコピーが収められている。そのコレクションにはたとえばハンス・ベアワルド（Hans Baerwald）文書、マッカーサー記念館の公文書として所蔵されていた複数の占領当局の官僚の文書、メリーランド大学ホーンベイク図書館プランゲ文庫所（Gordon W. Prange Collection）のチャールズ・ケーディス（Charles Kades）およびジャスティン・ウィリアムズ文書、ならびにミシガン大学図書館所蔵のアルフレット・ハッシー（Alfred Hussey）文書などがある。

　東京のアメリカ大使館およびPOLADの記録は、米国国立公文書館のRG 84に収録されている。国立国会図書館では、日本の内政事情に関する米国務省の記録は、年代順に分けて所蔵されている。さらに、米国務省内の意思決定およびPOLADについても、紙媒体またはマイクロフィルムに収められた資料をも

とに研究することができる。RG 59 のハーリー・ノッター・ファイルは、政策に関する代表的な情報源である。しかし、「国と地域委員会（Country and Area Committee）」および「戦後計画委員会（Postwar Programs Committee）」に関する資料は、国立国会図書館に加え、マイクロフィルムのコレクションにも所蔵されている。

　戦略事務局に関する記録は、米国国立公文書館の RG 226 として所蔵されている。その資料の一部は、マイクロフィルム資料にも収められている。米軍の戦略方針に関する大統領の諮問機関だった米統合参謀本部の記録は、RG 218 に収録されている。

　占領当時の日本において、もっぱらアメリカの意思に沿って事が進められていたとの解釈には批判がある。同様に、日本占領の研究においてアメリカの公式記録のみに頼って解釈を進めるのは危険だと叫ばれてきた。[31] したがって、公式文書の定義は、さまざまな計画組織、占領当局、米国務省または日本の政治に影響を及ぼした人物の執筆による文書へと拡大された。アメリカの見解は、ディーン・アチソン、ハンス・ベアワルド、トマス・ビッソン（Thomas Bisson）、ヒュー・ボートン（Hugh Borton）、ジェームズ・バーンズ（James Byrnes）、セオドア・コーエン（Theodore Cohen）、ケネス・コールグローブ（Kenneth Colegrove）、ケネス・コルトン（Kenneth Colton）、ジョン・エマーソン（John Emmerson）、リチャード・フィン（Richard Finn）、ジョセフ・グルー（Joseph Grew）、U・アレクシス・ジョンソン（U. Alexis Johnson）、ジョージ・ケナン（George Kennan）、オーウェン・ラティモア（Owen Lattimore）、ダグラス・マッカーサー、ドナルド・ニュージェント（Donald Nugent）、アンドリュー・ロス（Andrew Roth）、ウィリアム・シーボルド（William Sebald）、チャールズ・ネルソン・スピンクス（Charles Nelson Spinks）、コートニー・ホイットニー（Courtney Whitney）、ハリー・ワイルズ、ジャスティン・ウィリアムズ、チャールズ・ウィロビーに代表される。

　回顧録とは異なるこれらの文書により、最初にワシントン、次に東京で行われた政策決定を、切り口を変えて考察することができる。日本保守政党の指導者としては、芦田均、鳩山一郎、石橋湛山、宇垣一成の日記をもとに研究を行っている。さらに、河野一郎、楢橋渡、西尾末広、重光葵、吉田茂の回顧録は、公式記

録または占領当局の後の文書には記録されていない情報が盛り込まれており、新たな側面を明らかにするものである。

第三の貴重な情報源は、当事者に近い外部の観察者によるものである。そのひとりが1945年12月から1948年5月にかけてシカゴ・サンの東京特派員を務めたマーク・ゲイン（Mark Gayn）である。同氏は、日本の政治家やGHQ/SCAPの将校と定期的に会談を行っており、その日記により、占領政策の背後にある動機に別の解釈が与えられる。しかし、そうした引用を分析するに当たっては、ゲインが左翼政党支持者と目されていた事実に留意しなければならない。前述したラッセル・ブラインズもまた、占領下の日本を知る外国特派員の一人である。しかし、出版日記に関しては、その信憑性と、包括範囲についての疑問がつきまとう。回顧録と同様、実際の出来事の数年後に書かれているために、意図的なものに加えて、複雑な課題をいかに正確に記憶しているかという問題もはらんでいる。こうした限界はあるものの、この種の情報源に頼らないという理由にはならない。

本研究の根拠について紹介したところで、次に占領前の日本の歴史的出来事に焦点を当てたい。[32] 1924年から1932年にかけては政党政治の黄金期だった。それでも、政策を推し進める上で、党指導者は元老、貴族院、枢密院、最高裁、軍隊の指揮者、官僚機構といった無党派のエリート集団と協調していかねばならなかった。党派政治の発展を後押しした他の圧力団体は、地域の最高指導者であり、財閥と呼ばれる巨大な事業経営体だった。政党は、1920年代のいわゆる「大正デモクラシー」期に、他のエリートグループと権力争いを繰り広げたが、衆議院の法的な足固めを強化することは視野になかった。政党は、その影響力拡大を模索する中で、国家機関の司法権を拡大する代わりに、他の統治組織に影響力を拡大しようとしたのである。

1920年代の特徴的事象は、日本社会において国際化が進み、西洋のイデオロギーが浸透したことである。こうした傾向は国家主義社会において組織的な逆反応をも引き起こすこととなった。当時の社会では反ボリシェヴィキ勢力が台頭しており、企業、地主、軍部や保守政党のエリートから保守勢力を引き寄せた。しかし、国体や、現状にわずかな修正を加えることに重きを置く保守社会には、現状を打破しようとする過激な国家主義運動も存在した。民間人が軍事要員として

編成されたことも、重要な事象の一つである。つまり、民間人と軍人が手を組んだことで、過激な国家主義運動が1930年代の日本の変革の土台となったのである。その象徴たる第三の傾向が、1931年頃からのテロリズムと革命運動の台頭である。

　1930年代に起きた政治指導者の連続暗殺は、過激派グループが浜口雄幸首相を狙撃したことに端を発する。最初の陰謀は1931年3月に発覚した。少数の年若い陸軍将校と市民革命家が、暴力によって政党政治を没落させ、民政を崩壊することを画策した。クーデターの直前に、高位の陸軍関係者からの反対意見が上がったため、この計画は中止になった。同様の勢力によって画策された暗殺計画「10月事件」も未遂に終わった。

　その一方で、ある過激派グループは新外交政策を策定した。その過程における最も大きな出来事が1931年9月18日に勃発した満州事変だった。若槻礼次郎内閣はこの事態を抑えきることができず、総辞職した。続く犬養毅首相率いる政友会内閣は、「五・一五事件」により1932年5月15日に崩壊した。これにより、続く政府において政党の地位が失墜することとなった。主要政党が内閣にある程度の影響力は持っていたものの、1932年から1936年にかけては民主主義が衰退し、旧政党の無力さが際立った。民政党も政友会も、団結力に乏しかった。

　政友会の指導者たちは辛うじて党派争いを免れ、1936年に内閣不信任案を提出した。これを受けて衆議院が解散され、総選挙が行われた。予想に反し、この選挙では民政党が勝利を収めた。しかし結局のところ、選挙後1週間以内にはこの勝利が殆ど無意味になった。1936年2月26日に、青年将校率いる1400名の兵士が東京各地を奇襲したからである。

　続く2つの短命内閣の統治中には、政党は以前よりも積極的に軍事活動への抵抗を示した。1937年4月には、戦前日本において最後の競争的選挙が行われた。その結果は、軍国主義者たちにとっては期待外れなものであり、内閣はその直後に総辞職した。「第二次上海事変」が勃発したのは、近衛文麿公爵が首相に就任して1カ月も経たない時期だった。これが旧政党没落のきっかけとなった。その末期においては、政友会と民政党は派閥抗争を繰り広げ、分裂していた。政友会は久原房之助と中島知久平の2名を派閥の長として3派に分裂した。民政党の内部は混沌状態にあり、1940年7月から8月にかけて政党が完全崩壊する数カ月

前にすでに分裂していた。

旧政党の政治家たちの大半が、1940 年 10 月 12 日に発足した大政翼賛会に合流した。1940 年 12 月に国会議員の大部分が議員クラブに加入したが、この組織を自らの指揮下で政党に発展させるという近衛の計画は失敗に終わった。大政翼賛会の議員により組織は継続的に発展し、1942 年 4 月の選挙を受けて翼賛政治会を設立するに至った。翼賛政治会は、98.3%が衆議院議員から成る議会だった。選挙に先立ち、翼賛政治体制協議会（翼協）が結成され、大政翼賛会の地方支部を通じて適切な候補者を擁立し、推薦候補者リストを作成した。しかし、政府がこれらの候補者をいくら盛り立てようとも、無所属議員による立候補を抑止することはできなかった。[33]

翼賛政治会は 1945 年 3 月 30 日に解散され、大日本政治会が結成された。新組織が構築されたことにより、国会の政党構成比率に変化が生じた。それまでは、翼賛政治会が国会に属する唯一の政党組織だったが、大日本政治会には、国会議員 466 名中わずか 376 名しか加入しなかった。加入を拒否した議員たちは、独立や新党結成を表明した。[34]

近衛文麿公爵が 1939 年 1 月に退任した後、平沼騏一郎男爵が首相となった。平沼内閣は、続く阿部信行内閣や米内光政内閣と同様、短命に終わった。米内内閣の解散後、再び近衛文麿が首相となり、その後、その座は日本を太平洋戦争へと導いた東条英機へと受け継がれた。東条は 1944 年 7 月に辞任し、小磯国昭が首相となった。その小磯内閣は 1945 年に解散した。続く内閣総理大臣には海軍大将の鈴木貫太郎が就任し、鈴木内閣は戦後まで続くこととなった。

裕仁天皇は、8 月 15 日正午、国民に対してラジオ放送を通じて「戦争終結」を告げた。これは日本がポツダム宣言に定められた無条件降伏を受諾したことを意味する。この放送の 2 週間後、米連合国軍が日本への進駐を開始し、1945 年 9 月 2 日には他の 9 つの連合国軍を代表する連合国軍最高司令官ダグラス・マッカーサーと日本政府が、降伏文書に調印した。

計画過程
― 二項対立の発生（1945年8月以前）―

　占領政策の重要な指針となった文書が、ポツダム宣言、初期対日方針（SWNCC 150/4/A）、日本占領および管理のための連合国最高司令官に対する降伏後における初期基本的指令（JCS1380/15）である。これらの文書は、占領当局の目的を明確にするものであると同時に、その目的への到達の手段が明示されていた。非軍事化、民主化に向けた初期のロードマップは、長年に渡る計画と草案の成果だった。

　本章では、占領初期に採用された、日本の保守勢力に対する政策のルーツをたどる。この計画は、戦争の成り行きやアメリカによる外国政策への推移といった要素と独立したものではなかった。アメリカの勝利が確実性を増すにつれ、占領計画もますます主導的な性格を帯び、より詳細な計画が必要とされるようになった。日本の占領計画は、先に策定されていたドイツ占領計画の影響を大いに受けたものである。さらに、計画官の裁量を狭めるような枠組みが常に存在していた。首脳外交で国内外に発せられた大統領演説や決定、既存の指針などに沿った計画を策定しなければならなかったのである。[35]

計画組織の発展

　戦後日本の占領計画策定がいつ開始されたかについては、明確な記録が残されていない。米国陸海軍軍政／民事マニュアルは、第一次世界大戦後のアメリカによるラインラント占領に関する1920年の軍事報告書から多くの情報を得て1940年7月に策定された。このマニュアルはドイツ、イタリア、日本の軍事占領計画者たちによって活用されることとなった。[36] 戦後の全体計画に着手したのは、ヨーロッパで戦争が勃発した直後のことである。1941年の2月には、米国務省は既に特別調査部（Division of Special Research）を設置していた。特別調査部が設置されることによって大勢の学者や専門家が政府に参入してくることから、

18

米国務省の地理・政治部は伝統的に保ってきた彼らの権力が失われることを危惧した。しかし、中国の専門家でありコーデル・ハル（Cordell Hull）国務長官の政治顧問を務めたスタンリー・ホーンベック（Stanley Hornbeck）のように、米国務省の計画グループにおいて上級職を維持した者もいた。政府に参入し、戦後日本の計画に携わった学者は、戦前の日本を直接経験しており、広い人脈を持つ専門家である場合が多かった。[37]

欧州で戦争が勃発してから、数多くの民間組織が国務省に向けた文献を発表した。その中でも有名なのは外交問題評議会（Council of Foreign Relations）によるものである。多様な分野における著名な専門家により構成される同評議会は、1939 年 9 月、米国戦後外国政策の策定を支援すると申し出た。米国務省は快くこの申し出を受けた。しかし、ハル国務長官はこの案件を独立機関である評議会のみに委託することを躊躇し、特別顧問のレオ・パスボルスキー（Leo Pasvolsky）を任命して戦後世界の諸問題を対処させた。これにより、1939 年 12 月に平和復興問題委員会（Committee on Problems of Peace and Reconstruction）が設置されることとなった。だが 2 週間のうちに、対外関係問題諮問委員会（Advisory Committee on Problems of Foreign Relations）に名称が変更された。議長はパスボルスキーが務めた。外交問題評議会は、各種委員会が作成した報告書を取り纏め、アメリカ政府に提出した。これを受けて、評議会メンバーの数名が 1942 年に米国務省の諮問委員会に参入することとなった。このため同一のメンバーが混在しており、米国務省の計画委員会と外交問題評議会の境目が曖昧で、その方向性に影響力を及ぼしたのがいずれの組織であるかは判断の難しいところである。[38]

1941 年 12 月 28 日は、アジアにおける戦後計画の開始日でもあった。真珠湾攻撃からわずか 3 週間後のこの日は、ルーズベルト大統領が第二諮問委員会としても知られる戦後対外政策諮問委員会（Advisory Committee on Post-War Foreign Policy）の設置を承認した日でもある。同諮問委員会の活動は 1942 年 2 月に開始した。委員会の任務は、占領地区の復興計画を策定することだった。委員会は 5 つの小委員会を立ち上げた。うち一つの領土小委員会（Territorial Subcommittee）は、外交問題評議会のメンバーであるイザヤ・ボーマン（Isaiah Bowman）氏を議長として 1942 年 3 月 7 日に設置された。[39]

第 1 章　計画過程 ― 二項対立の発生（1945 年 8 月以前）―　*19*

　領土小委員会は、戦後計画の研究や小委員会の活動支援に携わっていた政府高官や、国と地域の有力な専門家などで構成される特別調査部にて作成した資料について議論した。うち、小さな学界を代表する日本史の著名な学者であるジョージ・ブレイクスリー（George Blakeslee）とヒュー・ボートンが日本に興味を示した。両名は計画過程において重要な役割を果たした人物である。彼らは終戦まで米国務省の複数の調査団に所属した経験があり、計画過程に一貫性を持たせる上で一役買った。外交問題評議会のメンバーでもある両名に加え、特別調査部において東アジア問題を専門とする同調査団はアール・ディックオーバー（Erle Dickover）やフランク・ウィリアムズ（Frank Williams）、ロバート・フィアリー（Robert Fearey）、キャボット・コーヴィル（Cabot Coville）、マックス・ビショップ（Max Bishop）などの専門家も擁していた。特別調査部の目的は、潜在的な問題を想定し、将来の意思決定のための土台作りをすることだった。後の 1943 年 1 月には、特別調査部は政治調査部と経済調査部に 2 分された。[40]

　諮問委員会と小委員会は 1943 年 7 月まで活動していた。しかし、1943 年後半になってハル国務長官が、戦後計画により重点を置くべきとの指令を出した。このため、部局間極東地域委員会（Inter-Divisional Area Committee on the Far East）が設置され、世界各地の具体的政策の策定にあたった。その後、9 つの国と 4 つの地域による委員会（国と地域委員会）が設置された。日本を担当する部局間極東地域委員会は 1943 年 10 月 20 日に設置された。ブレイクスリーが議長に就任し、ヒュー・ボートンが幹事となった。部局間極東地域委員会は当初は小さな組織だったが、米国務省による人員増強と機能強化を受けて 1944 年に組織を拡大した。顕著な動きは、駐日アメリカ大使館で参事官を務めていたユージン・ドーマン（Eugene Dooman）と、前駐日大使ジョセフ・グルーが計画過程に加わったことである。日本に関する第一線の専門家であるこの 2 人は、1942 年 8 月にアメリカに帰国し、1944 年に再び計画過程の中枢に引き戻された。外交官として豊かな経験を持つグルーは、スタンリー・ホーンベックに代わり国務省極東部の部長に就任した。グルーの任命に加え、駐日アメリカ大使館の参事官を務めたジョセフ・バランタイン（Joseph Ballantine）が副部長に就任した。[41]

　国と地域委員会の提案書は、1944 年 1 月 15 日に設置された戦後計画委員会に提出された。戦後計画委員会は敗戦後問題を扱う米国務省の最高意思決定機関

だった。戦後計画委員会は国と地域委員会の提案を検討し、承認したものは米国務総称の占領政策の草案となった。しかしそれらの政策は、SWNCC（State-War-Navy Coordinating Committee、国務・陸軍・海軍三省調整委員会）によって 1945 年に承認されて初めてアメリカ政府の公式政策となった。[42]

　国務・陸軍・海軍三省の次官補クラスで構成される国務・陸軍・海軍三省調整委員会は、1944 年 12 月に戦後政策における民間機関と軍事機関の調整のために設置された。3 名の次官補による定期会議、通称三人委員会（Committee of Three）は同じ目的を共有していた。陸軍省においては、さまざまな民事問題に対する効果的解決策の必要性が明らかとなった北アフリカでの経験を受け、占領地域の戦後軍政は 1943 年 3 月に設置された米国陸軍省民政部で中央管理されていた。[43] 加えて、1942 年 5 月にシャーロットヴィルのバージニア大学に軍政学校が設立され、占領地域に従事する軍将校の訓練が行われた。ここでは軍高官向けの普通課程を提供し、各種民政訓練学校（Civil Affairs Training Schools）において若手将校向けの特別教育が提供された。極東軍で実施していた将校訓練システムは 1944 年 6 月 12 日に変更された。以後は、シャーロットヴィルの陸軍軍政学校における 6 週間の基礎訓練と、民政訓練学校の大学における 6 カ月の訓練となった。[44] 日本の軍事文書の翻訳や、日本人捕虜の尋問にあたっての通訳を担当する ATIS（Allied Translator and Interpreter Service、 連合国翻訳通訳部）は 1942 年 9 月 19 日に設置された。

　1943 年 1 月 1 日に設置された米国海軍省占領地域課（Occupied Areas Section）は、海軍における民政部のカウンターパートだった。占領地域課の長はハリー・ペンス（Harry Pence）大佐からロレンツォ・サビン（Lorenzo Sabin）へと引き継がれ、極東における民政管理について、民政部よりも多くの資料を作成したが、日本の占領計画に直接及ぼした影響はごくわずかなものだった。1943 年 3 月 31 日に JCS は、戦争に占領地域の民事計画に即した名称を付し、実施中の軍事活動に携わるあらゆる民間機関の取組を調整することを提言した。こうして、事実上民政部は民事政策策定のための陸軍・空軍合同機関となった。空軍は、大日本帝国に属していた太平洋諸島の占領計画時に最大の影響力を発揮した。[45]

　OSS もまた、調査と計画策定に従事する民間組織だった。1942 年 6 月に設置された OSS は、社会科学や人文科学分野の著名な学者を集めた諜報機関だっ

第1章　計画過程―二項対立の発生（1945年8月以前）― *21*

た。軍情報部と合同情報委員会の米海軍情報部との協働に加え、調査分析部に
おいては分析報告書を作成し、他の情報収集機関の調査結果を入手していた。
軍将校の訓練に使用する民政部便覧や指針もまた OSS が作成した。しかし、
占領計画にあたっての調査分析部の役割は限定されたものだった。[46] OSS は外
国放送諜報局（Foreign Broadcast Intelligence Service）と密に連携してい
た。外国のラジオ放送をモニターするに当たっては、連邦通信委員会（Federal
Communications Commission）が 1941 年 2 月 26 日に設置された。米国務省は、
戦争によってアメリカ大使館が閉鎖された場合の情報喪失の可能性を危惧して
いた。ラジオは情報源の補足手段だった。外国放送諜報局は OSS や諜報部と競
うようにして、日本語のような当時のマイナー言語を習得できそうな有能なス
タッフを採用した。[47]

　占領計画に携わっていたのは上記の機関や国務省、陸軍省、海軍省だけでは
ない。（ドイツにおいてほどの重要な役割は果たしていないものの）財務省、対
外経済政策実行委員会（Executive Committee on Economic Foreign Policy）、
外国経済局（Foreign Economic Administration）、戦時情報局（Office of War
Information）もまた、計画に大きく貢献した。[48] しかし、日本の保守勢力に対す
る政策の策定においては、これらの組織の役割は比較的小さなものだった。

　SWNCC は極東小委員会（Interdepartmental Subcommittee on the Far East）
を設置した。ドーマンが議長を務め、その他にはブレイクスリーやボートンをは
じめとした優れた日本の専門家が参加した。日本の専門家の強い立場は、今や国
務次官となったジョセフ・グルーの存在により更に強固なものとなった。「ジャ
パン・クラウド」と呼ばれたこのグループは、極東小委員会が先の提案書を見直
し、日本への提案書を独自に作成するにあたって圧倒的な役割を果たした。し
かし、極東小委員会の文書は SWNCC と JCS によって承認され、大統領の署名
を受けてはじめて、アメリカの公式政策となった。[49] ここでの最後の重要な動き
は、戦争末期の数カ月で、戦後計画における意思決定権が移行したことである。
米国務省はイニシアチブを失い、陸軍省が次第に影響力を増した。ポツダム宣
言の草案、大統領政策大綱および軍事命令は、陸軍次官補のジョン・マックロイ
（John McCloy）氏の綿密な指示の下、陸軍省にて最終的な改定が行われた。[50]

1.1 政党政治と政治的資質の境界線

戦後日本に対する矛盾する見解

　計画過程の関係者は、決して同一意見を持った集団ではなかった。占領計画者を二分した要素として、たとえばキャリア官僚と戦時中に採用した民間の専門家、あるいは「知中派」と「知日派」の対立が最も明白で重要なものとして挙げられる。アメリカにとっては共和制の中国が戦後の東アジアにおける最も重要な同盟国であるとの信念から、知中派は日本に徹底的な政治的・社会的・経済的改革を求めた。知中派、反天皇派、反財閥派グループの中でも有力だったのが、国務省役人のスタンリー・ホーンベック、ディーン・アチソン（Dean Acheson）、ジョン・カーター・ヴィンセント（John Carter Vincent）だった。占領初期においてこのグループで最も存在感を発揮した人物は、POLAD のリーダー、ジョージ・アチソン（George Atcheson）である。[51] しかし、知中派でありながら、アチソンは東京に滞在してわずか数カ月の間にマッカーサー元帥と密な関係を築いた。[52]

　このグループでは、オーウェン・ラティモアやトマス・ビッソン、アンドリュー・ロスなどの学識者やアジアの専門家から多くのアイディアを取り入れた。さらに、占領初期に POLAD に短期間勤めたカナダ人外交官 E・ハーバート・ノーマン（E. Herbert Norman）もまた、絶大な影響力を持つ著者だった。[53] 上述した学者のうち殆どが、太平洋問題調査会（Institute of Pacific Relations）とつながりを持っており、1930 年代後期の極東に関する調査研究を積極的に行っていた。他の部局に属する占領計画者の間でも、日本社会に対しては強硬姿勢が取られていた。日本に対する厳格な対応では、海軍省のペンス大佐の名がしばしば挙げられる。[54] 戦時中の世論調査によれば、彼らの姿勢は、日本に対し抜本的な対策を求めるアメリカの世論を反映したものと見て取ることができる。[55]

　ジョセフ・グルー、ユージン・ドーマン、ロバート・フィアリー、ジョセフ・バランタイン、キャボット・コーヴィル、アール・ディックオーバーが、知日派

第1章 計画過程—二項対立の発生（1945年8月以前）— *23*

による核組織であるソフトピース派を結成した。彼らは、日本社会の反民主主義的な傾向を認めつつ、民主主義の提唱者たちが復権すれば日本がアメリカの忠実な同盟国となる可能性は十分あるという共通認識を持っていた。彼らは、日本を軍事征服へと突き動かしたのは日本の文民指導陣ではなく、むしろ、日本の軍過激派やその他の超国家主義者たちが日本の近代化初期の動きを阻んだと考えたのである。

占領開始直前に彼らは米国務省を解雇されたが、知日派はその後も存続した。マッカーサー元帥の政策に対し彼らは当初サポートの姿勢を見せたが、1947年から1948年にかけて知日派が米国評議会を通じ米国務省に圧力をかけマッカーサー元帥の権限や改革を抑制し、日本を東アジアにおけるアメリカの主要同盟国とすべく政策の操作を試みたことを受け、支援は消滅した。[56] 知日派はまた、他国の日本人専門家とも密接なつながりを持っていた。イギリス人学者で元商務官のジョージ・サンソム（George Sansom）卿は、知日派と深い関わりを持つ有力な外国人著者のひとりだった。[57]

大抵の場合、ブレイクスリーとボートンについてはこれらのグループのいずれにおいても言及がない。占領初期の数カ月に政党のオブザーバーとして重要な役割を果たした米国務省の役人、ジョン・エマーソンもまた、米国務省には馴染んでいなかった。五百旗頭は、日本の状況に関して複雑に絡み合った見解を明確に区分した。占領計画者の見解は、戦後日本の取り扱い方の違いによって、ある過激な提案から別の過激な提案にいたるまでの6つの政策提言、つまり、「国家壊滅・民族奴隷化論」、「日本隔離・放置論」、「介入変革論」、「積極誘導論」、「介入慎重論」、「日本帝国の温存論」に分類することができる。こうした分類は知日派－知中派の単純な二分よりも特別な意味合いを持っており、この計画過程に関わる主要ラインと人員のすべてを包括している。

まず、「国家壊滅・民族奴隷化論」は戦時の敵対的な一般見解であるが、政府の公式政策とするには無理があった。「日本隔離・放置論」もまた真実味に欠ける選択肢だった。また、これらと対極の「日本帝国の温存論」は、戦後日本を東アジアの中国やソビエト連邦の反対勢力と見なす一派に支持されたものの、アメリカは当時の戦争でこれら列強国と同盟関係にあったために、この政策論を公に議論する訳にはいかなかった。「介入慎重論」はブレイクスリー、バランタイン、

バウマンらと密接に関連しており、天皇制の存続を認め、現在の日本の穏健派指導者と社会的均衡実現のための指導と支援の必要性を訴えるものだった。この政策は、必ずしも明治憲法の改定を要求するものではなく、基本的人権が保障されている限りにおいて各国に統治裁量権を与えるものだった。[58]

　最終的に計画過程の核をなすこととなったのは、残った２つの政策提言における矛盾に妥協点を見出すことで生まれた融合策だった。無条件降伏の原則に沿う形で、日本を無力化するための「介入変革論」政策が採用された。この政策モデルを実施することは、占領の長期化とともに、内側からの変革を意味していた。見当違いな考え方は、教育によって変える必要があった。アメリカによる直接の介入が必要だと考えられた。積極的な外交政策を推し進めたあらゆる要素が、社会制度の成り立ちそのものからの変革を必要としていた。同様に、民主的な平和国家の建設を目指す政策を採用する必要性があった。つまり、目標とするところは共和主義的な政治モデルを構築することであり、また旧体制の象徴たる皇室を撤廃することだった。

　そして「介入変革論」と「介入慎重論」の真ん中に位置するものとして「積極誘導論」があった。それは厳密な意味でボートンによって代表されており、自由主義的改革に天皇制のマントを着せるというものだった。彼の方針は、たとえば明治憲法の一部に対する批判などにおいてはブレイクスリーの方針と異なるものの、両者とも再建プロセスにおいて天皇制が有用であることについては見解が一致していた。[59] こうした相反する手法によって、日本の保守政党および保守政治家に関する政策が策定されたのである。

　占領計画と最終的な占領政策は、1930年代の学術的・外交的土壌に根ざしている。知日派の代表格であるグルー大使は、政策決定に多面的な影響をもたらした。グルーは米国務次官であり、有名な演説者・執筆家でもあった。グルー大使の戦後日本に対する政策は、1944年に出版された同氏の著書および、1930年代に書かれた日記や私信、公的書類に目を通せば理解できる。グルーにとっての外交とは個人的な人間関係であり [60]、皇室に属する人物と密接なつながりを持っていた。西園寺公望公爵や、近衛文麿などの貴族のみならず天皇までもが、グルーにかかっては自由主義派、平和主義派の勢力と見なされていた。しかしグルーが最も賞賛した人物が牧野伸顕伯爵であることに疑いの余地はない。同氏の

第1章 計画過程─二項対立の発生（1945年8月以前）─ *25*

著書『滞日十年』の抜粋文からも、上述の人物たちが日本を平和的解決に導こうと志していたことをグルーが確信していた様子が窺える。[61]

　後に占領当局にとっての貴重な情報源となった同書は、アメリカが天皇を含む穏健派にどう対処するかの基礎固めとなった。[62] グルーはまた自身の著書において、自らが日本の穏健派の後見人となる構えであり、また、反対派とは違い、アメリカとの戦争に激しく反対した日本人と個人的な知り合いであると記している。[63]

　グルーの見解は日本の歴史学者や政治学者からも支持された。こうした学者の中でも特にケネス・コールグローブは、振り子理論、つまり1930年代の国家主義的排外感情が、一連のサイクルを経た後、以前そうだったようにいずれ国際的協同組合主義への揺り戻しを誘発するというグルーとまったく同じ見解を持っていたのみならず[64]、彼と同種の社会ネットワークに属していた。コールグローブが考える日本の民主主義の真の推進者は、牧野伸顕、西園寺公望、松平恒雄の3名のみだったが、戦前の著書においては斎藤隆夫、幣原喜重郎、吉田茂ら戦後の政治家についても好意的に評価していた。[65]

　グルーを強く批判したのはオーウェン・ラティモアやアンドリュー・ロスだった。ラティモアはグルーが擁護した人物たちを批判し、彼らの真の役割や地位は誤解されていると論じた。ラティモアは、新しい日本の指導者は中道左派であり、ロシアと友好関係を保つべきとの期待を寄せていた。[66] ラティモアは、数年後に共産主義からアメリカ政府の高度政策決定レベルに昇格した最たる事例として記憶されている。[67] アンドリュー・ロスもまた、グルーに関して同様の批判的態度を取っており、日本を反共産主義の防壁として扱うことに激しく反発した。同様に、ロスは保守派が改革を阻む可能性があると警告した。ロスの批判は知日派および、彼らが穏健派と呼んだ日本の団体に向けられたものだった。[68]

　言い換えれば、知日派は戦前日本の穏健的要素に期待していたのである。しかし知日派の計画において、かつての日本の政党とその指導者は穏健派と見なされていなかった。グルーとドーマンは長年日本に滞在し、日本の変遷の行く末を見守った。彼らは密接な関わりを持つとともに皇族に近い人々の影響を受けていた。グルーとドーマンが日本の穏健派と呼ぶとき、それは日本の復興過程を支援した彼らのことだった。

米国務省の初期評価

しかし、グルーとドーマンが米国務省での元の立場に復帰するずっと前に、ブレイクスリーとボートンの間で同様の歴史観を指針とする作業が行われていた。ブレイクスリーとボートンの作業分担は、ブレイクスリーが一般的な目的に、そしてボートンが憲法、天皇および政党を含む政治的問題に焦点を当てた論文を執筆するというものだった。

計画文書と、1940 年に出版されたボートンの回顧録 "*Japan since 1931*" には、明白で特徴的な類似点が見受けられる。1940 年に出版された同書において、ボートンは戦前における日本の政党と財閥との疑わしい関係、日本の特定の政治家の性質や日本の全体的な発展状況に関する見解を述べている。[69] 数年の後に同氏は、新たな立場のもとで変わらぬ見解を披露した。ボートンはそのときもはやオブザーバーではなく、戦後日本の重要政策の策定者となっていた。しかし、ボートンと同様の見解を有していた学者が他にもいたことは、特筆すべき事実である。[70]

1943 年のボートンの回顧録には、彼が適任と見なした日本の指導者のリストが記載されていた。保守党の前指導者はこのリストには含まれていなかった。その代わりボートンは、1943 年 7 月に著した領土小委員会の回顧録において、穏健派の存在を確信していることを明らかにした。数カ月後、同氏は「日本・戦後の政治的諸問題（T381）」（国務省領土小委員会第 381 号文書）において、同様の見解を示した。同書において、ボートンは日本の歴代首相の穏健傾向の評価を行っている。その評価は厳しいものであり、満州事変を受け辞職した若槻禮次郎だけが、軍事の不拡大方針を貫いたとして評価されている。前外相の宇垣一成は、過激派の政策に果敢に反対したがゆえに苦労した穏健派の指導者として繰り返し言及されている。宇垣は高齢だったことが難点とされたが、彼以上の穏健派とされるどの人物よりも自由党政府を主導することができただろうと記されている。宇垣ほどではないにせよ、米内光政海軍大将についても同様の見解が述べられている。[71]

しかしボートンは、真の穏健派であり一貫して軍閥に反対した人物は、天皇の側近団の中にいると確信していた。ボートンによれば、1940 年から内大臣を務

第 1 章 計画過程――二項対立の発生（1945 年 8 月以前）―― *27*

めていた木戸幸一公爵と、宮内大臣を務めた松平恒雄が、この一団における最も優れた人物だった。[72] 氏の解釈は何ら目新しいものではない。この 2 人の人物は戦争が勃発する以前から、親英米派の代表格としての評価を得ていた。[73]

国会議員の中では、ある人物が突出した評価を得ていた。日本で最も偉大な国会議員として支持された無所属議員の尾崎行雄である。尾崎は名前が挙げられる機会の多い唯一の国会議員だった。[74] しかし、1944 年 8 月のジョセフ・グルーの書簡によれば、尾崎は高齢であり健康不良であったため、グルーは尾崎が戦後日本を率いる勢力を持っていないと考えていた。[75]

初期評価においては元党首脳陣の多くは高い評価を得ていなかった。反対に、1940 年夏の政党崩壊前の状況は 1943 年の報告書に記載の次の通りである。「月並みの能力と、月並み以下のビジョンしか持たず、その多くが明らかに腐敗しており、人々の信頼を勝ち得ることができない政治家たちが率いる政党は近年その政治力に疑問符を付けられている」。[76] 同時に、民政党と政友会は 1937 年の選挙で勝利したものの、軍部の侵略政策に対し何の対策も講じていないと批評された。

それにもかかわらず、数名の政治家は穏健派や軍事政権反対派と見なされていた。元首相で民政党総裁の浜口雄幸や、元首相で政友会総裁の犬養毅は、日本の軍国主義に反対したことで政界の実力者として認められた。浜口政権は対中国宥和政策を唱え、海軍や枢密院、政友会議員の反対を押して 1930 年にロンドン海軍軍縮条約を結んだ。報告書によれば、民政党は伝統的には政友会よりも穏健派的傾向が強く、また拡張政策に対してはより否定的だったとされている。犬養は軍国主義に反対し、彼の前任者である田中儀一大将の党内における影響力を排除しようとした。両者ともに過激派に暗殺され、民主化運動の犠牲者となった。[77]

初期の占領計画者は、日本の新たな穏健派指導者が出現する可能性のある層について検討した。帝国大学の教授、外務省の若手官僚、元外交官、司法官僚などの知識階層が、非軍事国家日本の新たな指導者候補として挙げられた。実業界のリーダーの今後の政治的役割においては財閥との関係性が疑問視された。[78] アメリカ人の日本専門家たちは、未来の日本の指導者が、彼ら自身と最も関わりの深い業界から輩出されることを求めていた。そのため、計画者たちは日本における彼らのカウンターパートである学者や外交官が戦後の日本を統治すると予測して

いた。占領計画に携わった中で、最終意思決定者のアメリカ大統領を除いては、普通選挙を通じてその職に就いたものはいなかった。ゆえに、日本の政治家は彼に相当する人物はいなかったのである。

　ボートンは国民参加の問題や、今後想定される政治改革に対する日本国民の姿勢に懐疑的だった。政治的意思決定にこれまで参画してこなかった日本国民が、自分たちに関わる政治問題について合理的な決定を下すことができないのではないかと危惧したのである。これまでの管理・統制体制下にあって、日本国民は従来にも増して当局の指令に従属的であると考えられていた。そのため、当局が戦後改革を主導し、民衆を教育するアプローチが取られることとなった。[79] つまり、自由主義派で親英米派と見なされていた高齢のエリートたちは、占領当局の助けにより日本が軍国主義化する以前の立場を取り戻すこととなった。これらエリートは、大衆に民主主義の原則を教育するという時間のかかる任務を与えられた。

　領土小委員会のメンバーは政治的目標を達成するために最も望ましい手段について議論した。ブレイクスリーとバランタインは日本の内政が自然な流れで発展するよう、干渉を最小限に留める政策を推進した。民主政権の確立は日本の穏健派の手に委ねられ、アメリカ人が穏健派の計画や活動の一切にコントロールや強制を加えるべきではないとされた。[80] つまり、詳細は日本の裁量に委ねられたのだ。占領当局は最終目標を提示し、望ましい改革が実施されうる全体的枠組みを示唆するのみだった。

　戦前の日本の保守政党や保守政治家に対する見解を形作ったのは、疑わしく好ましくない詳細が繰り返し取り上げられたことだけではない。首尾一貫した見解を複雑にしてしまう可能性のある情報を排除するという方法も用いられた。大政翼賛会の関連団体として、1941 年 9 月には翼賛議員同盟が設立された。衆議院議員の 70% がこの同盟に加入したが、一部の議員グループは加入しなかった。加入しなかったグループの中で最大の組織が、戦前政友会で久原房之助前幹事長を務めた鳩山一郎率いる同交会だった。北昤吉、犬養健、片山哲、芦田均、大野伴睦、尾崎行雄といった所属議員 37 名のほぼ全員が、穏健的、自由主義的傾向を持っていた。[81] 戦後、占領当局が彼らの経歴にさまざまな評価を下したのは興味深い事実である。彼らの殆どが、戦後初期における保守政党の指導者となった。

　同交会のほか、翼賛議員同盟に加入しなかったグループには興亜議員同盟、議

員クラブ、同人クラブがあった。これらのグループの構成員には社会大衆党の旧メンバーが多く含まれていた。同交会およびこうしたグループに属する議員の多くが、1942 年の選挙時に非推薦候補として票を競うこととなった。同交会議員でもある非推薦候補の 2 名、尾崎と芦田は選挙運動中に逮捕される自体にまで発展した。結局、同交会議員で当選したのは 9 名のみだったが、うち尾崎、芦田と犬養は機密漏洩の疑いで取り調べを受けることとなった。[82]

　占領計画者たちは、なぜこれら政党政治家たちによる反対運動のことを忘れてしまったのだろうか？ 何故占領計画者たちは、過激派支配に対抗する力を持つ国会議員としての役割を尾崎ただ一人に一任したのだろうか？ 分かり易く説明すればそれらは彼らが「忘れてしまった」せいだと言える。あるいは占領計画者たちは、他の政治家達の功績に対して無知だっただけなのかもしれない。しかしこの場合は事情が違った。

　1941 年 4 月の報告書においてグルー大使は、大政翼賛会が全体主義政党になり損ねたことに抗議する右翼政党、つまり東方会の設立について言及している。同報告書では、他の政治活動についても記載されている。たとえば、グルーの報告書では、当初国会議員クラブは近衛公が長を務めることとなっており、旧民政党および政友会の元議員により構成される帝国ホテルクラブは、政治勢力を大政翼賛会にまで拡大することに反対していたこと、また、前党首たちによって構成される団体が大政翼賛会への予算割当に反対していたことに言及している。しかし、領土小委員会の文書には東方会についてのみ記載されている。この情報の伝達者であるグルー自身が、こうした経緯によってこのことに全く関心を示さなかったことは特筆すべき点である。[83]

　1941 年 4 月から 8 月にかけては、新しい枠組み内で活動的な政治団体に関する情報が増大した。この現象は、1941 年 10 月 7 日に米国陸軍省軍事情報部（Military Intelligence Division）より国務省政治顧問に発出された文献に記録されている。それによれば、日本の国会は 3 つのグループ、すなわち「新体制」を是とする軍部、主に民政党と政友会の党員であり近衛内閣を支持者する伝統的国家主義者のグループ、そして最も興味深いのは少数の著名な自由主義者と政友会久原派の元党員から成る自由主義派のグループに分類された。[84] この文献では、多くの伝統的な見解とは異なる見解が披露されている。自由主義派の現役政治家

の存在について断言するに留まらず、それら政治家が、当時の2つの主要政党の
うち穏健的性格が弱いと一般に考えられていた方の旧政友会の出身であるという
ものである。いずれにしても、領土小委員会のその後の文書には、こうした見解
に類する記録は残されていない。

　当時の日本の中国政策を批判したために1940年3月に国会除名された斎藤隆
夫を、ボートンは一体何故忘れてしまったのか？　これは意図的な単純解釈手法
のもう一つの例である。斎藤の除名は領土小委員会の文書が作成された当時大
きな話題となっていた。斎藤の除名はグルーの報告書および米国陸軍省軍事情報
部報告書に記載されており、またボートン自身が1940年に発表した彼の著書で
もこの出来事に触れているほどなのだ。[85] アール・キンモンスによれば、斎藤の
除名が忘れ去られたのには幾つもの理由がある。戦後の社会主義者たちにとって
は、彼らの指導者が斎藤の除名を積極的に支持したことから、この出来事を忘れ
去る必要があった。戦後の著名な歴史家たちは、彼らが構築した軍国主義者に惑
わされ、欺かれた犠牲者としての日本国民の典型モデルにそぐわない斎藤の行動
について敢えて言及しなかった。[86]

　占領計画者たちもまた、物議を醸した斎藤の除名について、敢えて忘れるこ
とにしたのである。占領計画者たちが斎藤の除名を忘れ、また除名に反対したの
が保守政党議員だったことの理由の一つとして考えられるのは、保守政治家の単
純明快でネガティブなイメージを維持したかったから、というものである。しか
し、斎藤の一件に関する記憶を完全に抹消しきれた訳ではなかった。むしろ、斎
藤の除名に賛成したか否かが、戦前の政治家たちが自由主義派だったか否かを判
断するための占領期における一種の判断基準にすらなっていたのである。

　大政翼賛会の選挙については一方的な報告に終始している。1943年に著され
たボートンの報告書によれば、数多くの推薦候補者が当選している。それによれ
ば、日本の無条件降伏以降に頭角を現し、占領計画者に一目置かれる存在となっ
た民政党総裁・町田忠治と政友会総裁・中島知久平は翼賛政治会の顧問を務めて
いた。[87] こうした実績にもかかわらず、占領計画者にとって非推薦候補者は注目
に値しなかったのである。

　実際、同交会について明確に記述している資料は見受けられない。さらに
1945年10月には、1942年の選挙における反体制派候補の選挙運動についてほ

第1章 計画過程 — 二項対立の発生（1945年8月以前）— *31*

とんど知られていないことが確認されている。[88] しかし、初期の計画者、特にボートンは元政党政治家たちによる反対運動があったことを把握していた。にもかかわらず、報告書や覚書にはそうした反対運動やその中心的存在について敢えて言及しないことにしたのだ。これは、前の保守政党や保守政治家に対する完全なマイナスイメージを払拭することを嫌う姿勢の表れと言える。どの政党にも所属しなかった尾崎こそが、議会制民主主義の真の推進者であると称えられているのも、保守政党に対するこうした反発姿勢があればこそである。

1.2　保守派の過去と未来を反映した基本方針

知日派の時代

　戦後計画委員会のもとで総合政策が策定され、1944年前半には日本占領計画がより具体的な形にまとまった。国務省の再編成により、知日派と知中派の力関係に変化がもたらされた。不満を抱えた部下たちは、ハル国務長官を動かしホーンベックを新設された極東局（Office of Far Eastern Affairs）の局長の座から引きずり下ろしたのである。この一連の出来事は、国務省の中国政策に影響を及ぼしたのみならず、グルーを極東局局長就任へと導いた。同時に、ドーマン、フィアリーやディックオーバーといった知日派が、新設の部局間極東地域委員会における重要なポストに就くこととなった。[89]

　局長就任前、グルーは戦時情報局のキャンペーンに帯同し日本を一周した。グルーは演説において、日本を甘く見てはならないと警告し、日本の軍事機構を非難した。しかし、ここでの彼の演説は1943年後半に彼が残した非公式コメントにトーンが似ていた。グルーは「自由主義的な要素」が世に出現することの重要性を説き、1943年の末には、天皇が戦時情報局を軍事政権と区別する姿勢を公然と擁護した。グルーの社会政策の変化は左翼進歩主義者や知日派キリスト教団体の猛烈な批判を買った。[90]

　戦後の日本計画は、陸軍省の活性化にも繋がった。最初の8カ月間、米国陸軍省民政部（Civil Affairs Division）は北アフリカとヨーロッパの問題対応に追われていた。日本は1944年1月以降、重要な役割を担うようになった。この変遷

期に活躍したのは民政部長官のジョン・ヒルドリング（John Hilldring）少将である。国務省の役人は、必要とされる分野と詳細を網羅する政策転換を担う能力を備えていなかったため、ヒルドリングは明確で一貫性のある政策プランを単独で構築することとなったのである。[91]

ヒルドリングは、シャーロットヴィルで作成され、陸軍省および国務省のいずれの助言も受けていない指針案に失望した後[92]、民生部と海軍省占領地域課が1944年2月18日に国務省に接触した。彼らは国務省の初期のパフォーマンスに対する不満を表明し、部局間極東地域委員会に対し、長期政策が策定される以前に回答することを求める質問状を提出していた。[93] この質問状は、1943年11月に作成されたOSS、R&A（戦略諜報局研究分析部、Research and Analysis Branch）の1343文書[94] に沿ったものであり、部局間極東地域委員会の真意を明確に示すことを要求するものだった。政党に関する質問は、「e. 日本およびその後の政権において必要不可欠な権限の回復に共に取り組むことのできる敵国の政治部局或いは政党とのつながりがあるか？ f. 解散すべき政党、政治組織または政治団体が敵国に存在するか？ する場合、その組織とは？」[95] といったものである。

これらの質問と回答は計画当初ではなく、計画初期の産物である。ここで強調したいのは、政党とそのルーツに関わる政策がどれほどの期間にわたり存続したかを理解するのが非常に重要だということである。[96]

国務省による質問状への回答によれば、その時点において、戦後も存続すべき政党や政治部局は存在せず、大政翼賛会と翼賛政治会は解散すべき政党とされていた。新たな組織に関しては再考の余地は残されていたものの、日本の貴族院の政治団体のような弱小組織は、政党というよりむしろ政治クラブとして認識されていた。さらに、回答には、軍政において日本の軍国主義的指導政策の策定または実施に密に関わっている人物の特定は避けねばならないという警告が添付されていた。[97] 国務省の不完全で曖昧な回答は、陸軍省と海軍省の満足するものではなかった。さらに、1944年半ばにあっては民政部の関心は再び欧州に移っていた。[98]

1944年、戦後計画委員会の検討用に策定された部局間極東地域委員会計画は、ドイツ向けに同様の計画を作成した数週間後に策定されたものである。一方、戦後ドイツの占領計画は、国務省と財務省の大きな意見の対立に影響されたもので

第1章　計画過程—二項対立の発生（1945年8月以前）— *33*

ある。ヘンリー・モーゲンソー（Henry Morgenthau Jr.）率いる財務省は、ド
イツの完全なる脱工業化を要求するなどといった形でドイツの戦後計画に関与し
ていた。いくつかの問題に関し省庁間で意見が衝突していたにもかかわらず、非
ナチ化計画における国務省の政策はむしろモーゲンソーの意見に類したものだっ
た。[99]

　ドイツ占領計画に比べれば、モーゲンソーの過激な方針が日本占領計画に果た
した役割は極めて小さいものの、紛争後のナチ党の扱いに関する過酷な計画にお
いて、日本の保守派にとっての安心材料は皆無だった。これは、日本のナチ党に
最も近い大政翼賛会の議員に関連してくるものだった。

　OSS が直接影響を及ぼすことは少なかったが、将来の占領計画者への同局の
メッセージは出版物を通じて伝達された。OSS の研究内容が役に立った訳であ
る。1942年2月以降の日本の戦略的調査によれば、民政党と政友会が戦前二大
政党とされていた。しかし、その政治方針は曖昧で差別化し難いと評されてい
た。[100] こうした懐疑論は1945年1月の民政ハンドブックにおいてより具体的に
記されている。

　ハンドブックによれば、第一次世界大戦後には政党が強い力を持つようにな
り、比較的穏やかな発展期があった。しかし、歴史ある政党、とりわけ政友会と
民政党は、日本の戦後民主主義の失敗の責任の一端を担っていた。彼らのふがい
なさが原因で日本の軍部が力を得る結果となってしまったためである。旧保守政
党は能力不足と非難され、主義を持たずして異なる経済的利益を求める無力で腐
敗した集合体であると痛烈に批判された。保守政治家たちは自身の利益のみを求
めていると揶揄された。しかし、戦前の体制は議会政治への変遷を容認できる程
度に柔軟であり、国民の意思に基づく議会政治に向けた改革を妨げるものではな
かった。同書では特定の人物を名指ししているものは多くないが、宇垣一成は軍
部との衝突を生んだ政治指導者として引き合いに出されている。[101]

　1945年4月には、ドイツの状況とは異なり、日本には望ましくない政治体制
に関する包括的基準がないために、排除すべき人物を特定するのは極めて難し
いことが重ねて通達された。占領当局の信頼に値し、当局の補助において積極
的で有能な人物を特定することはさらに困難であると予想された。[102] すなわち、
かつての保守政党や保守政治家は明らかに、OSS が戦後日本に期待した要素を

持ち合わせていなかったということである。対照的に、OSS の役人たちは、これら政党の政治家に将来いかなる重要な役割をも担わせてはならないと考えていた。[103)]

土壇場の変更も、保守政党政策に影響せず

占領計画のまとめ役として SWNCC が設置された戦争最後の年に、もうひとつの組織変革が起きていた。1944 年 11 月に長期にわたり勤めたコーデル・ハル国務長官が退任し、エドワード・ステティニアス（Edward Stettinius）が後任に就き、グルーが国務次官に任命された。フランクリン・ルーズベルト（Franklin Roosevelt）大統領の死を受けて 1945 年 4 月 12 日に大統領に昇格したハリー・トルーマン（Harry S. Truman）は外交政策に没頭した。1945 年 7 月に、対日強硬派で知中派のジェームズ・バーンズが国務長官の座に就いた。複雑な利害が絡む中、熾烈な意見対立があり、新たな取り組みは旧政策文書に異議を呈するものだった。[104)] 結果、ジョン・マックロイ陸軍次官を第一意思決定者とする陸軍省において最終決定が下された。

この複雑なプロセスは、日本占領の方向性を定めた 3 つの重要文書である「ポツダム宣言」、「初期対日方針（SWNCC150/4）」、および JCS による「日本本土における初期の基本的指令（JCS-1380/15）」を形作った。これらの文書は占領の基本的構造と目的を再考したものであるが、日本における戦前の保守政治家に対する事前評価や戦後の活動に対する期待を疑問視するものではなかった。保守政治家が日本の戦後復興において重要な役割を果たすとは考えていなかったのである。

日本にも変化がもたらされた。小磯国昭内閣が 1945 年 4 月 5 日に総辞職となり、その 10 日後に日本の軍警察に当たる憲兵隊が吉田茂を逮捕した。吉田は日本の敗戦を予想しており、外交的解決を提唱していた。意見を一つにする同胞によって結成されたグループは憲兵隊に「吉田反戦」の略称である「ヨハンセン」という暗号で呼ばれていた。[105)] たとえば、世界における日本のプレゼンス向上に関し、戦時中の指導者たちとは異なる見解を持っていた過去の日本の指導者たちを復権させられるとの信念に基づいて海軍情報部における対日心理戦の作戦計画を立案したエリス・ザカライアス少将は、鈴木貫太郎大将の首相就任を日本が戦争から脱却するかすかな兆しと捉えたものの、[106)] これらの変化が占領計画に大き

第 1 章　計画過程―二項対立の発生（1945 年 8 月以前）― *35*

な影響を及ぼすことはなかった。

　米国陸軍省は 1945 年 4 月、一般命令および軍事声明を策定するにあたり、国務省に対し日本の取り扱いに関する政策文書の提供を求めた。これに応える形で 6 月初旬、国務省は国務・陸軍・海軍三省調整委極東小委員会に対し、いくつかの微修正を加えた後の米国初期対日方針（SWNCC150）を提出した。[107] 政治的事柄に関するパートは、ほぼ戦後計画委員会の文書を引用したものである。そこでは 3 つのフェーズに分けた日本への対応方針が提案されており、[108] 限定的かつ直接的で、もっぱらアメリカによる占領の目的を改めて強調するものだった。この文書には 2 点のみ変更箇所があった。ここで強調されているのは、日本の恒久的武装解除、そしてさらに重要なのは軍国主義や軍事侵攻の提唱者の処分に関する事項である。経済的事項については、ニューディール政策に関わった経済学者らの手によって、より干渉主義的で改革志向の強い内容に改定された。[109] SWNCC150 は軍事政権の基本的指令を策定した軍事計画立案者にとっての礎となった。

　1945 年 7 月 26 日に発せられたポツダム宣言は戦後日本に関する異なる見解の綱引きの結果生み出されたものである。ドーマンがグルーの求めに応じ、日本国民向けの公式声明の草稿を策定したものの、[110] 陸軍省では独自の草案を作成し、6 月の下旬にトルーマン大統領に提出していた。国務省内では、今後の天皇の地位および、これについて国民へ発信すべき宣言について活発な議論が交わされていた。しかし、グルーがさまざまな手を尽くしてトルーマン大統領の説得を試みたものの、大統領はウィンストン・チャーチル（Winston Churchill）首相およびヨシフ・スターリン（Josif Stalin）首相とポツダムで会談するまではいかなる決定をも下すことはなかった。声明は、知日派の主張を反映した SWNCC150 の要点を踏まえてはいたものの、それは陸軍参謀本部の役人により策定されたものだった。[111] 最終的には、イギリス当局者たちによる土壇場の提案を受けて変更されるのだった。

　ポツダム宣言、原爆投下そして日本の降伏により、最終的に一般占領政策は 8 月 14 日から 22 日にかけて書き換えられることとなった。こうして策定された SWNCC150/3 は、知日派とその対立派との妥協策だった。最も大きな変更点は、占領にあたっての経済的対応事項であり、政党や政治家の地位に直接関わる変更

はごくわずかなものだった。政策綱領の草案は、軍事命令の草案と共にマッカーサーのもとに提出された。指令案の用語解説として、マッカーサーは、占領が間接的なものに留まるとの説明を受けた。[112]

極東小委員会による要旨において、占領初期において軍事政権が直接統治する構想が描かれていたか、イギリス当局による修正を受けてポツダム宣言は既存の政府機関が連合軍政策を実施することを示唆するものだった。8月1日、アメリカ政府イギリス担当のジョン・バルフォア（John Balfour）が国務省に対し、日本政権への対処を求める提案書を提出した。ジョセフ・バランタイン極東局長はグルーに宛てた書簡で、SWNCC150/1で想定している連合軍による完全統治と、修正されたポツダム宣言において示された監督的役割との矛盾について論じている。バランタインは、状況が許すのであれば日本の行政機構を最大限活用すべきと提案している。しかし、すべての政策は最高司令官によって決定されるのだった。ヘンリー・スティムソン（Henry Stimson）陸軍長官も、バランタインよりも前に同様のアイディアをグルーに持ちかけていた。[113] スティムソンは、1931年以前の日本の民主的性質を是とし、自由党の優れた指導者が存在するものと確信していた。[114] 同氏の日記に具体的な名前は記されていなかったが、自由主義的要素への確信を表明するときスティムソンが特定の戦前の党政治家の名前に言及した形跡はなかった。[115] しかし、1945年5月の末にグルーと会談した際、スティムソンは戦前における自由主義者として幣原喜重郎、若槻礼次郎、浜口雄幸の名を挙げていた。スティムソンは1930年のロンドン海軍軍縮会議をきっかけとしてこれらの人物を評価するようになったのである。[116]

国務省は、日本によるポツダム宣言の条件付き受諾の通知を受けて降伏文書を最終化した。間接統治方針を明確化しようという最初の試みとして、極東小委員会は8月12日にその要旨を改定した（SWNCC150/2）。トルーマン大統領は更なる変更を要求した。ポツダム宣言受諾をもっての日本の無条件降伏の通知が8月14日になされ、フルスピードで占領計画が練られることとなった。SWNCCの陸軍省代表、ジョン・マックロイ陸軍次官は、法的観点から、降伏後の政策綱領がポツダム宣言の文言および精神と合致している必要があると考えていた。8月22日に、極東小委員会を完全に無視した形で、マックロイ陸軍次官は独断で「最高司令官は、天皇を含む日本の行政機構および機関を通じ、その権限を行使

第1章　計画過程―二項対立の発生（1945年8月以前）―　*37*

する」という一説を挿入し、これはSWNCC150/3として承認された。

　新たな妥協案は、親中派の改革主義的性格を留めていたが、親日派が提唱した間接的占領統治に迎合する性格も兼ね備えていた。以後は計画に多少の修正が加えられたのみだった。マッカーサー元帥は、実質上8月29日のラジオ放送でその内容を聞くこととなった。8月31日、JCSと他の機構による土壇場の提案事項を反映したSWNCC150/4が正式承認され、9月6日には、トルーマン大統領が同書を承認し、マッカーサー元帥に提出した。9月22日に、米政府はSWNCC150/4/Aを「初期対日方針」として正式発表した。[117]

　しかしポツダム宣言およびSWNCC150/4/Aにおいて、日本の保守派への対応方針は結局どう定められたのだろうか？　これらの文書では、将来の日本において民主主義政党の存在が前提とされていた。そこでは日本国民の民主主義的傾向の強化を奨励しており、民主化にあたっての一切の障害を排除するよう要求されている。しかし、政党結成の可否は、「民主主義」というあいまいな言葉をどう解釈するかに依るところがあった。[118] これらの文書は、民主党を明確に定義しておらず、そのために具体的に何を成すべきであるかを示すものでもなかった。また、日本の侵略行為に関与したあらゆる要素を排除する必要性が強調されていたが、これは日本の保守政治家に暗雲を投げかけるものだった。つまり基本的指令は占領当局に対し政党結成を義務付けるものでありつつ、いかなる政治傾向を持つ日本人がそこに参加できるかを定義していなかったのである。

　占領の方向性を定めた最後の重要な政策文書は、日本占領および管理のための連合国最高司令官に対する降伏後における初期基本的指令（JCA1380/15）である。これは1945年11月3日に最終版として発表されたものである。JCS1380/15の初期のバージョンは同年の9月半ばにマッカーサーに提出されており、SWNCCによる初期対日方針とは大きく内容を異にするものである。JCS1380/15は、その前のバージョンよりも詳細について定めた機密文書だった。そこでは知中派や軍事強硬派、そして初期対日方針で求める以上に連合国軍最高司令官に権限を与えることを提唱するニューディール主義者の見解が示されている。基本的指令において用いられている言葉や構想は、ヘンリー・モーゲンソー財務長官の過激な構想を生かした「ドイツ占領基本指令」（JCS1067）に倣ったものである。[119]

　JCS1380は長期的影響力を持つものだったが、この文書そのものにおいて、長

期政策の策定に活用されるべきものではないことが謳われている。むしろ、本指令は日本の経済、産業、財政、社会および政治的状況に関して調査を行う重要性を強調している。また、ここでも民主主義政党の結成が奨励されている。異なるのは、以下のように政党の統制手法が厳密且つ具体的に定められている点である。「既存のすべての政党、政治組織、政治結社を即刻統制下に置くこと。対象となるのは、軍事占領下の条件に基づく活動を行っており、その目的が奨励されるべきものである場合であり、これらに反する組織等は廃止すること」。[120]

この指令では、ブレイクスリーやバランタインの提唱した最低限の内政干渉やSWNCC150/4における民主政党の奨励以上に、政党政治の発展に積極的に干渉しようという強い意向が表れている。また、アメリカの方針との整合性を図るため、民主主義的性質の解釈は政党の妥当性を計る物差しに変更された。JCS文書は、今後の政治展開には明らかに日本の専門家が想定する以上の指導が必要となることを前提とした悲観的な見方に基づいていた。

1.3 太平洋を越えて ― ワシントン計画からGHQ/SCAPアジェンダへ ―

マッカーサーと側近の参入

占領機構のルーツはマッカーサーの戦時司令部である。日本への介入プロセスを加速しようと、マッカーサーは太平洋地域に統合司令部を設置するよう強く求めた。これにより、1945年4月4日にAFPACが設立された。マッカーサー元帥とチェスター・ニミッツ（Chester Nimitz）提督が1945年春のダウンフォール作戦と呼ばれる日本本土上陸作戦の計画詳細を練った。「ダウンフォール」は5月下旬にJCSで承認され、米軍上層部およびトルーマン大統領に提出された。しかし、代替案も同時に作成されていた。6月14日にJCSは、日本の突然降伏に備えて平和的心中作戦を策定するようマッカーサーに命じた。ここで作成されたのが「ブラックリスト作戦」である。JCSはマッカーサーの計画を採用し、これが日本のポツダム宣言受諾とともに開始される予定だった。[121]

日本がポツダム宣言を受諾したことにより、「ダウンフォール作戦」は回避さ

れ、代わりに「ブラックリスト作戦」を実施しようという急激な動きがあった。マニラに駐在するマッカーサーの側近には適切な訓練を受けた人材がおらず、日本語の専門家もいなかった。しかし、これがポツダム宣言において残すこととなった日本の既存の政府機関との協調プラン策定の障害になることはなかった。[122)]

8月初旬にJCSはマッカーサーを連合国軍最高司令官に推薦した。正式に就任したのは8月15日のことだった。同日、マッカーサーはAFPACを再編成し、GHQ/SWPA（General Headquarters/Southwest Pacific Area、連合国南西太平洋地域総司令部）を解散した。8月5日の時点で日本の民政事項に対応する軍政局がGHQ/AFPACの特別参謀付属として既に設立されていた。軍政局は非軍事活動の多様な側面に対処する複数の部門を抱えていた。

かつて陸軍情報部に所属していた知中派のウィリアム・クリスト（William Crist）准将が、8月20日に軍政局長に就任した。就任前、クリストはマッカーサーの日本担当軍政府主任として7月下旬から8月初旬にかけて米国陸軍省民政部の計画者らの相談役としての暫定職務に就いていた。軍政局から派生して1945年の秋にGHQ/SCAPが設立され、その結果10月2日に軍政局は解散し、その機能はGHQ/SCAPに移転された。こうして、軍政局の部門はGHQ/SCAPの特別参謀部へと変遷した。[123)]

マッカーサーの側近らが自身の権限を堅持したために、当初からクリストの権限は限られており、ゆえに軍政局の機能も最小限に留まっていた。軍事政権における陸軍の通常のプロセスでいけば、軍政局が他の4部門と同格の総参謀部（G-5）となるはずだったが、その代わりに特別参謀部として設立されることとなった。このため、当部門のすべての活動は、クリストの計画に対し異議を唱える他総参謀部による精査の対象となった。[124)]

「ブラックリスト作戦」の文書により、マッカーサーの司令部は占領下における非軍事的側面の計画に当たることとなった。ブラックリスト作戦における軍事政府の計画においては、日本の政治構造の民主化についての具体的な事項に全く触れられていなかったものの、日本における軍国主義、国家神道および超国家的イデオロギーの普及活動や、あらゆる形態プロパガンダについては禁じることが明記されていた。いかなる種の政治活動もAFPAC総司令官の承認を得なけれ

40

ばならなかった。自由主義的傾向および国際連合の目的を支持する要素は奨励され、総司令官は可及的速やかに言論、報道、宗教、ひいては軍事安全保障および法秩序の維持を条件とする集会の自由を認めるものとされていた。[125]

　欧州戦線のカウンターパートに比べ、マッカーサーが軍事政権の計画に割くことのできる時間は少なかった。しかし、その権限を与えられると想定されるよりも前の段階において、マッカーサーは独自の経路から多くの計画文書を入手していたようだ。つまり、マッカーサーのアイディアのもととなった情報源はアメリカ政府にあったと考えられる。[126]

ワシントン〜東京へ

　アメリカ政府の見解を示した公式文書がワシントンからマニラへ、そして東京の本部へと伝達された。しかし、意見や情報の伝達に用いられたのは覚書や報告書といった文書だけではない。GHQ/SCAP の要職は、通称バターン・ボーイズと呼ばれるマッカーサーの側近グループで埋め尽くされることとなったが、GHQ/SCAP のメンバーにはアメリカ政府の計画機関に所属していた者もいた。同様に、重要な関係者との個人的な繋がりがあり、中でも最も興味深いのはグルーとマッカーサーの関係だった。

　クリスト准将が沖縄の総司令部からワシントンにやってきたのは 1945 年 7 月のことだった。彼はマッカーサーより指令を受け、日本占領後にマッカーサーのもとで政治、経済、財政顧問の役割を務める一流人材の選出に関し、グルーにアドバイスを求めた。ここでグルー自身にも政治顧問となる打診がなされたが、グルーはこの誘いを断り、優れた専門家であるとしてドーマンを推薦した。[127] 約 5 週間後に、国務省を退任したグルーが、改めてマッカーサーに直に推薦状を提出した。グルーはドーマンの手腕、そして彼が信頼に値する人物であることを称賛し、同時に彼にグルー同様敵がいることも記した。これは、ドーマンの見解とグルー自身の見解が非常に近いものだったためである。グルーはそれらの見解がマッカーサーの見解とも一致するであろうと示唆した。グルーによれば、彼とドーマンは、天皇のみがこの戦争を止める力を持つのであり、誤った方角を向いたこの国が平和国家としての地位を確立する上で根本的な変革が必要であると考えていた。手紙の末文において、グルーは自身の主張の後ろ盾としてスティムソ

第1章　計画過程―二項対立の発生（1945年8月以前）―　*41*

ン陸軍長官がドーマンの資質に信頼感を寄せていると言及した。[128]

　グルーとクリストの議論の正確な内容は記録に残されていない。同様に、ここでの対話がどの程度マッカーサーに伝わっているかも不明である。しかし、これはグルーとマッカーサーが日本の将来に関し共通の見解を持っていることを示す一つの材料である。マッカーサーが戦時中にアメリカ政府において作成された書類の内容をどれほど関知していたかはわからないが、これらの手紙が示唆するところはマッカーサーが知日派の方針にある一定の理解を示していたということである。いずれにせよ、グルーが著名な人物であり、彼の立ち位置は極秘メモを読むまでもなくわかることである。最終的には、占領方針そのものによって知日派路線が占領当局の方針にいかなる影響を及ぼしたかがわかる。そののち、グルーはGHQ/SCAPのメンバーに手紙を送り続け、[129] 天皇制の擁護を唱え続けた。

　計画立案における主要人物、ヒュー・ボートンとジョージ・ブレイクスリーは終戦直後もアメリカ政府に属していたが、ジョン・エマーソン、ロバート・フィアリー、チャールズ・ケーディス、フランク・リッツォ（Frank Rizzo）、セオドア・コーエンはワシントンから東京へと活動の場を移した。ジョン・エマーソンは元外交官であり、一時期は東京のグルーのもとで働いた経験もあったが、戦時中の中国で働いたこともある人物だった。エマーソンは、1930年代半ばより国務省で日本語研修を受けていたマックス・ビショップとU・アレクシス・ジョンソンとともに、国務省員として東京に勤務し、占領初期にPOLADにおいて重要な役割を果たすこととなった。1945年秋の時点では、エマーソンは政治活動評価を担当していた。降伏前におけるアメリカの対日戦後計画に携わっていたグルー大使の元私設秘書官ロバート・フィアリーは、POLADに加わることとなった。チャールズ・ケーディス大佐は民政部においてヒルドリングの補佐官を務めていたが、GHQのGS次長となった。彼は主要な政治改革のすべてに直接携わっており、ジャスティン・ウィリアムズは、彼をSCAPにおいてコートニー・ホイットニーに次ぐ重要人物と評した。[130] かつて米国陸軍省民政部で勤務していたフランク・リッツォはケーディスと近しく、GSにおいて大きな影響力を持っていた。[131] セオドア・コーエンは労働課長に就任した。ワシントンでは、外国経済局の日本労働政策課に勤務していた。それに加え、コーエンは日本の労働組合および団体交渉に関する民政ガイドを起草した。このガイドは、コーエン

42

がヒュー・ボートンの指導のもと執筆した修士論文を元にしたものである。[132]

　占領当局の中級官僚の大半は、戦時中に民政訓練を受けていた。マイロ・ラウエル（Milo Rowell）、アルフレット・ハッシー、ミルトン・エスマン（Milton Esman）、ピエター・ロースト（Pieter Roest）、ジャスティン・ウィリアムズ、セシル・ティルトン（Cecil Tilton）、オズボーン・ハウギ（Osbourne Hauge）はそれぞれ別の民政訓練学校と陸軍軍政学校で訓練を受けた。ガイ・スウォープ（Guy Swope）は海軍軍政学校を卒業している。[133] 彼らはこのようにして戦時中に日本について学び、訓練において占領計画者たちの見解の影響を受けている。学習教材に加え、ヒュー・ボートンは軍政学校で教え、グルーとドーマンはケネス・コールグローブが教えていた民政訓練学校で客演講師を務めた。[134]

　占領者たちの多くが戦時中に外国経済局に所属しており、たとえば GS で政党対応を担当していたハリー・ワイルズとベアテ・シロタ（Beate Sirota）は、戦時中には戦時情報局に所属していた。[135] GS 次長チャールズ・ケーディスの右腕として将来活躍することとなるフランク・ヘイズ（Frank Hays）陸軍中佐は、シカゴ大学民政訓練学校に在学中に 46 ページの学術論文「日本内閣を動かす勢力 1885-1945（原題：Forces Influencing the Japanese Cabinet 1885-1945)」の執筆まで手掛けていた。[136] この論文では、重要な決定は比較的少数のグループによって水面下で下されており、最低限の規制しか受けていないことを指摘している。ヘイズは日本政治の著名なアメリカ人専門家、たとえばヒュー・ボートンに言及し、その見解を繰り返している。ヘイズが強調しているのは、日本の政治は主に政治制度よりも政治家個人に依存しているが、1924 年から 1931 年にかけては政党内閣の時代であり、1929 年から 1931 年にかけてが国会の最盛期だったと考えている。しかし、政党は徐々に国民の信頼を失い、1930 年代半ばには統制力を失っていた。[137]

結　　論

　占領計画者は、適切な答えを見出すべく課題を常に意識してはいなかった。むしろ戦後の世界を頭に描くとき、彼らがまずしなくてはならないのは解決すべき問題を特定することだった。占領計画者たちは戦後日本の政治主導力の性質を考慮し、戦前の保守派が今後果たすべき役割を明確にすることが大事であると考え

第1章　計画過程―二項対立の発生（1945年8月以前）―　*43*

た。最終的には占領計画は、民主化といったポジティブな目的と、戦争の勃発を誘発する活動を行った勢力を一掃するネガティブな目標の両面を併せ持つ妥協案となった。これは政府の政略によるものである。絶えず変化する制度的枠組みにおいて交渉は行われた。しかし、同一人物が自らの属する後続組織の見解を擁護し続けたため、一貫した主張が保たれていた。戦後日本の取り扱いに関する議論には、たとえば経済誘導において望ましい政府干渉の程度や、アメリカと共産主義体制下にあった旧ソ連との将来的な平和共存の可能性についてのより広範囲に及ぶ交渉の要素が含まれていた。加えて、日本の特定の事例にのみ関与した要素もある。それはたとえば、日本と日本国民、そして戦前日本における過去の経験に対する個人的な感情である。

　日本の政党および政治家に関する多くの文献は、他の政治組織についての文献に比べれば少ないと言える。しかし、だからと言って政党と政治家の存在が忘れ去られた訳ではない。文献が不足しているのが意味するところは、占領計画の初期の過程において、戦前日本の政党および政治家に関しゆるぎない構想が確立されていたということだと考える。占領計画者の中に、戦前そして戦時中における保守政党や保守政治家の活動に疑問符をつける者はいなかったのである。一般政策の目標と手法がいかに変化しようとも、計画者たちが旧保守政党および保守政治家の戦後の役割に大きな修正を求めることはなかった。

　つまり、民主化された日本において政党が確固たる地位を占めていたことをだれもが漠然と認識しつつも、戦前の日本で権力を持っていた保守政治家たちが、戦後日本においてもその政治勢力を確立できるとは予想していなかったのだ。知日派は、現状によりふさわしい政治勢力をどこに見出すべきかについて、独自の見解を持っていた。占領計画者の多くが共通して、利己的な政党政治と、国民の利益を代表するような政治的資質あるいは利他的な政治姿勢とを明確に区別すべきと考えていた。後者は、複数の省庁での勤務や、外交団、学界における豊富な経験を持つ計画者、あるいは戦前有力な計画組織に所属していた計画者のいずれかと関わりを持つ日本のエリート集団の代表者たちが持つ典型的な特徴とされていた。戦後日本の民主化に貢献できる人物の選定に用いたこの区別基準は、保守政党に関する実際の占領政策の計画過程における最も重要な財産だと言える。

第2章

占領期（1945年秋）

　占領期の前半においては、多くの政党が生まれ、政治活動が活発化した。占領当局者がこの時期に最も時間を費やしたのは、これらの新しい政党が民主化した日本に貢献できるかを見極めることだった。しかし、さまざまな政治活動の性質や関連性を見極める作業は最初のステップに過ぎなかった。占領当局はまた、政党が進むべき方向性を提示する必要性に迫られていた。さらに、彼らが提示した目標を達成するための効果的な手段を見出さねばならなかった。

　最高司令官が発した政治指令においては、政党システムにおいて自身が果たす責務の概要が提示されたのみだった。それによれば、政治と関わる分野において絶大な権限が与えられており、GHQ/SCAPは政府機関の機能を精査、修正および廃止することができるとされている。同時に、非政府組織を規制、管理および解散するとともに、官公庁の職員を免職する権限も有している。さらに、最高司令官は軍部の影響力を排除し、経済勢力を統括する権限を持った。[138] このため、占領当局は政党が機能する枠組みを記載する必要に迫られたのである。

　しかしGHQ/SCAPは、その責務の範囲を議会政治を形成するのみにとどめることはなかった。この時期に台頭した政党や政治家は、必ずしも占領当局が求める性質のものではなかったのである。GHQ/SCAPはそれら政党や政治家に民主的性質を求めていたが、あからさまにそれを強制することはできなかった。有権者に選ばれた政党に何かを強制する行為は非民主的と取られかねないためである。加えて、GHQ/SCAPがそうした葛藤を抱えること自体が、日本に民主主義が浸透していないことを窺わせる結果となった。[139] そのため、GHQ/SCAPは内部指導という手法を採用したのである。非公式なルートを通じて意思決定を伝えることにより、日本国民には新しい形の自由が浸透したが、同時にGHQ/SCAPの目指す方向へと誘導される結果にもなった。

　この状況において日本人が果たした役割については意見が分かれるところで

ある。占領は民主主義と新たな権利を意味するはずのものだったが、実際には日本の政治組織の活動を指示するシステムとなっていたのである。[140] しかし同時に、日本側も単に指示を実行していただけではなく、政治構造を形作る上で重要な役割を果たしていた。よって、GHQ/SCAP と日本側の当事者間、また日本の関係者内部においても最初の段階から駆け引きや交渉が行われていた。日本の政治家は占領当局を動かす術を心得ていたという解釈もある。[141]

　本章では、占領当局が日本政治の指導者を選定し、政党の誕生やその活動の規制の有無を決定することとなった占領の最初の 4 カ月に焦点を当てて議論する。この時期は、GHQ/SCAP が日本の内閣、政党および政治家を監視し、協力体制を築いた手法を形成した段階でもある。

2.1　生き残った保守派 ― 保守派情報とそれに代わるものの欠如 ―

占領開始 ― 政府と政党の再編 ―

　横浜近くの厚木航空基地に米軍が上陸したのは 1945 年 8 月 28 日のことだった。戦艦「ミズーリ」艦上での降伏文書の調印を受け、太平洋戦争が正式に終結したのは 1945 年 9 月 2 日である。この調印式においてマッカーサー元帥が発した声明は、連合軍の勝利により、理想的な形で日本に民主主義がもたらされるであろうというものだった。1945 年 9 月 22 日、トルーマン大統領は「降伏後における初期対日方針（SWNCC150/4）」を発表し、アメリカの基本方針を公開した。

　参謀長（Chief of Staff）リチャード・サザーランド（Richard Sutherland）中将はその 4 日後、軍政を放棄する公式指令を発した。この指令において、総司令部内に特別参謀部を設置し民間の事柄に関して最高司令官を補佐することおよび、AFPAC が統括する軍政局を廃止することが命じられた。1945 年 10 月 2 日付で、占領当局の運営責任は AFPAC の軍事組織から GHQ/SCAP へと移された。9 つある特別参謀部は組織上同列に位置し、日本の官僚制度に沿って機能するものだった。[142] 米国務省の代表として、POLAD が特別参謀部付きとなった。

　1945 年 8 月から 9 月にかけ、日本政府は再編を迫られることとなった。鈴木貫太郎内閣の辞職後、1945 年 8 月 17 日に東久邇稔彦王が後続内閣を組織した。

外務大臣が吉田茂から重光葵へと交代したことを機に、9 月 17 日に内閣改造が行われた。第 88 回臨時帝国議会は 1945 年 9 月 1 日に開催された。戦時中に活動していた政治グループも同議会に参加していたが、数週間後に自ら解散した。

占領の間接的な意味合いは、GHQ/SCAP の命令および照会が日本政府にスムーズに伝達される点にあった。このため、日本の外務省は 1945 年 8 月 26 日に外部事務所として CLO （Cenral Liaison Office、終戦連絡中央事務局）を設置した。CLO の役割は、日本側との連絡窓口として GHQ/SCAP の各部とを公式に仲介することだった。同局を飛び越えた直接のやり取りがしばしば行われ、その経路も確立されたものの、外務大臣であり CLO 長を務める吉田茂は占領が始まった最初の冬の間、日本政府と GHQ/SCAP との主要な連絡媒体として機能することにより得られる特別な影響力を享受していた。[143]

進駐軍が日本に上陸したときすでに、政党結成を目指した活動は始まっていた。保守派による最初の活動は、鳩山一郎、芦田均および安藤正純といったベテラン政治家を中心に展開された。1945 年 8 月に開始された政党結成の動きにおいて、最初のイニシアチブを執り、誰が最も重要な役割を果たしたかについてはさまざまに解釈されている。

冨森叡児によれば、鳩山と芦田は 1945 年 8 月 11 日に戦後の政党政治の展望について議論したとされている。[144] 他の歴史家は芦田と安藤による活動に着目している。[145] しかし、この 3 人が植原悦二郎、河野一郎、矢野庄太郎、牧野良三らと共に活動の中核を担っていたことは明らかである。彼らの計画は同交会を中心に政党を組織するというものだった。8 月下旬には、旧無産政党から影響力のある数名を招き入れるための交渉が行われていた。交渉に参加したのは、西尾末広や平野力三といった、戦時中に鳩山を補佐していた穏健派である。結果的に交渉は決裂し、両名は 1945 年 11 月 2 日に正式に発足した最初の政党、社会党の結成に参加することとなった。[146] 次に働きかけたのは、作家、コメンテーター、ジャーナリスト、学者や実業界のリーダーらである。これまでの政党活動を見つめてきた人物らが加わったことにより政党結成が加速し、1945 年 9 月 6 日に当事務所を設置するに至った。[147]

新政党結成のための準備会議が開催されたのは 10 月 7 日のことである。これを受け、11 月 11 日には自由党が正式発足した。鳩山が党首に、河野一郎が幹事

長の役に就いた。[148] 鳩山はこの翌日、占領当局本部を訪れ、リチャード・マーシャル（Richard Marshall）少将との面会において党の発足を告げている。[149]

自由派は少数派を代表する組織だった。保守派の中核は日本進歩党にその活路を見出した。日本進歩党の前身は大日本政治界であり、1945年11月16日に発足するまでの道のりは決して平坦ではなかった。大日本政治界の指導者に加え同党は、翼賛政治会、旧政友会の中島知久平率いる主流派、旧民政党の町田忠治率いる主流派および1942年の第21回衆議院議員総選挙で初選出された若手政治家集団を擁していた。このように異なる派閥が混在したことにより、党首の選出も困難を極めた。結局、1945年12月になってようやく党首の空席を埋めることとなったのは町田だった。[150] これは12月初めに、中島が戦犯の容疑をかけられたことを受けたものである。[151]

占領当局は占領当初、日本政治の方向性を固めるべく抜本的方策を講じることを求められていた。その期待は各方面から寄せられたものである。戦時中のアメリカの世論は日本に対し敵対的なものだった。日本政治の形成において、この敵意が突然なくなることはなかった。[152]

この時期に、最高指導者ヨシフ・スターリンと外務大臣ヴャチェスラフ・モロトフがアメリカ主導の占領があまりに寛大であると批判し、マッカーサー元帥に代わって国際4カ国委員会が指揮を執るよう求めた。[153] ソ連のメディアも日本の政治制度を批判した。日本の政党は概して否定的なイメージを持たれており、リーダー性がなく、裏で大企業とつながっていると取り沙汰された。日本の指導者は大地主、大企業、軍部の総称と考えられていたのである。[154] 日本のリーダーシップを批判したのはソ連だけではない。たとえばイギリス連邦は、天皇も戦犯容疑者とすべきだと主張した。[155]

日本のメディアさえも日本の政治指導力を批判し、首脳陣の交代を主張した。レポーターや政治コメンテーターは、9月19日および22日にGHQ/SCAPが発したプレスコードとラジオコードを遵守しつつも、憚ることなく自らの政治見解を表明した。彼らの批判の対象は、民主化失敗の責を負っていると自負する政治家だった。国会の力の弱さの原因は制度そのものではなく、軍部とのつながりを持つ腐敗した政治家に求められた。[156] 報道の自由が認められていたと言えども、占領当局による検閲は行われていた。そうした実情を容認していた裏に、検閲の

目的を窺い知ることができる。占領期間中のどの時点かによりその目的はさまざまだったが、1945年秋に大いに批判の的となったのは疑いなく日本の保守派である。

こうした状況下で、占領当局は計画当局が策定したガイドラインの主旨の解釈に当たった。時間は限られており、たとえばOSSは、政治改革の本質を明確にする上で日本の指導者たちが明確な声明を出すことが重要と考えていた。占領当局はわずかな戦犯を除外し、市民の自由を確立し、自由公正な選挙を実施し、1931年以前に代表されるような政党内閣を復活させることで十分と考えていたのか、あるいは日本の政治構造を抜本的に組み立て直す必要があると考えていたのだろうか。連合国側からの具体的な指示がなかったため、日本政府としてはその答えを自ら探し、行動するしかなかった。日本政府は、やむを得ない事情がない限りは既存の力関係をできるだけ崩さない方向性を模索するよう求められていた。[157]民主改革の主導権を握っていたのは日本政府ではなかったということである。

OSSは1945年9月に解散した。OSSの機能は米国務省と旧陸軍省に引き継がれた。研究分析部は引き継がれ、後に臨時研究情報部（IRIS）と改名された。長期的に見れば国務省は主要諜報機関になり損ねたことになるが[158]、日本の政党政治の戦後復活について書面において分析を行った最初の機関が研究分析部であることは間違いない。

米国務省が最も焦点を置いていたのは戦後の欧州の復興だった。たとえば、戦争直後の国務省内で最も大きな影響力を持っていたジョージ・ケナンは、マッカーサーに指示を与えることも、彼の活動を把握することも困難だったとしている。つまりケナンは、最高司令官は独立性の高い地位であると捉えていたのである。[159]

マッカーサー元帥は米国務省の厳格な指示下に置かれておらず、また占領を指揮する地位にある国際機関の意見を重んじなかったものの、米軍の指揮系統を完全に排除することはできなかった。しかし、戦後の基本政策文書によるとマッカーサーは戦後日本の改造において最も大きな権限を持っており、彼の地位は米国務省が日本の存在を軽んじていたことによってさらに重要性を持つこととなったとしている。[160]そのため、ディーン・アチソン国務次官が1945年9月19日に、

第 2 章　占領期（1945 年秋）　*49*

占領当局は政策の担い手であって策定機関ではないとし、マッカーサーの地位と権限は大統領との位置関係も含めてそもそもの初めから非常に不明確だったと述べている。[161]

幣原内閣の発足、そして保守政党の初期評価

　1946 年はじめに予定されていた総選挙前の数カ月間は、政党組織の方向性を決める重要な期間となった。しかし政党結成に向けて行われた降伏を含む一連の動きをもってしても、民間に対する研究分析部の懐疑論を払拭することはできなかった。1945 年 9 月の末には、強固な基盤を欠くことが政党の結成にとってハンディであるとささやかれるようになった。政治の腐敗、派閥争い、軍事強化といった要素により、政党政治の時代は終わったと言われたのもこの頃である。[162]

　研究分析部は 3 つの新たな政党の出現を報告している。日本社会党はその中でも最もよく組織されたと考えられている。旧政友会および民政党の政治家が集まって結成された日本自由党やその他の党は中央政党と呼ばれ、まだその性格が定まっていなかった。自由党の党首陣営からは、鳩山、芦田と植原が認識されている。鳩山は一般的には自由党寄りと考えられているが、戦時中の鳩山の活動については知られていない。唯一とも言える記録は鳩山が 1943 年に翼賛政治会を脱退し、その後は無所属議員として国会議員を務めたことである。芦田と植原に関してはさらに情報が欠落している。結局、情報は少ないものの、自由党は旧政友会の名残として記録に残っている。[163]

　いわゆる中央政党は戦時中に政府支援により活動していた旧政友会と民政党の首脳陣により構成されることになっていた。町田忠治、大麻唯男、島田俊雄、金光庸夫、前田米蔵、中島知久平がその主だったメンバーである。また、研究分析部は限られた情報に基づいて最終決定を下すことは避けたかったものの、中央政党が戦時中に政府と密に連携していたのが、必要に駆られてのことであるのか、自発的なものであるのかが不明であることに留意した。中央政党は主要政党が戦前支持した保守政策におおよそ則るであろうと想定されていた。[164]

　戦後の政党結成は、研究分析部の報告書の常として一見典型的な方向性を辿っていたが、その後停滞している。一方、報告書においては革新的、あるいは急進的な思想は一切見受けられない。これは、外国放送諜報局により提供されたオー

プンソースの秘密情報に加え、戦後初期の研究分析部による資料が日本政治の専門家であるグルー、ボートン、アンドリュー・ロス等による記録を基に作成されたためであろう。[165]

しかし、ワシントンに拠点を置く機関が作成した最終文書は「友好的な日本人」と題されたものである。米国陸軍省軍事情報部がこの文書を最終化し、占領当局への協力が期待できる忠実な日本人に向けて広く配布した。その元になった情報のほとんどが、かつて日本に居住していたアメリカ人により提供されたものである。そのリストには、民間の日本人クリスチャンが多く名を連ねると同時に、多大な政治的貢献をした人物も掲載されている。このリストは、その編纂段階においてジョセフ・グルーおよびボートンが作成した初期の報告書を参照して作成されていることから、非常に信憑性が高いものだと言うことができる。すなわち、同書には上述の著者たちが掲載した人物が多数含まれており、これは後に日本の政治家を評価するにあたっての参考資料とされた。例を挙げると、幣原喜重郎や吉田茂といったかつての外交官は、秩父宮雍仁親王や松平恒雄といった皇族に近い人物と共に掲載されている。[166]

GHQ/SCAP が、占領当局が定義するところの民主的性質に呼応する政治的枠組みを構築しようという能力や意志を示したのは最初だけだった。日本政府は、人種、国籍、信条または政治的意見に基づく政治的、宗教的、市民的自由に対する規制および差別を撤廃するよう求められた。つまり、政治犯の釈放、秘密警察の全廃、天皇や政府に関する発言の自由が認められたのである。さらに、内務省および特定の警察官僚による指揮を排除することが要求された。[167] 司令部はまた内務大臣山崎巌の罷免を要求し、市民権法が施工された翌日に東久邇宮内閣は総辞職を余儀なくされた。[168]

東久邇宮内閣の解散後、適格な後任探しが必要となった。たとえば、国務省研究分析部は占領当局および日本の政治グループの両方とうまくやっていくことができ、また強引な命令を受ける屈辱に耐えうるリーダーを求めた。[169]

マッカーサーが幣原を容認したのは、幣原が英語を話すことができるというだけの理由だとされている。[170] しかし、戦時計画における貢献を考えれば、幣原が1945 年 10 月 9 日に首相に就任したのは当然ともいえる。日本の政治家を評価する上で、英語が話せるというのは一つの重要な基準であるが、幣原の首相就任の

背景には同氏の言語スキルを超えた理由があった。

前述したように、ヘンリー・スティムソンまでもが、西洋水準を満たす指導的政治家として幣原の名を挙げている。[171] 中国との調停に際しての幣原の姿勢やロンドン海軍軍縮会議における軍事主義反対の姿勢が、米国陸軍省軍事情報部や研究分析部の報告においても確実に記憶されている。[172] こうして、日本の総理の座は占領計画者が将来の指導者と認めた組織を代表する人物に託された。

日本側も、占領当局の要望については熟知していた。優勢な地位にあり皇族に近い保守陣営は、アメリカ側が満足しつつ彼ら自身の方針とも相反しない幣原を選んだ。[173] 木戸と枢密院は占領当局を最高意思決定機関として認識し、次期首相に求める3つの基本的要件について10月5日に合意していた。アメリカ側からの反対もなく、戦争の責任も負っておらず、外交の知識に長けている幣原こそが適任だった。[174]

1945年10月7日に発行されたSCAPIN99は、政党に直接言及している最初にして唯一の指令文である。ここに、政党の活動を把握したいというGHQ/SCAPの意向が見て取れる。本訓令においては日本政府に対し、1935年以降に存在するすべての政党の一覧を、それらの実績、規則、政治要綱および議員の入党にあたっての手続きに関する情報とともに提出することを求めている。さらに、活動の再開を予定しているすべての政党に関する情報、政党の設立要件が定められた文書ならびに国会議員の過去および現在の所属政党および政府関係者の名簿が要求された。[175]

政党活動の監視にあたったのはPOLADである。1945年10月3日、POLADは日本の政党、構成員、目的および歴史について把握するよう指令を受けている。これはひとつの文書に目を通すという作業に終始するものではなく、POLADは政党のこれまでの経緯をすべて把握し、週次報告および提言を行うという任務を負っていた。POLADのこうした研究は、政治に参画するにふさわしい人物を特定するための情報収集であり、また占領当局の目的を実現するに足る人物のみが政党に所属するよう管理するためのものだった。POLADは国務省やOSSなどからこれまでの研究資料を入手し、この任務に当たっていた。[176]

評判の悪いPOLADに対し政党活動の監視を託すという決定を下したのはGHQ/SCAPである。対ドイツ政治顧問部にはこうした役割は求められていな

かった。[177] よって、政党の監視活動が POLAD によって行われることになった経緯を考察することが極めて重要である。

ひとつの重要な理由は、POLAD において政党活動の監視を任されていたジョン・エマーソンにある。エマーソンは戦前より日本に精通しており、また日本語も堪能だった。このことからエマーソンはただちに監視作業に従事することが可能だったのである。エマーソンの週次報告書は GHQ/SCAP および国務省に提出された。たいていの場合、エマーソンの報告書にはジョージ・アチソンの概略報告も添付されていた。しかしエマーソンは、中国の専門家であるアチソンは自身の日本に関する知識の浅さを認識していると強調し、より日本への造詣の深いスタッフに耳を傾けるよう求めている。[178]

しかし、日本の政党の発展に関心を寄せたのは POLAD だけではなかった。GS や CIS（Counter Intelligence Section、民間諜報局）もまた、著名な政治家に対し聞き取り調査を実施している。それでもなお、GHQ 内部においては日本のカウンターパートとの連携が整備されておらず、各部門の役割も不明確なままだった。実務レベルの政府高官による会議が 10 月に開催され、この問題について議論した。その結果、CI&E（Civil Information and Education Section、民間情報教育局）が日本の政治派閥に関するラジオ枠を設けること、CIS が日本のある人物や組織に関する情報を取りまとめて発信すること、民生局が日本の法制度を把握すること、POLAD が日本の政治運動（政党、活動、方針）を調査し、それが占領の方針に合致しているかを判断することが決定された。[179] これらの決定は暫定的なものにすぎなかった。

占領初期において民生局の立場は弱く貢献度も低かったが、1945 年 12 月にクリスト准将に代わりホイットニー少将が局長に着任して以来、立場を強め、中心的な役割を果たすようになった。[180] より効果的な政策決定へと変遷したものの、クリスト准将の退任以外に人事異動はなかった。占領の最初の数カ月間においてはロースト中佐およびケーディス大佐の両名が民生局における政党関連の最も重要な高官の地位に就いていた。

ロースト中佐は、1947 年春にアメリカに帰国するまでの間、民生局において日本の政党の調査グループを指揮した。ロースト中佐の知識と経験は、この役割にふさわしいものではなかった。ジャスティン・ウィリアムズの記述によれば、

第2章　占領期（1945年秋）　*53*

ロースト中佐は時に漠然として現実性の低い改革案を出すなど、非現実的傾向の強い人物だった。ロースト中佐の部下だったハリー・ワイルズは、日本の政党に対し危険な実験を行った無能な占領官僚であると述べている。[181]

ケーディス大佐はホイットニー少将以降の民生局における2番目に影響力ある官僚とされている。占領文学においてケーディス大佐はニューディーラーに傾倒した人物として繰り返し言及されている。同氏は1948年末まで日本に滞在したが、その離日により占領の改革期が終わりを告げるほどだった。[182] 政党政治の評論家としてのケーディス大佐の役割を分析する上で、その政治趣向を考慮する必要がある。というのも同氏は社会党支持の姿勢をオープンにしていたからである。[183]

ホイットニー少将は、ハロルド・クィグリー（Harold Quigley）とケネス・コールグローブという2人の著名な日本政治の専門家の助言を受けることもできたが、敢えてそれをしなかった。これは軍部および民間の助言を得る方を好んだからである。政党政治の課題における民生局の対処に批判があったのは理解に難くない。しかし政党に関する役割分担不明確だったがために民生局の政党に対する指示が行きわたらなかったという主張は妥当ではない。[184]

占領初期の数カ月間にわたり、マッカーサー指揮下の諜報機関内は分裂状態にあった。ウィロビー少将が部長を務めるG-2（参謀第二部）は、軍情報部を厳格な管理下に置き、一方でエリオット・ソープ准将はCISおよび防諜作戦の指揮についた。[185] CISは1945年10月2日、他の特別参謀部と同時に組織された。[186] ソープは1946年2月に局長の地位を退き、その後任にコロネル・レクスウェルが就いたものの、実際の権力はウィロビーに傾き始めていた。[187] 1946年5月にCISがG-2内で正式に組織化された後にようやく、諜報組織の内部も安定した。

占領にあたった高級官僚の多くが日本に関する詳細な知識を欠いていたことはしばしば言及されている。[188] しかし、政治の監視にあたっていたすべての中級官僚が、計画組織とつながりを持っていたことに留意しなければならない。このため、戦時中に訓練を受けた専門家が軽視され、占領当局が戦前の政治の流れについて殆ど知らなかったという見解には同意できない。[189] 経験や語学力、情報力には長けていないものの、占領計画に携わった専門家が提示したガイドラインにはしたがっていた可能性が高い。

1945 年 10 月 11 日付のエマーソンの最初の報告書においては、戦時中における戦前および戦時中の歴史観について繰り返し述べられており、同時に民主化した日本が明るい将来をたどることを予測している。同氏は、日本は敗戦によって初めて、真の政党政治を経験することになるだろうと論じている。しかし、次に引用する結論から見るに、この楽観的観測はかつての政党政治家には受け入れられなかったようである。「旧民政党、政友会および大衆党の首脳陣は国会議員としての経験が豊富で、政治的腐敗といった問題を経験している。彼らには日本が今後経験する新たな状況に対応するために必要な視点が欠けている。必然性の有無にかかわらず、彼らの多くは日本が引き起こした戦争に全面的に加担している」。[190]

この報告書によれば、日本の新たな政党はせいぜい政治力を確保しようとする政治家たちの悪あがきにしかならないだろうと述べている。しかしこれは、振興の政治家たちの全員が不誠実であるとするものではない。汚職に手を染めていない若手の指導者たちは経験こそ浅いものの、新の民主社会を確立しようという使命感を持ち合わせているとエマーソンは述べている。[191]

エマーソンは、初期の政治活動においては政治的、または上辺は政治的な組織が多数結成されるだろうと予測している。こうした政治組織の殆どがその綱領において自由化、民主化や豊かな社会、強国としての日本の地位の回復を謳うことだろう。しかし、ある一定の期間が過ぎれば、これらの組織は合併を余儀なくされる。合併は、保守派、自由派、社会派、共産派といった政治的嗜好に基づいて行われる。[192]

自由党は当初より、鳩山一郎の政党であるとの認識が根強く、政党に関する報告書にも鳩山の経歴が言及されていた。鳩山は国家主義の田中義一内閣において内閣官房長官に、また犬養内閣においては文部大臣を務めている。エマーソンは文部大臣を務めた鳩山を批判し、また同氏を在郷軍人会の主催者であるとしている。共産主義指導者の徳田球一の面談においてこのことが言及されたのが最後である。[193]

こうした否定的な見解ばかりが残されている中で、唯一の例外は鳩山が戦争に背曲的に関わっていなかったというものである。[194] しかし、自由党に関する初期の報告において、同交会が政友会の前身であるという記載はどこにも見受けら

れない。1945 年 12 月 8 日に行われた安藤正純との面談の後に初めて、同交会という名称が使われている。しかし安藤の面談の内容は彼の見解を示すものとしてのみ扱われている。それらについての言及は避けられており、政党史における占領当局の見解の一部となっているのである。[195] 作家、ジャーナリスト、外交官や学者の支援を受ける少数の政治家たちは政党支持の基盤をなすものと考えられていた。自由党の綱領は、記者会見や党大会において鳩山が政治的・経済的自由および国会の再編や選挙の改変を強調している点から窺い知ることができる。また鳩山は、民主主義以前の君主制時を好んだが、自由党は個人の権利を尊重するものではなく、民主的性質を追及すると宣言している。[196]

戦争直後の報告書は、政党を指導者によって評価する傾向が強い。[197] しかし、こうした傾向は政党のシステムおよび基盤が確立されていないことを考えれば当然のことである。政党を評価するとき、最初にその対象として上がるのは指導者である。加えて、国務省が提供する経歴も分析の好材料になる。

次の引用に見て取れるように、自由党は新たな日本を代表する政党とは考えられていなかったが、早急な対応が求められる事態でもなかったようだ。「鳩山の政党は保守派というよりは自由主義的性格が強い。鳩山は明らかに、革命的と言えるような斬新な政治視野を持ち合わせる人物ではない。無産政党が再編の必要を迫られるまでに、自由党は大いに支持を得られることだろう。第一回選挙では支配政党の地位につく可能性が高い。この党を代表するのは、現内閣の芦田均厚生大臣および栖橋渡内閣法制局長官の 2 名である」。[198]

社会党の発展に関してエマーソンは概ね好意的であるが、それはエマーソンだけに限られたことではない。[199] しかし、占領当局は社会党が直面している問題から目そむけている訳ではなかった。社会党は分裂した組織であり、天皇についての議論が社会党にとって問題の種となりうるものというのが当時の一般的見解だった。[200]

自由党内での分裂が問題として認識されていなかったのは興味深い。芦田は党内分裂について言及しており、また芦田と栖橋が幣原内閣に参加することを知った鳩山は衝撃を受けている。[201] その以前においてさえ、芦田・安藤派と河野派との間には敵対関係が存在していた。[202] 河野は、政党結成に参加した政治家の中で自身が最年少だったことが対立の原因であると説明している。[203]

10月半ばに旧大日本政治会が復活するという噂がエマーソンの耳に届いた。エマーソンの報告書によると、メンバー数名が動き出しているものの、まだ本格的に組織を結成するまでには至っていないということだった。このグループは2つに分かれるものと思われていた。一つは旧民政党および政友会の旧町田派、中島派のメンバーにより構成されていた。国会内ではなく西銀座の「A-1」というレストランで会合を行っていたために、このグループは「A-1 グループ」と呼ばれている。そのリーダーは松村謙三、桜井兵五郎、田辺七六、鶴見祐輔だった。「A-1 グループ」は宇垣一成の支持のもと、政党の幹部を担うものと考えられていた。[204]

もう一つのグループは「A-1 グループ」に除外された旧大日本政治会のリーダーらによって結成された。この2つのグループへの分裂は、両グループに民政党と政友会のメンバーが混合していることから、会の派閥によって分裂したものではないと思われる。「除外された」このグループに属したのは金光庸夫、大麻唯男といった政治家である。同グループは近衛文麿が党首になるよう働きかけたとも言われている。同時に、GHQ/SCAP の意向を探っていたようである。しかし、エマーソンはこの2つのグループの政策やイデオロギーの違いを明らかにすることはできなかった。彼は、これらのグループが保守的な政治見解を象徴するものと結論付けている。したがって、ここから新生日本の強いリーダーシップが台頭する兆しは認められなかった。[205]

この少し後に、結局派閥が多数生まれることはなく、旧大日本政治会のメンバーが再集結して新たな政党を作ることが報告されている。依然として党首は宇垣、町田忠治が補佐役とされていた。[206] 宇垣一成の日記によれば、進歩党の結成の動きは9月中旬には本格化していた。宇垣は当初より民主政党の必要性に同意していたが、彼自身が果たすべき役割については多種多様だった。まず、自身が高齢であることを気にしていた。しかし、政党のリーダーシップを執ってほしいとの要望に懐柔され、関わりを強めることとなった。

1945年10月19日の日記において、宇垣はアメリカ側が彼の政治復帰について何ら異存はないようだと記している。[207] その根拠は明確にされていないが、宇垣の名前は占領計画において「日本の穏健派」として度々挙げられてきた。ジョセフ・グローの長きに渡る見解、自身の著書について触れた報告書において明ら

第2章 占領期（1945年秋）　57

かにされており、宇垣を軍国主義者に否定された男として称賛している。[208] これらのことから、占領当局が宇垣を認識しており、有能な指導者として彼を認めていたという見解は信憑性が高いと考える。

　意思決定が個人の見解に偏っているとの批評に加え、党方針が固まっていないというのが、占領当局が保守派に対して抱いた不満の主要因である。このことは、社会党による詳細かつ明確な政策としばしば比較され批判の対象となっていた。[209] しかし、占領当局はこれ以外にも保守派政党の綱領を疑問視していた。社会党と共産党だけが、国体として知られる天皇中心の国家政策の保護を求めていたのである。[210]

　同様に、自由党の発足式に参加した POLAD は反共産派の動きに注目していた。彼らは日本の共産主義をきっぱりと否定した鳩山の演説に立ち会っていた。鳩山が意義を唱えた理由は、共産勢力が鳩山が擁護する皇室制度に反対したためである。もう一つの理由は、共産派による無産階級に対する専制および彼らが所有する個人資産の扱いに異議を呈するためだった。[211] このような声明は10月4日に発せられた人権命令の精神に反するものである。占領当局はある程度この政策を遵守しており、鳩山の声明は不信任決議に当たるものである。これは、11月11日付のニッポンタイムズに掲載された POLAD の文書に鳩山の声明が記載されていないことに現れている。[212]

　ジョージ・アチソンは POLAD による初期の報告を、国務長官およびトルーマン大統領に宛てた覚書にしたためている。アチソンは、アメリカ政府が発した政治命令を実施するために用いた戦略が期待以上にうまく機能しているとし、マッカーサーや日本国民を、民主政治の経験を持たないにもかかわらず改革と変化の方向性を正確に理解していると評価した。アチソンは多くの政党が台頭したことを良い兆候ととらえていた。アチソンは政党結成に向けて活動している自由党、社会党および共産党を認識していた。新しく結成された政党には大きな期待を寄せていなかったが、当初はその役割を重視していた。自由党の政策は最も具体性に欠けるとされており、首脳陣は機能しておらず、自由主義的性質も持ち合わせていないと批判された。しかし、アチソンが問題点を指摘したのは自由派ではなく、共産派に対してだった。左派政党は有望ではあるが経験と秩序にかけていると評価された。アチソンは新たな保守グループが台頭する可能性について言

及しており、その幹部には宇垣か町田が就任するだろうとほのめかしていた。しかし、保守党の指導者は依然として再改造という課題に直面していた。[213]

アチソンと日本の保守派の間で、天皇存続に関する意見は分裂していた。アチソンは天皇制の存続は日本に大きな利益をもたらすと考えていた。存続によって国家は安定し、政治的混乱も免れるものの、日本国民が民主化を根本から埋解する機会もまた奪われるだろうとしている。[214] しかし、アチソンの意見は天皇制存続の有無に影響を及ぼすことはなかった。というのもダグラス・マッカーサーは戦時中の知日派の提唱する政策を重んじていたためである。マッカーサーは覚書の中で、アメリカ政府がイギリスおよびロシアの意見に傾いたことを受けて天皇制擁護路線に切り替えたと記している。[215] したがって、当初から占領当局の幹部が保守派の政治家と二つの見解を共有していたことがわかる。その見解とは、日本の安定的な発展を見守ることおよび、天皇制を存続させるというものである。

2.2　懸念をもたらした背景と要因

進歩党の冷ややかな歓迎

1945 年 11 月 16 日に発足した日本進歩党は占領当局の関心を集めた。大方の反応は冷ややかなものであり、新規の政党は旧大日本政界の構成員が結成したものとされていた。[216] そのため、同党は大日本政界の解散とその後の組織の結成の誘因となった初期対日方針の定める定義に該当するものと思われた。POLAD は 1945 年 11 月 9 日に国会に対し、旧大政翼賛会、翼賛政治会、その関連団体および後継組織またはあらゆる超国家主義、暴力団体または秘密愛国結社の元メンバーだった者が再選挙に立候補するために非公式な活動を行うことを禁じるよう提言した。[217]

新政党の議員は、彼らの過去の不品行により問題が起きていることを認識していた。そのため、戦争責任の問題は政党の将来を決定づける要因であると考えた。政党のスポークスマンは、政治評論家に対し、明らかに戦争責任を負う人物を追放する努力を行ったことを印象付けようとした。政党筋は、戦争責任問題が党に甚大な打撃を与えないならば、来るべき選挙に勝っておよそ 200 の議席を得

ることができるだろうと予測していた。党首はいまだ選出されていなかったが、国会議員として名を馳せる斎藤隆夫や、アメリカで評論家・講演家として活躍していた鶴見祐輔の両名が候補に浮上した。[218)

　彼らの名前ばかりが取り沙汰されたのは意外なことではない。というのも政党がイメージのクリーン化を図っていたからだ。すなわち、政治家は占領初期の段階において、占領当局の関心を惹き、戦争責任から免れることの重要性を知っていたからである。[219)] さらに、日本の政治家はある情報筋を通じ、戦時中からすでにアメリカの世論を把握していたことも忘れてはならない。たとえば、芦田の日記によれば、ジョセフ・グルーやオーウェン・ラティモアの戦時中の著書を読んでいたとある。[220)] また一方で、政治評論家は数いる党議員の中でもアメリカに協力的な日本人として知られる斎藤や鶴見の名前は認識していた。[221)]

　斎藤の名前が有名になったのは単なる政治的トリックによるものではなく、1948年3月の自身の発言に基づき活発な政党活動を行ったことによるものである。斎藤は彼自身および川崎克、一宮房治郎、池田秀雄の3名がこの動きを手動し、鶴見祐輔はこの動きを占拠した大日本政治会に利用されたものとしている。[222)] しかし斎藤隆夫の評判は非常に高かった。占領当局は1940年の斎藤隆夫除名問題について認識しており、CISは1945年11月22日の事件の調査を終了した。

　1940年3月7日に起きた斎藤の除名問題は、言論の自由および国会議員の権限、国会そのものの独立性といった観点において対中国の軍事政策における姿勢と類似していることから重要視された。CISの報告書によれば、斎藤の擁護派は政友会の久原派および社会大衆党だったとされている。さらに詳細報告においては、追放された82人の国会議員に関して個々に詳細な分析がなされており、斎藤の除名に強く反対した鳩山、安藤および芦田の面々はそれぞれの所属政党でその立場から追いやられたと記録されている。[223)]

　ワイルズは斎藤の除名に賛同した国会議員は自動的に「政治的粛清」にカテゴライズされ、除名に反対した議員は称賛を受けた。[224)] しかしこれは経緯のごく一部に過ぎない。除名に賛同する行為にデメリットが付随したのは事実である。しかし、占領当局は前述した戦前の保守政治家に関して発言する際、この事件をポジティブな要素として言及することは殆どなかった。興味深いことに、斎藤の事件は1946年春に社会党党首の片山哲の人柄と経歴に触れる際にむしろプラス

の側面として持ち出されることが多かった。[225]

保守派関係者との面談

進歩党の発足後、4つの主要政党は進歩党、自由党、社会党および共産党となった。党方針に関する POLAD の分析によれば、これらすべての政党がポツダム宣言、経済改革、政府における民主改革、個人の権利の尊重、反軍国主義・ファシズムおよび世界平和のための国際協力の方針を厳密に遵守していた。日本の基本方針および経済哲学に関しては分裂も生じたとされている。2つの保守政党は、天皇の地位・国家政策・自由起業、計画経済といった意見の分かれる案件において無産政党とは路線を異にしていた。保守政党間における方針の違いは、計画経済にある程度の制限と管理機能を設けたことにある。[226]

POLAD のウィリアム・シーボルドは、占領初期の大事な時期に、日本人の見解をあまり重視しなかったことを論じている。同様に、重要な地位についていた日本人の意見も政策に反映されなかった。シーボルドは自身を影響力を持つ日本人とのネットワークの重要性を理解するパイオニアであるとした。[227] しかし、占領初期の数カ月におけるさまざまな文書によって明らかになったのは、シーボルドがまだ日本に渡っていなかった時期において既に、政治評論家たちが影響力の強い日本の政治家に面談や個人的な連絡を通じ交流を持っていたということである。さらに、11月中旬以降に保守政党の首脳陣と行った面談に加え、同様に影響力を持つ日本の要人や、独自のプラットフォームを持ち自由党と進歩党に反対する少数派の政党活動を率いる人物にも面談が行われており、これらによって保守政党の評価が行われていた。

CIS は新たに結成された進歩党の首脳陣の一人である鶴見祐輔とも 1945 年 11 月 17 日に面談を行っているが、鶴見はその前にすでに自分の方から CIS に接触を取っている。GS のロースト中佐は、鶴見の優れた英語力をかっており、GHQ/SCAP との窓口役として適任だと考えていた。党方針および党綱領に加え、政党の結成や政党の存在感、国会における影響力についても議論がなされた。ロースト中佐によれば、鶴見はこれらに関する豊富で詳細な情報を提供していた。10 日後に、別の面談の機会が設けられることとなった。[228]

自由党の鳩山一郎は 11 月 19 日に面談の申し出を受けている。[229] しかし、そ

れは実現しなかった。鳩山の日記によれば、その日彼は神戸と大阪を訪れていた。[230] 結局、東京に戻った後の 1945 年 11 月 25 日に面談を受ける運びとなった。ロースト中佐はその長い覚書の中で、鳩山が英語を話せないがために面談の時間の半分は通訳に割かれることとなったと記している。また、そのときに提出された党綱領の概要は、上辺ばかりのポジティブな側面だけが記載されていたとしている。このため、面談においては広範な問題および鳩山の個人的な政治姿勢のみに焦点が当てられることとなった。鳩山は制度的改革および、国民主権のための天皇制の存続の必要性を論じた。この問題に関し、党の最終的見解は出ていなかったが、鳩山は枢密院の廃止および、アメリカの議会制度の例に倣って貴族院の影響力を減じることに積極的な姿勢を示した。また、自由党は戦犯に処罰を科す決議を下し、行政機構における更なる追放を断行することを計画していた。鳩山によればこれらは、内閣における有力な政治家の政治力をもってのみ可能な計画だった。自由党の経済政策を導入する傍ら、鳩山は反共産派姿勢を公言した。しかし、GHQ/SCAP からの指令において共産活動の自由が認められており、共産派を排斥する唯一の方法は共産主義のような破壊主義的な思想を熟知しない国民に警戒を促すことだけであるという事実も同時に認識していた。[231]

鳩山は進歩党が老齢の政治家の寄せ集めにすぎず、その党首は戦犯の可能性が高いと非難し、進歩党が三つの派閥に分かれることを期待していると表明した。また、社会党は国会における議席数を増やすだろうとの見解を披露しつつも、その数は自身の政党には遥か及ばないと論じた。ロースト中佐は、鳩山がベテラン政治家であるものの、明確なビジョンや方針に欠けると評価した。鳩山は明らかに保守派寄りであり、彼の唱える自由主義は実践というよりは概念的なものだった。日本政治再生の初期段階においては鳩山率いる自由党がある一定の保守的役割を果たし、進歩党が分裂した場合には力関係の均衡も安定するだろうと考えられていた。ロースト中佐は鳩山は自由競争主義的性質を持つ自由主義者ではないと考え、さらに面談を重ねる必要があるとした。[232]

このため、ロースト中佐に与えた人物としての印象は、鳩山よりも鶴見の方が好意的なものだった。しかし、鳩山に対するロースト中佐の評価が辛辣だったということでもなく、鶴見の進歩党党首としての能力に疑問符をつけることはしな

かった。つまり、鶴見はイメージ作りに適任とはみなされなかったものの、党の代表として適任であると評価されたのである。鳩山との面談の際、ジョン・サービス（John Service）がPOLADの代表を務めた。彼は覚書において、ローストと同様の記述を残している。興味深いのは、サービスがその締めくくりの文章の中で政党政治と政治的手腕との間に乖離が生じ続けるだろうとの見解を示している点である。それは次のように記されている。「鳩山は強い信念、説得力、統率力を持つ人物とは言い難い。好感を持てる人柄ではあるが、国民の奉仕者としての「政治家」というよりはむしろ「政治屋」という印象である」。[233] この記述から、鳩山が新生日本において求められるリーダー像からはかけ離れていたことが分かる。

　GSの報告において、鳩山は感じの良い人物であると記録されている。同じ面談を基にして作成されたこの第三回報告書は、鳩山に対しどちらかというと肯定的なものである。たとえば、滝川幸辰については詳細に記述されており、1933年に起きた滝川事件に関しては法的に鳩山が支持されるべきであるとしている。さらに、鳩山文部大臣は、滝川を大学から追放するにあたり、東京帝国大学と京都帝国大学の両学長の意見を求めたことが記されている。両学長ともに、鳩山の意見に同意した。[234] そのため、後に鳩山にとって不利になる鳩山の対応を、ここでは是認しているのである。

　進歩主義者が強い姿勢を保ったことで、他の組織の活動も活発化した。新日本党がGHQ/SCAPを訪問したことは、党そのものにとっては大きな意味を持たなかった。同党は重要視されておらず、日本の政治的混乱の象徴と捉えられていた。しかし、反共産派・天皇制支持政党による、新規政党の陰に隠れたベテラン政治家に対し占領当局が措置を講じることを促すという企みのもと行われた訪問と解釈すると非常に興味深い出来事である。[235] 日本の古い首脳陣に対しGHQ/SCAPに対処を求める圧力をかけた新組織は他にもあった。[236]

　POLADのエマーソンと、日本の著名な経済学者・森戸辰男との会話に対し、心配の声がささやかれていた。森戸は旧翼賛政治会が国会に占める議席数の多さと、その強固な財政的後ろ盾を抑制すべきであると論じた。[237] 結果、1942年の選挙で選出された国会議員に戦争責任を負うことを求める国内勢力に、日本のマスコミも取り込まれる形となった。[238]

第 2 章　占領期（1945 年秋）　*63*

　A 級戦犯の疑いで占領軍に逮捕され、巣鴨拘置所に送られた「政財界の黒幕」児玉誉士夫と鳩山一郎との戦前の関係は比較的よく知られている。この 2 人の仲介役は、辻嘉六である。児玉は無条件で鳩山の政党に献金したとされているが、たとえば河野一郎を自由党幹事長に任命したのは辻の強い勧めによるものである。[239] しかし占領当局は、1945 年秋の時点では児玉と鳩山とを結び付けて考えていなかった。児玉が政党を起ち上げようとしているという憶測が報告に残されているくらいである。[240] しかし、保守政党に対しては金銭問題の疑惑が投げかけられていた。

　民主改革の最たるもののひとつが、財閥解体である。これは戦後の保守政党に関連した動きである。というのも保守政党が旧来の支持者を維持しようとしたからである。旧政友会と民政党は日本最大の財閥である三井、三菱の財政支援を受けていた。政党も内閣も、こうした経済的強者の象徴と捉えられていた。

　幣原内閣の構成は政党の首脳陣と財閥とのつながりが依然強いことを印象付けるものだった。幣原、吉田、芦田および大蔵大臣の渋沢敬三らは皆、血縁や個人的つながりによって主要な財閥との結びつきがあった。[241] 吉田茂は自身が呼ぶところの「旧財閥」を擁護し、1945 年 10 月 19 日には財閥が戦前の日本に大きく貢献したと主張した。財閥もまた戦争により被害を被っており、彼らを排斥するのは妥当ではないとし、むしろ 1930 年代半ばに形成された「新財閥」こそが、軍部と深くつながり戦争によって利益を得たのだとしたのである。吉田の主張は占領当局の文書に記録されている。[242]

　財閥制度の抜本的改革の必要性は、1945 年 9 月 25 日に発刊された国務・陸・海軍三省調整委員会の報告書により明らかになっている。これを受け、さまざまな財閥組織より自主再編の提案が行われた。同時に、ESS（Economic and Scientific Section、経済科学局）より完全なる解体の命令が発せられた。GHQ/SCAP と日本政府の双方が 1945 年 11 月 6 日にさらなる調査を実施し、GHQ/SCAP は三井、三菱、住友、安田財閥による穏健的自主解散の計画を承認した。[243] しかし、これで問題は解決しなかった。財閥の対処に関する詳細計画が出来上がるのには数年を要したのである。

　11 月にエマーソンは、不測の事態が起きない限り次の選挙で圧勝するのは進歩党だとし、大日本政治界の候補者は、財政的支援と政党組織の後ろ盾がある分

有利だと述べた。[244] 月末に POLAD のアチソンが直接最高司令官に接触している。アチソンは 1945 年 11 月 9 日に発せられた「不適切とされる組織に属していた国会議員が再選に立候補することを禁じる」指令に今更従うのは適切でないと意見し、選挙や一連のキャンペーンおよび新進歩党の設立を間近に控えてそのような全面規制を敷くのは得策ではないと結論付けた。修正案は、今回に関しては国家主義的・軍国主義的組織の「有力メンバー」のみをこの規制の対象とするものになった。

アチソンは、この案を実施する上では政党の一覧表を入手することが必要であるとし、政党の資金源を特定することが関連する詳細情報を入手する上で重要と考えた。また、自由主義者と進歩主義者のバックには保守派の富裕層がついているという、広く知られている噂も考慮に入れた。GHQ/SCAP が、解散された戦時中の組織の後継となる政党は反進歩党であると結論づけた場合、当該政党の即刻解体を求める提言書が発せられることは明らかだった。アチソンが POLAD において大政翼賛会、翼賛政治会および大日本政治界の旧所属議員リストをもとに進歩党の所属議員の調査を行っているとしたことで、そのことはより一層明らかとなった。[245]

アチソンが米国務省に送付した報告書の内容には、保守的な独裁政治の影響がいまだ残っていることへの懸念が記されていた。アチソンは、それによって天皇の地位が脅かされることはないとし、彼らが行う制度改革にはあまり期待できないとの予測を述べている。同時に、共産党の非常につつましやかな綱領は保守派の影響を受けたものだった。アチソンは旧大日本政治界の生まれ変わりと考える進歩党、および伝統主義者に資金的支援および影響を受けている自由党を、民主主義に口先だけ賛同する反共主義者とみなした。さらに、アチソンは GHQ/SCAP 内の意見の相違に着目し、そのことが最高司令官あるいは特別参謀部には浸透していないと述べた。アチソンによれば、最高司令官の見解はあまりに楽観的に過ぎるとしていた。[246] こうしたアチソンの見解から、占領過程の進行具合に不満を抱いていることがわかる。GHQ/SCAP は、反進歩党の対応を求める POLAD の提言には従わなかった。そのため、被害を最小限に留めるほかに手立てはなかった。

アチソンが GS 内でこうした議論が行われていることを知っていたかは不明で

第 2 章　占領期（1945 年秋）　*65*

ある。クリスト准将もまた 1945 年 11 月の軍国主義・超国家主義組織の解体に関して既に下されていた決定に言及している。非軍事化に関しては同様の要求が 12 月まで出されていた。POLAD と同様、GS においても、それらの目的を遂行することのできる人物を探すためのデータ収集が重要とされていた。[247]

　進歩党の背景につきまとう疑惑と、同党が政党を支配するであろうという予測により、保守政党の間では激しい議論が巻き起こった。情報源はさまざまである。同様に多くの政治家が占領当局に対し、新政党に対し措置を講じるよう求めていた。進歩主義者はイメージのクリーン化に励み、好ましい人格であるよう見せる努力をした。また自由主義者は進歩主義者とは一線を画すことに努めた。怪しい資金源とのつながりにより、保守派には新たな批判の対象ができてしまった。占領当局との最初の不協和はこうした兆候となって表れていた。

2.3　国会会期中に強まる先入観

国会の評価

　GHQ/SCAP はできる限り早い段階で自由選挙を行うことを望んでいた。選挙法が改正される前に実施したかったからである。これが、1945 年 11 月 26 日に国会会期が開始した主な目的の一つだった。その時点では、選挙は 1946 年 1 月に実施される予定だった。[248] この状況の中、幣原首相は GHQ/SCAP との共同歩調を取った。幣原は保守派ではありながら、占領当局が行おうとしている日本政治制度の抜本的改革に異議はなかった。むしろ、改革におけるイニシアチブを握り、占領当局の直接介入を阻止することを画策していた。[249]

　最高司令官は、1945 年 10 月 11 日に内閣が行った婦人参政権と選挙権年齢の 20 歳への引き下げを高く評価した。さらに政府は 1945 年 12 月 1 日に協議すべき案件の草案を提出した。この草案は、衆議院には大選挙区制度を採用することを提案するものだった。[250] これは新たな保守政党が圧倒的大多数の議席数を誇る国会で審議された。進歩主義者、自由主義者および社会主義者の反応は、選挙における有力度やインセンティブの強さに比例するものだった。自由主義者および社会主義者は何の評判も持たない新候補を推薦しなければならなかったため、投

票制度が変わることを望んでいた。草案は進歩党にとって好ましいものではなかったが、許容範囲だった。古い政党に有利となる中選挙区短期投票制はGHQ/SCAPによって却下されるだろうと想定されていた。そのため、主要政党は改正を最小限に留めるよう提案した。[251]

　政府の提案が進歩党の目的に最も合致するのには理由が2つある。1つは、幣原が進歩党と路線を一にしていたためである。しかし、多数党の支持なしにはいかなる提案も国会を通過しないという要素がさらに重要な理由だった。幣原はそのことをよく理解していた。彼はGHQ/SCAPの介入を阻止し、国会で長々と議論することなくこの問題に迅速に対処した。結果、1945年12月15日に進歩党の提案による改正案が国会で可決した。

　GSは法案が国会を通過する過程を把握していたが、介入することはなかった。米国陸軍省軍事情報部は改正法に対し批判的であり、ロースト中佐はそれに対し逐一反論しなければならなかった。[252] 改正に関して民生部の意見が二分した際、GS長であるホイットニー少将は討論会を開催し、賛成派・反対派の双方を含む特別参謀部やPOLADの出席を求めた。マイロ・ラウエル中佐をはじめとする民生局の高官の大半が、新しい法改正の指令を出す案を推したが、ホイットニー少将は「選挙法は日本政府によって修正されるべきものである」とするロースト中佐、超保守派で知られるPOLAD代表マックス・ビショップおよびその他若手官僚のサイドについた。2日後の1946年1月2日、ホイットニー少将はGSと話し合いを行った。その結果、反対派が14人、賛成派5人、ホイットニー少将は多数派とは意見を異にした。[253]

　戦争責任については別の案件として国会において議論された。政党はこぞって責任から逃れようとした。しかし、戦争責任追及のための調査はこの後も続けられた。調査結果は、来る選挙で優位につくための好材料になりうるためである。自由主義者と社会主義者は、無所属者とともにその可能性に賭けた。1945年11月7日、彼らは国会議員の戦争責任に関する決議の場に共同提案を提出した。この提案は、戦時中の国会の指導者は直ちに職を辞すべきとするものだった。この提案は却下され、この議論は1945年12月1日、戦争責任に関する2つの草案が衆議院に持ち込まれたことでようやく終結した。進歩党の草案が、すべての関係者が自らの責任を振り返り反省することを求めたのに対し、自由

党・社会党の草案は戦時中の国会議員および政府関係者は自ら責任を取って辞職すべきであるとするものだった。当然の成り行きで、進歩党の提案が採用されることとなった。[254]

　占領当局はこうした経緯をも把握していた。エマーソンは戦争責任問題に関する議論および決定により、国会議員が投票をもって退陣に追い込まれることをよしとしない姿勢が明らかになったとしている。彼は一連の対応を批判的に見つめ、GHQ/SCAP の介入によって問題を明らかにすべきというある日本人の主張を引き合いに出している。エマーソンは GHQ/SCAP が次回の衆議院選挙への立候補要件を定めることによりこの緊張感を緩和するよう提案し、日本の民主的発展と調和したイデオロギーを会期中に提示できた政党はなかったと結論づけた。[255] つまりエマーソンは、国会審議に不満を抱いていたと言える。

　国会で議論された3つめの重要案件は、農地改革および農地調整法の改正だった。農家の支持に依るところが大きかった自由党は改正案および腰であり、農家の間で不満が募っていることに言及した。自由党は政府の改正案が抜本的に過ぎると考えた。[256] 自由党の綱領は一次生産について極めて詳細に記述していた。農地の完全な再分配や、農業・漁業組織に民主化を要求しなかった点で社会党および共産党の綱領とは異なっている。むしろ、自由党の綱領は小作農の農地代の均衡化、農家への助成、再生や自由化に焦点を当てている。[257] 進歩党は、地主に対する補償計画は不適切であるとした。[258] 農地改革への反対は財閥の支持と相通じるものがあった。保守派は古くからの支持者を維持するのに必死だったのである。

　GHQ/SCAP もまた、理由は違えども政府の提案をよしとしなかった。国会で承認された改正案は、地主側に有利な少数派意見であると捉えられていた。そのため、占領当局が介入し、日本政府に対し包括的な農地改革計画を作成することを要求した。農地の所有権を地主から小作農へと移譲することを想定したこの計画は、1946年3月に GHQ/SCAP に提出された。ここから、農地改革に関する占領当局と日本政府との意見の衝突が始まった。これに関する議論もまた、保守派の政治家が旧来の支持構造を失いたくないのだという印象を占領当局に植え付ける要因となった。

　しかし、政党の性格や駆け引きの様をつまびらかにしている事例は他にも散見

される。1945年12月に施行された労働組合法もまた、政党の見解を明らかにする一幕となった。立法行為に伴い、関連した活動が行われた。たとえば、斎藤隆夫は盧溝橋事件の責任が近衛文麿にあるとし、国会において近衛を戦犯と呼んだことで長期にわたり世間の注目を浴びることとなった。複数の政党が斎藤を巡って激しく争い、自由党と社会党は進歩党が他の疑わしい経歴を持つ議員たちをカモフラージュするために斎藤を擁立しようとしていると主張した。エマーソンもこの説に同意していた。[259]

　進歩党の党首決定に至る過程は注目を浴びていた。党の分裂を防ぐために非常に重要な問題だった。エマーソンは、12月初めの時点においては宇垣一成か近衛文麿が党首候補に浮上するという噂に耳を貸さなかった。[260] しかし、斎藤が国会演説において近衛を候補から除外し、また当時大蔵大臣だった渋沢敬三子爵が党員、ひいては党首への就任要請を拒んだことにより、宇垣が最有力候補と目された。[261]

　しかし、数日のうちに形勢は変わり、1945年12月15日には党首候補は2名に絞られた。エマーソンは、宇垣は党首への就任を拒むだろうとし、そうなれば党の結束を維持するに足る政治的権威を持ち、選挙資金を効果的に調達し得るのは町田忠治と斎藤隆夫の両名のみだとしていた。[262]

　エマーソンは、日本のメディアが宇垣には党首としての手腕に欠けると批判していることには触れなかった。[263] また、結局町田が党首に任命されたことについても、失意を表明することはなかった。むしろ、日本国民の世論に批判の焦点を据えることで自身の見解を明らかにした。エマーソンは、進歩党内においても町田への批判が起きていることに言及した。[264] 進歩党の党首選出に長い時間を要したことが、失望を誘う結果を招いた。より批判の少ない斎藤や宇垣を選ぶことをせず、進歩党は敢えて批判の多い戦前の党首の指揮に置かれることに甘んじたのである。

　国会の進行を見ても、エマーソンが自由党およびその党首である鳩山一郎に関する見解を変えることはなかった。エマーソンは、党首が進歩党と一線を画すことに努めているにもかかわらず、依然として自由党の体質が保守的であることを強調した。この見解は、鳩山が天皇制の存続を唱え、日本における民主政治の限界を認識すべきだと求めた国会演説によって一層強化されることとなった。エ

マーソンは、自由党は真の自由主義者の支持を勝ち得ることができなかったと結論づけている。[265]

　政党の成り行きを把握する上で、議事の観察のみならず面談も引き続き行われていた。GHQ/SCAP と積極的に関わろうとした政治家もいた。その中でも最も頻繁に GHQ/SCAP を訪れたのは進歩党の鶴見祐輔である。鶴見は二重の意図を持ち合わせていた。一つ目に、鶴見は最善な形で党の活動が理解されることを望んでいた。それは、政治情勢において真に怒っていることを明らかにする手法と似ていた。二つ目は、現行の国会議員を追放する旨の命令が発せられるという噂の真相を確かめるためだった。鶴見は自身を進歩党の事実上の指導者であるとして斎藤を除く党執行部を批判したが、それによって自身の評価を下げる結果となった。というのも政治評論家は戦時中の新聞記事を通じて鶴見に関する好ましくない情報を得ていたからである。[266]

　ジョージ・アチソンは 1945 年 12 月 18 日に最高司令官に接触し、政治情勢に関する覚書を提出した。その論調は強いものであり、広範囲な内容をカバーしていたものの、計画の段階から引き継がれた旧来の見解をさまざまな形で引き継いでいた。この混沌とした状況の責任は日本国民にあるのではないとしていた。アチソンはむしろ、日本国民が真摯にポツダム宣言を遵守しようとしていると述べている。彼は社会のあらゆる階層において、人々がそれぞれに自らの利益を追求するあるいは状況の変化を好機に変えようとするのはごく自然なことだと述べている。アチソンの見解によれば、当時の状況によって社会主義および共産主義体制は発展の足掛かりをつかんだが、日本国民および官僚機構の保守的性格からの抵抗が起きることもまた予想していた。アチソンは経済的不安定、全体的な士気の低下および指導力の欠如によって真の民主イデオロギーが迅速かつ秩序正しく発達するのを阻害する要因であるとした。[267]

　アチソンはその責の一部は政党にあるとした。アチソンによれば、政党はより多くの票を得るために計画の実現可能性は度外視して生活の保障を全面に打ち出した。同様に、政党の戦争責任問題への対応をも批判している。これが発端となり、そもそも政党に疑念を抱いていた日本国民が今までにも増して GHQ/SCAP への積極的な対応に期待するようになった。アチソンは、党首陣は戦争責任を負うものとし、新たな民主主義日本を率いる指導者が政党から誕生することはない

だろうと考えた。アチソンは 1931 年以前の政治家集団に関しても高く評価していなかった。この政治家集団は新たに切迫した前例のない問題に対処するだけの柔軟性を備えていなかった。しかし、アチソンもまた日本を率いる人物の必要性は認識しており、日本の指導者には戦争責任に深く加担していない人物を選ぶべきであると締めくくっている。1931 年以前の政治家集団に関しては、柔軟性が乏しいにせよ、政治家の経歴を汚す戦争責任を負っているよりはましだということだった。アチソンは POLAD の代表として、日本の政治指導者から誰を選出すべきかを決定するに当たり、旧知日派の推薦に従った。GHQ/SCAP が未来の日本を主導するにふさわしい人物を選出するための活動が極めて重要となるとし、アメリカと日本の当局間で非公式にコミュニケーションを取る必要があるとの提案がなされた。[268] 政党の不誠実さを疑いつつも、アチソンは日本の政治が不透明で非公式な手法で進められることを結局は支持したことになる。

　最高司令官はアチソンの提案を支持した上で、GHQ/SCAP に対し日本を主導するにふさわしい人物の調査に乗りだすことを命じ、また POLAD に対しては日本の政党を発展させることのできる議員のリストを作成するよう求めた。その際作成された暫定リストに入った保守政治家は斎藤隆夫のみだった。[269]

　1946 年 1 月中旬に本部を訪れた FEC にあてた GS の報告書は、アチソンの見解を詳細に至るまで支持した内容になっている。[270] 政府がイニシアチブを執れなかったこと、保守政治家が国会を仕切ったことおよび、各政党の評価に至るまで、3 カ月に及ぶ POLAD による政治評価の結果を数ページに凝縮したアチソンの覚書とまったく同じ論調を辿っている。

日本協同党の発足

　1945 年 11 月に第 89 回国会が開会した時点において、92 名の国会議員が無所属であり、無所属クラブを結成していた。そのうちの多くが、全国会議員は辞職すべきであるという見解を共有していた。それ以外の議員は新規政党が戦前の政党の後身に過ぎないことに失望していた。無所属クラブの議員の中には、新たな政党の結成に向けた動きを見せる者もおり、こうして 1945 年 12 月 18 日、国会が解散してわずか数時間の後に日本協同党が発足する運びとなった。船田中によれば、1942 年の翼賛選挙に推薦された国会議員は、自発的に辞退すべきとの勧

第 2 章　占領期（1945 年秋）　*71*

告を経て党の結成前に追放されていた。そのため、船田中と黒沢西蔵の財政的支援を受ける同党の首脳陣の仲間入りを果たしたのは、先に述べた候補者のうち井川忠雄と山本実彦の両名のみだった。[271]

　日本協同党に関して最初に言及しているのは、党発足の数日後に作成されたPOLAD の報告書である。ここで、党の規模（議員数 26 名）に触れるとともに、黒沢、船田、千石興太郎を党首として紹介している。[272] 興味深いのは、千石、黒沢ともに、党結成を前に追放された議員リストの先頭に名を連ねていたということである。つまり、この推薦をしたのが少なくとも POLAD ではないことがわかる。同様に、1947 年 1 月 14 日の諜報報告では、両名は新党首に不適任であるとされている。これは、彼らが依然として積極的に政治参加していたことを意味する。[273] 1946 年 1 月の追放を受けて協同党がその議員の多くを失ったということとは、これに先立つ追放は行われていなかったということである。

　協同党の政策はいくぶん脆弱感の否めないものだったが、政治評論家たちは同党がまだ結成間もないこともあり、また綱領は議員に関する情報も不十分な状況において党の大衆性や将来性を評価するには時期尚早であると考えた。[274] 詳細情報を把握するため、井川と船田に対し 1945 年 12 月 24 日と 27 日に面談が行われた。[275] エマーソンが協同党の活動状況を見つめる一方で、POLAD のラッセル・ダージン（Russel Durgin）は日本における協同組合運動の発展状況を調査していた。しかし、ダージンの調査で明らかになったのは、この新政党の問題の一端のみだった。[276] さらに、協同組合運動を主導しているのが同党の首脳陣であるかも不明だった。[277]

　より詳細な情報が明らかになったのは年末のことだった。公表された党綱領は、POLAD のエマーソンとローストによる報告書と類似した内容だった。協同党は天皇制を支持し、それに反対する共産党を批判するとともに、憲法の民主的条項に依然として賛同の姿勢を表明した。同党は、産業、経済および日本文化の基盤に協同の精神があると強調した。同党は、電信・電話・鉄道などの公益事業を例外とした上で、産業の国有化に反対した。また、党結成の原動力として、社会党との密接な関係があったことが述べられた。[278]

　エマーソンは協同党への評価を明らかにせず、協同党は 1946 年 1 月 4 日にアチソンが作成した主要政治組織のリスト入りを果たすことはできなかった。[279] そ

の規模を考慮すると、協同党が軽視されていたことは不可解である。アチソンも
また、この新規政党を重要視していなかったが、その理由は報告書の性質を見れ
ば明らかである。その報告書は、過去の報告書を断片的に切り貼りしただけのも
のだった。つまり最新の情報が欠けていたことが、協同党が報告書に言及されて
いない理由である。ローストの覚書において、進歩党と自由党に並んで批判の対
象になったとされる協同党が、より詳細に評価されている。協同党の発足は、日
本政治において重要な一歩とみなされていた。協同党は社会に緩和効果をもたら
すとされ、将来的に日本の経済システムの発展において重要な役割を果たすこと
が期待されていた。つまり、協同党もローストの初期の分析も、協同党と保守派
の進歩党および自由党とを関連付けられていなかったのである。むしろ、協同党
はこれら保守派グループの対立勢力とみなされていた。[280]

　協同党を最も熱烈に歓迎したと言えるのは ATIS である。その報告によれば、
同党は新国会において最も強い勢力を持つ自由主義政党であり、社会党に取って
代わり得るとされている。協同党は小さなコミュニティにおいて力を発揮すると
評価され、社会党よりも保守派の票を集める潜在性を持つと評価された。さらに、
協同組合運動が選挙に参入すると決定したことで、選挙そのものが進歩主義勢力
に有利に働くことが予測された。[281] ATIS は占領の方向性の決定権を持たなかっ
たが、その報告書によれば、協同党こそが、保守派の主要政党以上に社会党に近
い重要な政治勢力を有するものと考えられていたことは明らかである。

GHQ/SCAP の再編

　政党の活動全般を監視する GS 行政課は 1945 年 12 月に再編された。当初は 3
つのユニットに分かれていたが、後に計画担当と実施担当の 2 つのセクションに
分割された。[282] しかし、12 月中旬にクリスト准将とホイットニー少将が配置換
えになったことが GS で一番大きな変化だった。ホイットニー少将とダグラス・
マッカーサー元帥とは、戦前のフィリピン時代からの旧友だった。選挙法改正の
議論においては部下の意見を大方却下したホイットニーであるが、側近の意見に
は耳を傾け、とりわけケーディス大佐には大きな権限を与えていた。[283]

　POLAD においても人事の動きがあった。エマーソンは 1946 年 1 月末に日本
からアメリカへ異動となり、国務省日本部の次席となった。日本の政治動向を調

査するというエマーソンの任務は、ウィリアム・シーボルドに引き継がれた。[284]
こうして、日本の政党および政治家関連の問題対応にかかる役割分担が改められることとなった。

　1945年の秋にかけてPOLAD、とりわけジョン・エマーソンが果たした役割は重要だった。POLADが影響力を持った時期は短かったものの、エマーソンの週次報告こそが政党発展に関する詳細研究の先駆けだったと言える。エマーソンは日本共産党としばしば結び付けて言及される。もちろんエマーソンが協同党を支持していたことは事実であるが、同時に知日派の基本的心得を兼ね備えていた。アチソン、サービスおよびビッソンが天皇制を公然と批判したのに対し、エマーソンは日本専門家と見解を一にし、天皇制の廃止に賛同しなかった。[285]また、エマーソンは近衛および木戸の一件に関してノーマンとは意見を異にした。エマーソンにとって、近衛は1941年夏にグルーと共に戦争回避に尽力した盟友だった。[286]つまり、エマーソンは日本の旧エリートに変わらぬ信頼を寄せていたのである。ゆえにエマーソンは知日派に特有の、戦前の保守派とその後身に対する偏見もまた持ち合わせていた。

結　　論

　占領当局は1945年秋においては政党活動の成り行きに注目していた。その後数カ月間にわたり日本の保守政党および政治家を評価するにあたっての基準にはさまざまな解釈があり、いまだ統一見解には達していない。知日派の推薦を受けたエリート集団の代表者が政治の指揮を執った一方で、権威ある政治家が率いた保守政党は具体的な民主政策を持たない組織であるとされた。彼らはこれといった方針を持たず、強いリーダーシップを持つ個人の取り巻きに過ぎないと言われ、財閥や地主階級に近い存在と解釈された。要するに、戦時計画の影響は甚大だったということになる。戦時計画と初期占領政策との関連性についてもう一つ重要な鍵を握っていたのは、政治評価を中心的に行っていた人物である。彼らは皆、戦時計画に何らかの形で携わっていた。

　アメリカサイドの見解の相違が初めに現れたのは、GHQ/SCAP内においてである。意見の不一致は、内容に関してのみならず構造そのものにも及んだ。日本の保守派政策に関する責任の所在のみならず、意思決定・実施権限の所在も具体

的に固まっていなかった。しかし、混乱期においては最小限のリスクを伴う方法が選択された。占領当局にとって最も容易な選択肢は、専門家が推薦する組織に政治主導権を信任することだった。戦前の政治家は長期的に見て指導者として適任でないと考える専門家でさえ、「ましな方を選ぶ」ことを甘んじて受け入れる風潮があった。いずれの場合においても、民主主義の原則を教え、習得させる行為には時間を要するというのは最初から強調されていたことである。

第3章

望ましからざる保守分子のパージ
（1946年1月）

　GHQ/SCAP指令「一定の政党、協会、団体および他の組織の廃止」またはSCAPIN 548「好ましからざる人物の公職からの免職および排除」ないしSCAPIN 550は一般にパージ（すなわち公職追放令）指令と言われている。それらは、日本の政治的指導層の政治的状況と構成内容の根本的な変化を引き起こした。パージは、保守政党の構造に重大な直接的影響を及ぼした最初のGHQ/SCAP法だった。SCAPIN 550は、ポツダム宣言書にその正当化の起源があると言われる。しかし、ポツダム宣言の精神は、その開始からわずか数日後の政治的浄化指令と言われたパージ命令とは著しく異なるように見える。[287]

　パージは、当初は非武装化プログラムの一部であり、かつ、今後の世界平和のためにさまざまな個人を公職から排除するものだと考えられていた。しかし、プログラムは、第2の主な占領プロジェクト、民主化と関連するようになった。パージは、日本の民主主義の成長に有害とみなされる者を禁止するメカニズムになった。同時に、パージされる者の性質も変化した。本来、パージされる者は、日本国民を世界征服に向けて欺いてき誤って導き、このように戦争を引き起こした人々を表していた。重点が民主主義の育成に置かれたとき、指令に基づいてパージされた人々は実際に反民主主義者であると定義されていた。元パージ担当官だったハンス・ベアワルドによれば、パージは最初の目的が肝心だった限り、その根拠はしっかりしていた。しかし、第2の目的が強調されるようになるにつれ、パージの目的全体が曖昧になった。第2のアプローチでは、民主主義は、その支持者とその反対者を明確に確認できるきわめて明白な定義を有する概念であると仮定していた。[288] さらに、増田弘は、不透明なパージを批判し、それが政治的手段へ変貌し、その本質的な基準と論理はねじ曲げられたと主張している。[289]

　パージは、1年間に及ぶ過程で、パージとパージ解除は占領全体の目的の変化を反映していた。したがって、占領の高官らがその回想録と追想の中でこの問

76

題にごく僅かしか触れていないのは驚くべきことである。[290] ダグラス・マッカーサーは、パージの原因としてポツダム宣言に言及し、この措置の英知に疑念を抱いていたと主張している。マッカーサーは、できるだけ手荒なことにならないようにパージ作戦を行ったと主張している。[291] コートニー・ホイットニー少将は、マッカーサ が指針となる指令を寛大に解釈し、懲罰的方法によらずに、新しい手垢のついていない指導層が日本に出現できるように努力したと述べている。[292] チャールズ・ウィロビー少将は、パージがきわめて臨機応変にかつ抑制をもって処理されたとパージを賞賛している一方、彼はまた、パージの影響と無条件なやり方に批判がある問題を軽視している。[293] 饒舌さと問題の穏健な改革主義的取扱いは、占領軍の指導者が後日首相やその他政府高官になった政治指導者の何名かを公職から追放したパージを忘れたかったのではないかという疑問を起こさせる。パージの存在全体を消し去ろうとすることに加えて、これらの回想録は、その複雑さを単純化し、GHQ/SCAP 内の連続的論争にはどこまでも白を切っている。

　保守主義者は、1945 年秋に設立された政党の中で最も苦労した。したがって、そのことは、パージ活動がともかく彼らに狙いを定めたものだったか検討する正当な理由を示している。あるいは、パージは、現職の保守政権への不信任投票だったのだろうか。

3.1　差し迫った保守主義者の支配がパージを促進した

パージ指令の内容

　SCAPIN 548 は主として組織と協会を取り扱う一方、SCAPIN 550 は個人に専念していた。SCAPIN 548 は、その目的やその活動の意図が、占領軍や SCAPIN に対応して日本政府が発令した命令に抵抗するか反対する任意の個人や団体の形成と活動を禁止することを日本政府に義務付けたものである。同様に日本軍の海外の侵略作戦を支持するか正当化する組織、不当に我がものにされた日本のその他アジアのリーダーシップ、日本における外国人差別、あるいは、日本と外国の間の自由な文化的ないし知的交流に対する反対も解除されることに

第3章　望ましからざる保守分子のパージ（1946年1月）　*77*

なっていた。軍事ないし準軍事的訓練、軍国主義ないし軍人精神の永続、さまざまな階級テロ活動もまた禁止された。この条件に当てはまり、したがって直ちに解散されるとみなされた組織の一時的リストが付属書に記載してある。政府は、解散させられた一切の組織の役員として従事した者のリストの入手と提出を命令され、指令の条件を実行する立法が要求された。[294]

SCAPIN 550 は、軍国主義的国家主義と侵略の積極的な代表的人物であり、または日本の超国家主義的、暴力的、秘密の愛国的な結社、その代理機関ないし関連機関の有力者だった者全員を公職から排除し、行政職から除外するように日本政府に命じた。望ましからぬ団体に関するこれらの一般的説明に加えて、大政翼賛会（IRAA）、翼賛政治会（IRAPS）、大日本政治会（GJPA）は、名指しで言及され、活動の有力な参加者をパージするよう命じた。指令の本文では、こうした措置の緊急性と重要性が強調された。個人が日本軍隊の動員解除を保証するか、あるいは問題の指令の条項を実行することを絶対に要求された時にしか、人物パージの延期は検討されなかった。望ましからぬ人物が政府当局や国会に入ることを防ぐ方法と重要性を導入しただけではなく、指令では、その付属書A号に排除と刑の執行に関するカテゴリーが導入された。[295]

カテゴリーAは、逮捕され、かつ戦争犯罪人の嫌疑がある者を含んでいた。陸海軍職業軍人、憲兵、戦争内閣の高官の中でも一定の特定の地位がカテゴリーB（陸海軍職業軍人）を形成していた。カテゴリーCは、超国家主義的、暴力的、愛国的団体の有力者を含んでいたが、大政翼賛会（IRAA）、翼賛政治会（IRAPS）、大日本政治会（GJPA）の活動の有力者は、彼ら自身のカテゴリーDを構成していた。カテゴリーE（日本の膨張に関与した金融機関、開発機関の役員）およびF（占領地の行政長官）は、日本の拡張に関与した金融と開発組織の役員と占領地の知事に関するものだった。最後に、曖昧なカテゴリーGがあり、これはその他の軍国主義者と超国家主義者を取り扱った。[296]

カテゴリーによる方法は、それが人物の地位、権限、権力を同一扱いしたため、多くの議論を巻き起こした。換言すれば、一定の地位を占めることは、占領者が一定の権力を持ち、一定の思想を信奉していたことを自動的に意味した。日本政府は、この方法に対する代案を提示した。それは、不成功に終わったが、カテゴリーを使用する代わりに、パージ指令に基づくそれらの地位に関する決定に

到達するために、問題の人物の経歴と活動を調査する特別委員会を示唆するものだった。そのような提案が承認されていたら、指名の手順は行政から司法へ変更されていたと思われる。[297]

パージ指令の難産と出産

日本社会のトップからの超国家主義・軍国主義分子の除去は、占領軍が公然と謳った目的だった。非武装化と戦争犯罪人の特定と拘留は、最初に着手すべき最も緊急のプロジェクトだった。しかし、パージを取り扱う最初の計画の出現にも、あまり時間を要しなかった。1945 年 10 月と 11 月中に、デバー・S・ビヤード中佐は、チャールズ・ケーディス大佐の監督下で働いていた。ケーディスは、その後パージの主な責任官となった。[298] ビヤード中佐の計画の最初の草案は、10 月末か 11 月前半に GHQ/SCAP 周囲へ配布された。[299]

パージの実施は、まさにその当初からドイツとイタリアの非ナチズム化と非ファシズム化と多少平行していたコースから逸脱した。G-2 下の部門は欧州のこうしたプロジェクトを担当していたが、日本では GS が担当していた。G-2 は、GS の主導権に自発的に屈服せず、ビヤード・ケーディスのパージ指令草案を巡り GHQ/SCAP 内に分裂が生じた。日本は徹底的に改革されるべきであると考える者と、僅かの化粧直しで十分だと考える者との間に亀裂が生じた。徹底的なパージに反対する者は、チャールズ・ウィロビー少将の G-2 を急先鋒とする 4 つの軍事参謀部などだった。[300]

1945 年 11 月の GS と G-2 の間の通信書簡で、この不一致が確認された。1945 年 11 月 10 日に、GS は、いくつかの参謀部と POLAD に報告書を送った。この報告書は、既存の文書に基づいて解散されるべき組織のリストを含んでいた。受領者は、この提案に関する見解を示し、勧告を提示することを求められた。[301] ATIS のシドニー・マシビル（Sidney Mashbir）が作成した G-2 の回答によれば、提案されたメモはあまりにも広範囲で、解散を要しないと見られる特徴の組織まで含まれていた。マシビルは、提案した命令を発出する前に、解散を提案された全ての組織の目的と活動を定義するためにさらに多くの研究が必要であると示唆していた。[302]

G-2 は、GS の提案に同意しなかった唯一の参謀部だった。GS は、12 月になっ

第3章 望ましからざる保守分子のパージ（1946年1月）　*79*

て、マッカーサーに対し、一定の政党、協会、結社、その他団体の廃止を取り扱った研究を提出した。GS のクリスト准将は、G-2 側からの批評を紹介はしたが、彼は、GS の提案に対する広い支持を強調し、解散を有効にするには躊躇せず、徹底的でなければならないと力説した。クリストによれば、その過程でごく僅かの無害の結社が解散されたとしても、重大な危害はごく少ない。クリストはまた、勅語の制定を求める提案も却下した。GS は、最高司令官の命令は、勅語を有効にするため後退させる必要はないだろうと考えた。[303] クリストは、このようにパージの唯一の当局として占領当局の独立した役割を支持し、より大きな業績のためにごく少数の罪のない犠牲者を受け入れる用意ができていた。

　さらに、SCAPIN 550 指令の起草は 1945 年 11 月に始まった。最終的な SCAPIN 550 の大部分は、実際に着手される 1 カ月以上前に既に書かれたことを実証する草案が GS アーカイブにある。遺憾ながら、公職から追放し除外しなければならない人物のカテゴリーのリストを含んでいたはずの、1945 年 11 月付け文書の付属書 A の在りかは分かっていない。[304] マーシャル・グッドウイル（Marshall Goodsill）少佐の 1945 年 11 月 18 日のケーディス大佐宛てのメモは、最初の草案が CIS と POLAD に既に配布されていたことを証明している。CIS は、軍関係者の追放を取り扱う指令を以前から起草していた。11 月 19 日からの別の CIS の覚書草案は、提案された基準の条件に該当する人物を 1946 年 1 月 1 日までに公職から追放するべきであると提案している。たとえば、1930 年 1 月 1 日から 1945 年 8 月 15 日までのいずれかの時点でそのような地位にあった全ての閣僚と、IRAA、IRAPS、GJPA の全員は、それらの中にあった。残りは、1946 年 5 月 1 日までに追放されることになっていた。さらに、草案には、最後の指令カテゴリー G として同一目的に従事したカテゴリー VI、「未分類の人物」が含まれていた。[305]

　ハリー・クレスウェル（Harry Creswell）大佐は、1945 年 12 月 5 日に一定の望ましからぬ人物を追放する GS 指令草案を受け取った。この後、クレスウェルとマシビル大佐のメモはウィロビーへ送られ、彼らは草案を批判していた。彼らは、提案された指令の精神がポツダム宣言の原則に沿ったものであるが、その政策条項は実践的な方法で実施することが重要であると結論を下した。公職や一定の民間職について人物を禁じるカテゴリーは、提案された指令では広すぎると考

えられた。クレスウェルとマシビルは、政治的経験のない一握りだけの自由主義者と、完全で徹底的な混乱と無秩序を直ちに引き起こすと見られる過激グループ以外は、日本に経済、財政、政治的な指導者がいないことを知った。さらに、彼らは、提案された指令が無罪であると証明されるまで誰でも有罪だと仮定していると主張した。それゆえに、それは占領者が唱導すると公言していた民主主義の過程に違反していた。したがって、彼らは、指令を出すべきではないと勧告した。[306]

ウィロビーは、日本を民主国家と最終的にアメリカの追随者に発展させるには、ポツダム宣言の懲罰的特徴を無慈悲に適用するという狭い見方を和らげなければならないと翌日に述べた。彼は、ドイツに適用された懲罰的特徴が失敗したことに言及し、それらを繰り返さないように警告した。[307] GS は、G-2 の反対によって事態が頓挫しないように、翌日には参謀長と接触していた。もう一度、クリストは、他の参謀部の同意を強調し、非公式に相談を受けた POLAD が GS 提案に同様に合意していると付け加えた。G-2 の不合意については詳細に議論された。クリストは、G-2 の留保と修正を受け入れると、提案された指令が骨抜きになり、ポツダム宣言および日本で順守すべきアメリカの政策に関する基礎的な JCS 指令に表明された連立軍の政策が無効になるだろうと述べた。クリストは、ドイツの軍政の失敗は JCS 1067 の懲罰的特徴ではなく、占領当局が指令を文字通り執行しなかったことに由来するとは考えなかった。同様に、クリストは、在職中の者が戦争を行ったか準備したことを確認する際に、1937 年から 1941 年までを決定的に重要な年として選択すべきであるという G-2 の議論を疑った。GS の解釈によれば、好戦的方法は 1931 年以来使用されていた。結局、GS は、提案された指令を記述通り承認するようマッカーサーへ勧告した。[308]

GS と G-2 は、パージの一般的針路をめぐり戦ったが、POLAD は、議会と政党を通じて問題に対処する方法を取った。POLAD のアチソンは、1945 年 11 月 9 日にすでに政治的パージを利する議論を行っており、反動的な国会議員が選挙の後に就任しないことを保証するための適切な措置を取るよう主張していた。アチソンは、選挙によって民主的国会が生まれるとは思っていなかった。これは、民主的政党組織の弱体さと無経験が反動政治家との有効な競争の支障になるからである。その問題を解決するアチソンの提案は、決して透明なものではなかっ

た。アチソンは、選挙介入は原則問題として当然問題外であると偽善的に述べたが、現在の国会議員は民主的傾向の復活に対する障碍であり、再選のため立候補すべきではないことを幣原首相へ占領当局が非公式に口頭で指示することをポツダム宣言は正当化していると主張した。[309]

　11月末にアチソンは、選挙運動と進歩党設立のためには、この提案にしたがって行動するのは既に手遅れだと思った。しかし、POLAD は、IRAPS が指名した国会議員と GJPA の活動分子を含むリストを作成するよう勧告した。このイニシアチブは、CIS が既にそのようなリストを作成していたことが分かった時、考慮されなかった。[310]

　POLAD は、GHQ/SCAP が事態の進展に介入する予定がない場合、選挙の結果を心配する唯一のグループではなかった。1945 年 11 月末に、OCCIO（Office of the Chief Counter Intelligence Officer、防諜本部局）は、同盟国に対する戦争を推進した者を次回の国会選挙から禁止する措置を取る必要があることを勧告する覚書を作成していた。GS のクリストは、OCCIO が提起した問題の多くは、GS 指導下で作成された指令草案の中で既に解決されており、パージによって望ましからぬ人物は次の国会から除外されることが明らかに予想されると主張した。[311]

　政治的パージに関する議論は、第一ビル内部にとどまらなかった。12 月 21 日に、日本の新聞は、GHQ/SCAP が IRAA の元指導者とその後継団体が衆議院へ立候補する資格を取り消す措置を取ると報道した。全く別の噂では、1942 年の選挙で選ばれ、東条に推薦された国会議員は、全員失格になると言われた。

　この機会に、POLAD は、議会への立候補から一定の人物を禁止するそのかつての提案に戻った。アチソンは、そうした行為が大多数の日本人に歓迎されるだろうと考え、この問題を扱う指令を早急に発出すべきだと勧告した。アチソンはまた、少なくとも 1 カ月は選挙を延期するよう勧告した。[312]

　占領当局は、パージ指令が実行されなければ、進歩党が最大の政党として出現するだろうと予想した。しかし、IRAA、IRAPS、GJPA のメンバーが潜在的に失格となれば、同党にほとんど致命的打撃をもたらすと予想された。[313]したがって、パージは新たな国会で旧体制が続かないようにする方法を提供するように見えた。

さらに、1945年12月の衆議院議員選挙法によって自由で民主的な選挙の基礎が提供されるかGSが確認した時、議会議席を目指す選挙戦から戦時指導者を禁止することも議論された。12月末に、ピエター・ローストは、法律によって自由な選挙が可能になったが、選挙戦から戦時指導者を強制的に排除することは国民に新しい代表者を選ぶように勧める唯一の方法かもしれないと暗示した。ローストは、パージ指令が発布された直後のほうが真直だった。彼が結論を下し、他のGS指導者が同意したのは、旧国会の全体主義者と戦争協力者の大部分が進歩党にいるという点だった。ローストは、パージによって同党の指導者と議員は大打撃を受けたので、次の国会の主な危険はなくなったと主張した。彼は、パージの結果、選挙法の全体の問題は、若干異なる観点から判断しなければならないと主張した。もはや新しい人に変化を与えるかどうかという問題ではなく、どのグループにも公正な変化を与えるかどうかである。[314)]

結局、マッカーサーはパージ指令を承認し、1946年1月4日に公布することを本人自ら決定した。[315)] パージは、選挙計画に直接影響を与えた。日本政府は、1946年1月22日を選挙日として選択したが、パージ発表後に延期の必要が明白になった。1946年1月12日にGHQ/SCAPは、1946年3月15日後にのみ有効となる選挙を承認した指令を発出した。[316)] それに基づいて、日本政府は、3月31日に選挙を行うことを決定した。パージ指令の実施から想定された措置を全て終了するためさらに延期が必要だったので、この決定は2月末に却下された。最後に、2月25日に、最初の戦後の総選挙が1946年4月10日に行われることが発表された。[317)]

パージ指令の意味の解釈

先ず、パージ指令の解釈とパージされる者の役割が明確ではなかった。たとえば、鶴見祐輔は、パージされる者がパージからわずか数日後に復帰すると話しており、彼らの中には政界入りを望む新参者の指導を計画している者もいた。[318)] したがって、パージ指令発布は、指令の受入れ可能な解釈を苦労して作り出すための、占領者と日本政府代表者との間の一連の会議の始まりにすぎなかった。日本政府は、カテゴリーの妥当性について質問し、いくつかの反対すべき団体の主要メンバーのリストに名前が載っている多くの人たちの地位は実際には単なる名目

第 3 章　望ましからざる保守分子のパージ（1946 年 1 月）　*83*

で、名誉職だったと主張した。実際に、それらのうちの多数は、軍国主義的国家主義に反対して公然と行動していた。[319]

　こうした訴えは聞き届けられず、1946 年 2 月 9 日に内閣は、推薦候補として1942 年に立候補した者はカテゴリー G に該当する可能性がきわめて高いと発表した。そうした人たちは、来る選挙で立候補を宣言することを差し控えるよう期待された。しかし、公式の GHQ/SCAP 文書では、カテゴリー G と 1942 年の選挙との間のそのような直接的関係は記載されていないことは注目に値する。さまざまなカテゴリーの公式解釈は 2 月中旬に行われたが、カテゴリー G については 3 月 10 日までかかった。[320]

　日本政府の発表の後、GHQ/SCAP のスポークスマンが内閣は指令を GHQ/SCAP が期待したより厳密に解釈したと述べたという噂が広まった。声明は公式な否定によって退けられ、占領指導部もこうした類の出来事を防ごうとしたものの、優柔不断という不運な印象を与えた。[321]

　GHQ/SCAP は、SCAPIN 548 を明確にするために 2 月 18 日に声明を発表した。1 週間後の 2 月 24 日に、解散すべきだと判定された 120 団体を定義した勅令が発布された。こうした団体のうちの 27 は SCAPIN 548 に言及されていた一方、残りは日本政府が評価した後のリスト中に記載されていた。[322]

　結局、日本政府の 3 つの別個のグループが、1946 年に公職に就いている者と志望者の調査を行った。最初のグループは、内閣官房長官、内閣と内務省のその他高官からなっていた。このグループは、4 月の選挙に対する候補者の資格を調査する予定になっていた。第 2 の委員会は、SCAPIN 550 の条件を日本語の法律に翻訳した、2 月 28 日付け勅令発布後に設立された。さらに、内閣官房長官楢橋渡を委員長とする委員会には 2 つの仕事があった。最初のパージ指令の 3 月 10 日と 5 月 16 日の解釈を作成し、さまざまな省の高官をすべて検査した。3 番目の委員会は 6 月に設置された。[323]

　戦争中に、OSS は、敗戦後にさまざまな公職と地位から追放されるべき人物を識別するのは難しいだろうと予想していた。日本の状況は、言いかえれば、ナチス・ドイツとはきわめて異なり、日本には望ましからぬ人物の総合的基準はなかった。[324] しかし、保守的政治家の観点から見て破壊的だった基準は、パージ指令の戦犯とカテゴリーのリストの形で作成された。しかし、まさに OSS 高官が

84

予想した通り、この問題とそれらの基準は、占領当局の間でさえ全員一致で受け入れられることはなかった。誰を追放すべきかの最終決定は、1945年秋の占領開始後にようやく下された。保守政党で活動的だった反動主義者を日本の国会から一掃する必要性は、すでに1946年1月4日、つまり戦後最初の衆議院選挙の前にパージ指令が開始される背後にある理由の1つだった。

3.2　パージは特に保守主義者に対する打撃となった

幣原内閣の将来に対するパージの影響

　パージ指令の直接的影響は大きかった。それらは、政府、議会、政党内部の再整理、辞職、解任、昇進を引き起こした。幣原内閣閣僚のうちの数名は、パージの条件に該当し、これは、辞職せずにさまざまな内閣改造を進めた内閣に対する批判を煽ることになった。最も重要な変更は、1月13日の内務大臣となった三土忠造の移動と1月26日の村上義一の運輸大臣への指名だった。楢橋渡は、1月13日に内閣官房長官になり、自由党を離れた。[325]

　占領側は、内閣の問題を観察した。POLADのアチソンは、既に1946年1月4日にマッカーサーへ秘密メモを送り、幣原内閣が辞職した場合、社会党の指導者に新政府の形成を託すよう提案していた。彼は、経験を積んだ指導者が不足しているため、政府の責任を編成された政党の肩に公平に担わせることが賢明だろうと推論した。社会党は、政党間でパージの影響が比較的少なかったグループだった。さらに、アチソンは、同党の指導力は未経験だが、占領の目的に役立つ観点から最も有望な政党であるように見えると結論を下した。さらに、同党は、報道界の信頼と支持が高いように見えた。内閣にはまた他のグループからの優れた個人や代表も含まれるべきだと付け加えたにもかかわらず、アチソンは、保守的グループよりも社会党を優先すると明確に述べた。[326]

　短命な内閣を取り扱ったエマーソンの報告書は、指令発布の3日後だった。今回、エマーソンは例外的に直接彼の見解を示した。幣原内閣に対する彼の信頼は消えつつあることが明白になり、戦争責任は新しい指導部から排除する必要がある最も悪化しつつある欠陥であるというアチソンの見解に合意した。さらに、エ

第3章　望ましからざる保守分子のパージ（1946年1月）　*85*

マーソンは、政治権力の再分配を指図する占領側の積極的役割を支援するように見えた。[327]

　この報告書は、エマーソンが作成した最後のものとなった。国務省は1月中旬に彼をワシントンへ転勤させ、彼は、その月末にアメリカへ帰任した。[328] この出発によって、POLADの政治的な観察が麻痺することはなかった。ウィリアム・シーボルドは、1月前半に日本に到着し、エマーソンの任務 [329] を引き継いだ。親日的観点の代表マックス・ビショップの役割は、同様にいっそう重要になった。日本の政治家の観点を占領側へ紹介する絶好の機会に見えた日本政治家をPOLADがインタビューした時、ラッセル・ダージンは時々通訳兼政治分析者として働いた。

　マックス・ビショップの1月8日の楢橋渡との話合いは、接触が新たに急上昇した一例である。楢橋は、将来の措置に関する内閣内部の既存の3つの異なる見解を紹介した。それらは、それ以上参加させない総辞職、5名か6名の新メンバーによる再編成、または一部の政党代表を含む幣原率いる新内閣を作るための総辞職だった。楢橋は、3番目のオプションに賛成し、幣原は、その指導力に基づいて公平で正直な選挙を行うことができる唯一の人物であると主張した。外務大臣吉田茂は、フェアプレーの原則を保証できる完全に政治的中立の勢力の幣原と楢橋が同等とみなすことができる唯一人の政治家だった。明らかに、楢橋は、占領側が唯一の政党内閣を支持するオプションを考慮するかもしれず、したがってそのような可能性を放棄したことを感知していた。彼は、政党、社会主義者、および他の誰であれ、万一彼らに政府が託されれば、必然的に状況を利用しようとするだろうと主張した。[330]

　米国務省の状況分析は、楢橋が行った議論と見解が全く一致した。楢橋と吉田は、幣原首相さえも影の薄い存在にするかもしれない内閣の2名の最有力者であると評され、幣原内閣が倒れたら、新しい、ましな政府を作る責任を負う個人や集団はおそらくいないであろうと結論付けられた。[331]

　POLADの他に、楢橋は、GSのメンバーとも熱心に交流した。彼は、1月前半にGS行政課の数人の高官を接待した。内閣官房長官になった後、楢橋は、日本のブリジストン・ラバー会社社長石橋正二郎宅で開催された晩餐会に全支局を招待した。[332] ハリー・ワイルズは、そのような宴会が実際に頻繁に行われ、お客

は豪勢な接待を受けたと主張している。女性の同伴者と他の接待も提供し、楢橋は、非公式にさまざまな占領当局と接触できるチャンネルを確立した。個々の高官のうち、ワイルズは、楢橋がフランス語を話すことができるチャールズ・ケーディスに言及している。[333) ワイルズの著書の一般的論調は、占領に対し非常に批判的であることを想起すべきである。しかし、ある面が彼の主張の支えになっている。すなわち、楢橋は、彼の後日の著書で占領側と彼の温かいつながりを自慢げに紹介している。POLAD のアチソンとシーボルドに対する彼の影響力への言及に加えて、楢橋は、GS のケーディスとアルフレット・ハッシーとの友好関係を紹介している。[334)

　POLAD が非保守政党周辺に結成された内閣を勧告し、幣原の新内閣の指名候補者に GS[335) が失望し、日本国内の勢力が内閣の辞職を要求したにもかかわらず、占領指導層は幣原を信頼した。幣原は、辞職を申し出たが、彼が 1946 年 1月に辞任するなら、マッカーサーは彼を首相として承認しないという最後通牒により彼は継続を余儀なくされた。[336) したがって、占領側は、望ましからぬ人物を追放するために権力を利用しただけではなく、適切な人物を政権にとどめるためにも圧力を加えた。GHQ/SCAP は、最初の戦後の衆議院選挙に先立つ唯一の可能な選択としてかつての幣原 – 吉田ラインの指導力を考慮した。しかし、占領側が許可しなかったものは、基準に基づく取組み方法の性質について説明する声明書を発表したいという幣原の希望だった。幣原は、進歩党が大幅に失われたことを心配し、人物の個人的活動にかかわらずパージがカテゴリーのうちの 1 つに適合する者には皆影響を与えたことを説明したいと思った。[337)

さまざまに変わるパージの中の保守党

　政党間では、進歩党の指導層が最初の段階のパージから最も深刻な影響を受けた。同党は、12 月の国会会期中に多数派を維持したが、その戦時国会議員のうちの 27 人だけがまだ影響を受けていなかった。[338) 第 1 次評価は、同党に多くを約束せず、1 月 5 日に GS のローストは、進歩党はそのようなものとして分裂する可能性が高いが、その議員の一部は新しい政党を作るか無所属派となるかもしれないと主張した。同様に、POLAD のエマーソンによれば、進歩主義者は、政党として引き続き存在できないという点で意見が一致していた。情報当局は、

第3章　望ましからざる保守分子のパージ（1946年1月）　*87*

もう少し慎重だったが、パージによって進歩党はその支配的な位置から転落し、次の国会選挙で大多数を獲得する単一の政党の機会は減少したと結論を下した。ローストは、この結論と意見が一致した。[339]

　進歩党の党首町田忠治と他の有力な政党議員は、1946年2月18日に辞職した。これはまた、SCAPIN 550から影響を受けた個人の継続的な政治活動が、彼が活動していた政党をSCAPIN 548の条件内に移行させ、その解散を義務付けられるおそれがあると主張する声明書をGHQ/SCAPが発表した日だった。商工大臣小笠原三九郎は、既に1月25日に進歩党を辞職する決定を発表していた。結局、斎藤隆夫は、パージを免れた唯一の先任党員だった。斎藤は、新党代表として選任されなかった。この地位は、空席のままにされ、同党は選挙まで執行委員会の指導下で続いた。[340]

　しかし、進歩党の指導者は、容易にあきらめなかった。パージ指令の発布と1946年2月28日のその施行の間の時間は、闘争の期間だった。鶴見祐輔は、パージの背後にある原則には合意できるとしても、過度に厳密に執行されるべきでないと占領側を説得するために最善を尽くした。鶴見は、1月10日にマッカーサーへ書簡を記し、1月16日にCI&Eのカーミット・ダイク（Kermit Dyke）局長と会い、その同日にウィリアム・シーボルド、ネルソン・ジョンソン（Nelson Johnson）大使、ジョージ・ブレイクスリー、エマーソンとどうにか話すことができた。最後の議論の結果、日本の政治情勢に対するパージの悪影響の可能性を紹介する文書が書かれた。FEAC代表団のメンバーとして東京を訪れていたジョージ・ブレイクスリーは、この文書を要求した。[341] さらに、POLADのシーボルドは、最も経験豊かな政治家が失われた場合、議会活動の将来について心配していた。彼は、経験豊かな指導者のバックボーンは、議会活動を導き、戦前の国会のような一種の混乱状態の出現を防ぐためにも、利用可能であるべきであると考えた。[342]

　CISの新指導部はまた、パージが度を過ごしており、多くの有為な人材が国の将来の指導者として失われたと考えた。ハリー・クレスウェルは、GHQ/SCAPがそのような場合例外とすべきだと主張した。しかし、彼の提案は、ホイットニーの頑強な抵抗と衝突した。ホイットニーは、GHQ/SCAPがその問題で確保したように見える確実な支配をものにするよりも、国内情勢にとって少数の不正

や多少の不必要な損失を試してみるほうがよいと考えた。ホイットニーはまた、日本に長い経歴のある高官も批判した。ホイットニーは、占領に対する彼らの価値は否定しなかったが、彼らが以前から知っていた人物に関わった時の彼らの判断に偏りがある傾向を強調した。[343) この批判が誰に向けられたかは明白ではなかったが、POLAD の高官とブレイクスリーがその標的だったかもしれない。

　POLAD のシーボルドと CIS は、多くの有能な指導者を批判していた一方、同時に、パージによって引き起こされた損害にもかかわらず次の選挙で進歩党を過小評価することに対して警告したのは興味深いことである。都道府県の政治活動に関する報告書では、同党と他の保守的政治分子は引き続き強い政治力を持っていることが示されていた。[344) 古い指導者は、全力を挙げて日本政治の大きな変化を阻止するだろうという噂があった。彼らは舞台裏で活動し、彼らが新しい候補として表舞台へ押しだす手先を操るだろう。換言すれば、人物を変えても、必ずしも政策が変わるとは限らないだろう。[345) したがって、シーボルドと CIS の代表は、経験の重要性を主張しながら進歩党のために話していたわけではなく、単に保守的立場をとり、GS が課す過度に過激的な変更に対して警告したように見える。GS の代表は、1946 年 2 月 21 日に進歩党の斎藤隆夫をインタビューした。インタビュー者は、斎藤の戦前の反軍国主義的活動を知っており、なぜパージ指令が政治組織の感染した部分から一部の健全な組織を必然的に切り取る必要があるのか説明すべきだと感じた。斎藤本人の地位は確保され、ハリー・ワイルズは、斎藤は排除される者のリストに明確に載っていないと結論を下した。[346)

　この結論は、政治オブザーバーの間で存在したように見える斎藤のプラスの人物像を代表している。斎藤は、選挙後に見返りとなる恩恵を約束して企業から資金を勧誘する古い政策には頑として従わなかったと言われたため、その人物像はごく確実に補強された。一般に、町田と他の古参党員と共に、幹事長としての鶴見の辞職は、次の選挙で過半数を勝ち取れないと予想された党内の完全な大掃除を余儀なくさせたように見えると考えられた。斎藤は、保守連立の考え方を拒絶しなかったが、共産主義者や社会主義者との協力の可能性については疑っていた。しかし、保守派の協力に関するある種の制限は、可能性のある連立を支配しようとしていた自由党の指導者に向けた斎藤の批評家だった。[347)

　自由党も同様に損害を受けたが、パージされたのはその 50 人の国会議員のう

第 3 章　望ましからざる保守分子のパージ（1946 年 1 月）　*89*

ちの 10 人だけだった。[348)]エマーソンは、自由党は安藤正純を含む一定の党指導者を失ったが、その影響は進歩党が直面したものほど厳しくはなかったと報告した。1 月前半に、自由党、社会党、協同党間の歩み寄りと連立に関する噂があった。[349)]さらに、来訪した FEAC 代表団への GS の報告では、自由党が新たな政治情勢を利用することを切望し、現内閣を批判することで政府を組織する運動を開始したと強調した。内閣が辞職しないことが明白になった後、自由党は幣原を支持する用意ができていたが、それは次回の選挙までででしかなかった。もし首相がその時点で辞職しなければ、自由党は彼を倒すために行動するだろう。[350)]

　木村武雄と鳩山一郎とのインタビューを通じて、さらに多くの情報が収集された。自由党の代表は、パージは、大部分が反戦分子からなる彼らの政党に大きな影響を与えないと信じると表明した。彼らは、選挙の延期を歓迎し、この遅れは彼らの政党に有利なプラスだと見なした。占領側は、幣原に代わり得る人物に関心を持っていた。木村は、自由党、社会党、協同党連立の潜在的指導者のうちの一人だと言われた賀川豊彦に関する彼の意見を述べるよう求められた。鳩山も、幣原内閣が 1 月 4 日の指令のために崩壊した場合、どのグループがその最も実際的な後継者になるかに関して彼の見解を求められた。鳩山は、自由党と社会党の連立が最良の後継者になるだろうと述べた。彼は、しかし、内閣の地位の配分から生じる相違が、その瞬間にそうした連立の形成を妨げるだろうと予想した。[351)]

　2 月初めに鳩山は、保守的ライバルが戦争責任の大部分を負うと述べて、引き続き彼の政党と進歩党との距離を空けていた。したがって、共産主義者、社会党左派および他の左翼政治団体を含む、噂された左翼民主主義共同戦線運動に対する逆襲として設立されたと言われる、大衆向きの保守戦線は不可能だった。[352)]保守的協力から進んで外れるというこの言明された意思が誠実なものだったか否かは疑わしい。すなわち、少なくとも芦田均は、その 2 月 14 日の日記に、自由党の京都支部と東京の若手議員は進歩主義者との協同に反対していた一方、鳩山は、若干それへの傾倒を感じていたと主張している。[353)]この内面的葛藤の声は、鳩山と彼の補佐官に不満を表明したいくつかの地方支部を知っていた政治オブザーバーの間でも聞かれた。しかし、反対の声はむしろ急速に静まった。[354)]

　鳩山の進歩党に対する意見は、彼が 2 月後半に政党の約束にない反共産主義戦線を開始した後には奇妙に見えた。彼は、反共産主義の点で一致する限り、そ

の党派関係とは無関係に、自由党は誰とでも進んで協力するだろうと発表した。
鳩山の提案は、進歩党や協同党のいずれでも熱烈に受け止められなかった。換言
すれば、他の保守主義者は、鳩山のきわどいイニシアチブに若干距離を置いてい
た。社会党は、この運動に強く反対し、この種の政策は反動的だと非難した。共
産党は、自由党を封建的詐欺師と呼んで逆襲した。[355]

　反共産主義活動の提案によって、一連の新たなインタビューが始まった。鳩山
は、1946年2月24日にクレスウェルと会ったが、[356] そうした会談の内容を明ら
かにする文書はない。2、3日後になされたCISの毎週の分析では、鳩山の声明
の背後にある理由は、より広い人の支持基盤を獲得しようとしたことを示唆して
いた。いずれにせよ、鳩山は、将来首相の可能性があると言われることが多かっ
た。[357] 鳩山は、鳩山の過去の記録に関する情報を得る目的で召集された会議に参
加するため、1946年3月11日にGHQ/SCAP本部へ戻った。鳩山は、彼が団体
を辞任する前にIRAAの不本意なメンバーだったと説明し、非公式の反共産主
義団体の望ましい状態に関する彼の主張を繰り返した。同様に、彼は、ソ連から
の共産主義者の支援に関する彼の主張を繰り返した。鳩山は、報道の偏向を批判
し、報道と言論の自由の範囲について疑問を呈した。鳩山は、次の選挙後の連立
内閣を組織する機会を確信しており、好ましい閣僚の何名かの潜在的名前さえも
挙げた。[358]

　自由党の地位は進歩党に比べ強化されたが、パージ指令後の進展は同党の弱
点を明らかにした。自由党の運命は、鳩山一郎の将来につながっていた。1月の
指令の後、鳩山は、政治的主導権を取ることができる現職政府外の唯一の保守政
治家として登場した。しかし、戦時中の彼のIRAPSとのつながりは、報道で批
判的に論じられた。彼の批評家は、滝川幸辰教授を復職させる京都帝国大学の要
請を内閣が承認することに決定した後、さらに多くの攻撃の種を得た。これは、
滝川が解任された1933年に文部大臣を務めた鳩山にとって厄介であると考えら
れた。[359] 鳩山の彼の政党に対する重要性は、シーボルドの結論に要約され、それ
によれば、鳩山が失脚させられたら自由党は生き残れるかどうか疑問だとしてい
た。[360]

　協同党に関する第一印象は、きわめて穏当なものだった。エマーソンは、それ
らの唯一の損失として千石興太郎を挙げ、同党は、社会党との連立形成に活発で

あると報告された。[361] しかし、この楽観論は、パージ指令の最終的な影響が明らかになったわずか数日のうちに消え去った。協同党は、既に1月中旬に弱体な政党として記述され、それは、より有望な社会党との同盟次第だと考えられた。議会勢力の崩壊は、同党に関する一般的評価に影響するように見えた。GS報告書では、協同党は、政治に対する姿勢が、素朴ではないにしても、非現実的であると要約した。協同党の状況は、そのほぼ全ての指導者を失ったことから、2月中旬には絶望的であると記述された。[362] したがって、パージによって、協同党はそれほど面白味もなく重要でもない政党に急速に転落した。同党、すなわちその残党は、いまだに社会党に未練があったが、占領側は、何カ月もこのグループへの関心を失っていた。

3.3 パージの内容に対する否定的な姿勢の影響

パージの内容に対する占領当局の寄与

ポツダム宣言でパージが予想されていたとしても、誰をパージしようとしていたかは明確に述べられていなかった。1月初めに導入された具体的リストとカテゴリーに対する日本人の誤った指導者への比較的曖昧な言及からの進展は、複雑な過程だった。保守主義者は、唯一の犠牲者ではないにしても、これらの措置のほとんどを被ったことは明白である。したがって、これは偶然に起きたのか、あるいはパージの内容に影響を与えた日本の保守主義者に向けた何らかの否定的な姿勢があったのか尋ねることは正当な根拠がある。

基準の2つのカテゴリーは、パージ計画の核心となるものである。最初のカテゴリーは、パージを受ける者がそれらを保持することを許されないという正当な理由に基づいて、十分な権限と影響力を必要とすると分類された地位を定義した。基準の第2のカテゴリーは、降伏前の日本帝国政府と日本社会の枠組み内で、それらの占有者がパージされる者として指名されるほど十分に重要だった地位を定義した。[363] 換言すれば、戦後の保守主義者を攻撃したかったのであれば、パージのカテゴリーは、戦後の保守主義者が戦前と戦争時代に保持していた可能性が最も高い地位を含むはずだった。同様に、パージを受ける者のさまざまな地

位を厳しく禁止したことは、保守主義者の継続的役割に対し不利に働くことになる。

　ワイルズは、占領側がワシントンからマッカーサーへ送られた JCS 指令に明記された全員を禁止したが、これらの指示に明確に記載されていない他のカテゴリーを追加したと主張している。カテゴリー G は新規のもので、パージを行った高官次第でその有効性が変わる広範囲な主観的証拠の道を開いた偏ったパージ文書だった。[364) 1984 年にケーディスは、カテゴリー G は彼が考えたと主張したが、バウアワルドは、日本の指導者から反民主的分子を追放する目的を初期の政策報告書に認めることができることを示す、十分な証拠があると主張している。[365)

　パージ指令の起源は、明らかに JCS 1380/15 に見ることができる。望ましからぬ人物の追放を取り扱った指令は、日本人の逮捕と拘留に重点が置かれたパート I、第 7 条 a 項と、政治行政の再編を取り扱ったパート I、第 5 条 b 項の組合せだった。望ましからぬ人物の基準は後者に見ることができる一方、前者は、A から E までの全てのカテゴリーを含むように見える。したがって、カテゴリー F と G は、占領当局が取ったイニシアチブである。さらに、一定のカテゴリーの表現法は書き直され、自動的に人物をパージ可能にした特定の地位のリストは厳しいものになった。[366) 少なくとも非軍人を取り扱ったカテゴリーからは、内容の相当な拡大は見られなかった。より重要なのは、有罪だとして IRAA、IRAPS、GJPA の一定の指導的地位だけをリストにした特別のカテゴリーが確立されたことである。リストに帝国支配組織の全ての有力者が含まれていたら、日本の政治的指導力の資源を深く傷つけていただろう。[367) したがって、実際に占領側は、帝国支配組織の下層階級のメンバーだった一定の保守主義者を救済した。

　上記の組織を取り扱っている GS の報告書の中に興味深い文書がある。この文書のアーカイブの位置は 1946 年 1 月となっているが、著者と日付の両方に関する情報が欠落している。もしそれが 1946 年の最初の何週間かの間に書かれたか GS 高官に知られていたら、それは驚くべき文書である。すなわち、IRAA は、国家のためにファシスト政党を組織する考えを排除し、公の超党派組織として構築された組織として、そこに紹介されている。IRAPS は、6 月にサイパンが陥落した後、政府に対し批判的態度を取ったと主張され、GJPA は、軍部と官僚派の独裁的支配に対しますます反対するようになったと言われている。さらに、こ

第3章　望ましからざる保守分子のパージ（1946年1月）　93

の文書はまた、IRAPS 外部の独立したメンバーのリストから成っている。この
リストで言及された最も興味深い名前は鳩山一郎、犬養健、安藤正純であり、彼
らはすべて結局パージされた。[368] 帝国支配組織の特徴に関するこの種の解釈は、
彼らを丁重に取り扱ったパージ指令の説明になるかもしれない。しかし、この文
書は、たとえば、G-2 がこれら組織の性質に関する新しい解釈を示した次の秋で
はなく、1946年1月に作成されたことを保証する十分な証拠はない。

　カテゴリー F と G は、占領の落とし子だった。カテゴリー F は、それに該当
するほとんどの者は、他のカテゴリー下でも同様にパージ可能だったので、大部
分は余計なものだった。[369] したがって、一つの疑問に専念することができる。す
なわち、なぜ占領当局は、残りのカテゴリーと著しく異なるカテゴリー G を作
成したいと考えたのか。がらくた入れとして指定された、論争の的になっている
カテゴリー G は、基準の解釈によって個人をパージすべきか否か決定する唯一
のカテゴリーだった。したがって、それは、パージに基づく日本人指導者の適格
性の観点で、彼らの経歴を調査していた者に大きな権力を与えた。実際に、「日
本の侵略計画で積極的で顕著な政府の役割を果たした一切の者、または発言、著
作、行動によって、自らが軍国国家主義と侵略の積極的主唱者であることを示し
た者」を含むカテゴリー G 第3項は、パージする権限を有する個人の政敵の追
放に利用することができた。[370]

　1945年11月19日の草案と最終 SCAPIN 550 を比較すると、カテゴリー G の
言葉遣いが1945年11月後半から12月に少々変更されたことが分かる。換言す
れば、まさに保守政党の議論で次の国会で予測された支配が実現したときだっ
た。未分類の人物のカテゴリーは、追加の軍国主義者と超国家主義者のカテゴ
リーに変わった。軍国主義政権に反対する者を非難するか、逮捕に貢献した者
や、軍国主義政権の反対者に対する暴力行為を扇動するか、働いた者を取り扱う
最初の2つの条項は変わらないままだった。しかし、上記の3番目の条項は延長
された。11月に、この条項は、発言、著作または行動によって軍国主義者や拡
張論者の支持者であることを自ら示したあらゆる者を含んでいた。最終条項は、
さらに日本の侵略計画に積極的で有力な役割を果たしたあらゆる人を含む文章で
終わっていた。さらに、「軍国主義的国家主義と侵略」の語句は、そうした非難
すべき進展の積極的主唱者を含むように変更された。[371]

94

　換言すれば、占領当局は、大勢のグループの人々、つまり正確に言うと、自動的にパージを必要とする地位を含むことになった新しいカテゴリーを開始したわけではなかった。実際には、進展は逆転した。彼らは、帝国支援組織を取り扱う条項は縮小したが、同様なグループや個人に対して取られる制限され管理されたパージを可能にするカテゴリーGを作成した。これらの措置は、膨大な人数の政治的に積極的な人々のパージに利用できるため、必要なのは占領側の政治的意思のみだった。

　SCAPIN 550 は、パージされる者を公職から追放し、政務から排除するように命じた。排除は、ポツダム宣言書が達成されるまで続くものとされた。「公職」と「政務」の用語の説明に加えて、指令では、パージのカテゴリー内に入る者は誰でも帝国議会選挙の地位に対する候補として失格とすべきことを明確にすることに特別の注意が払われた。[372]

パージ担当者

　重要な占領高官の日本の保守主義者に対する姿勢を検討する前に、最も重要なパージ高官を確認することが必要である。パージは、第一ビルが主導した。これはその通りであるが、パージは POLAD がなんら有意義な方法で貢献しなかった作戦だったと明確に述べた POLAD のウィリアム・シーボルドは間違っている。[373] すなわち、POLAD は、占領側の政党に関する見解に大きな影響を与えており、これが他方では、パージに影響を与えた。G-2 は、パージの内容に影響を及ぼそうと最善を尽くしたが、結局、1946 年 1 月のパージ指令の内容を決定したのは GS の指導者だった。

　ジャスティン・ウィリアムズは、ホイットニー少将が、アメリカの政策のはるかに右派だったが、日本の保守主義者を嫌悪していたと主張している。増田がパージに関する最も重要な占領側高官だとみていたチャールズ・ケーディスは、社会党に対する彼の選好を隠そうとはしなかった。ケーディスの日本の保守主義に対する姿勢は敵対的であり、彼は、占領の最初の年に政府の中枢から保守主義者を駆逐しようとした。[374]

　特にカテゴリーGを確立したことによって、パージによって政党分野の改造は明らかに可能だった。同様に、GS がパージの背後にいる中心的勢力だったこ

とは明白であり、その指導体制は、保守政党と政治家に対する否定的姿勢を共有する者たちが占めていた。したがって、保守党の地位を弱体化する可能性とおそらく意思があったと結論付けることができる。こうした状況下で、否定的姿勢が1946年1月4日のパージ指令の内容に影響を与えたと想定することは自然であるように見える。しかし、この種の結論には、まだ見つかっていないいっそう強力な証拠が必要である。重要なパージ高官の否定的姿勢がパージの内容に影響を与えたという主張を支持しないなら、本研究の所見でそうした主張に反対する議論が行われることはない。少なくともGSの姿勢は、パージの範囲と日本の保守政党が受けた打撃を制限することはなかった。

結　　論

　パージ計画の指針となる政策は、否定的な目的、すなわち修正する必要がある不都合な事情から公式には始まっていた。しかし、パージは、日本人を戦争へ誤って導いた者の追放を目指す過程だけではないことが判明した。パージには、肯定的な目的もあった。すなわち、それは、占領当局が支持する新しい政治的指導体制を作るために使用された不透明なメカニズムだった。この目的は、占領中には認められなかったが、実際の占領が終わった後でも、多くの占領側にとって対処が難しい問題だったように見える。しかし、注目すべき重要な点は、占領当局は日本の保守主義者に反対する新しい主要な基準を提案しなかったことである。その代わりに、彼らは、政治指導体制の構成を細かく管理したいと考えた。この可能性は、占領当局の観点から望ましくないと判断された者を追放する合法的方法を作ることで、保証された。

　日本の保守主義者が政府を組織し、1945年秋に新政党を設立したか否かを問わず、パージ指令は、何らかの形で執行されていたであろう。ポツダム宣言と他の指針となる文書によって、GHQ/SCAPは行動せざるを得なかった。さらに、意思決定過程の目に見える側面は、GHQ/SCAPが指令を発表し、日本政府はそれらを実施したという申し合わせの上に構築されていた。占領当局は、公然と認められる以上に実行したいと考えたが、公式な指令発布に限定された。誰が日本の指導を許可されていたのか否かは、特にSCAPIN 550のカテゴリーGでは、指令内部に秘匿されていた。

パージは、保守主義者を狙った否定的力の異常ないし予想外の突発ではなかった。POLAD に表面化した不一致の記録にもかかわらず、GHQ/SCAP は、幣原率いる連立を支持し続けた。相対的政治力学の急速な変化によって、一部の政治オブザーバーは、日本の政党に関するその選好をいっそう公然と表明するようになった。たとえば、POLAD のアチソンとエマーソンは、社会主義者を応援し続け、GS のローストは、パージ前の進歩党を反動主義者の政党として非難した。しかし、社会党や保守的政党も、少なくとも次の選挙まで状況を現状のまま維持したかった占領側の指導者に信頼されていなかった。

保守政党の強さは、パージのタイミングと最初の戦後の衆議院選挙のタイミングに寄与した。議会選挙を行う前に、パージは必要であると考えられた。1945年末に存在した状況で、介入なしに選挙を行えば、進歩党が勝利しようとしていた。これは、同党が戦後の日本のための占領側の計画に不適な望ましくない分子から構成されていたため、受け入れることはできなかった。パージの直接的影響に関する最初の評価では、進歩党から生じる脅威を葬り去ることを提案していた。政治権力の新しい指導的集中は、自由党と社会党間に噂された協力に存在すると考えられた。しかし、状況は驚くほど速く変化し、強い組織力により勢いを回復した自由党と進歩党が連携する噂が浮上した。協同党は、占領当局の評価では引き続き社会主義者の自然な協力者だったが、グループの相対的重要性と、政治オブザーバーのそれに対する関心は消えつつあった。

新しい日本の針路を定める（1946年春）

　GHQ/SCAPは、パージの中で、新しい民主化された日本を指導するのに相応しくないと見た者と、特にさらなる処罰措置のために窓を開けておくカテゴリーGの創設を示した。1946年春は、戦後の最初の衆議院議員選挙と、議会の構成と自由に表明された国民の意思を具体化する内閣創設が最高潮に達した。占領当局は、2つの重要な仕事に直面した。すなわち、彼らは、適切な政党と指導者を識別し、これらの当事者が結局内閣を構成するようにする必要があった。当然、民主制を作り上げる唯一の源としての日本人の役割を強調した民主主義の建前を壊さずに、これをすべて行わなければならなかった。

　これらの仕事は、新しい構造の枠組み内で、一部は新しい要員によって行われた。すなわち、1946年春に、占領側の政治観察機構の構成は根本的に変わった。POLADのジョン・エマーソンはアメリカに帰任し、出発によって生じた空席はウィリアム・シーボルドとマックス・ビショップが埋めた。さらに、米国務省は、1946年2月にジョージ・アチソン・ジュニアを朝鮮へ送り込むことを計画したが、マッカーサー元帥は、アチソンを行かせたくなかった。[375] しかし、POLADの重要な政治オブザーバーとしての役割は、これらの変更と同時に弱体化し始めた。

　国務省と陸軍省間で交渉が行われた解決策の一部は、POLADが最高司令官の参謀に任命され、マッカーサーの権限と支配に従うというものだった。[376] 国務省は、統合されたPOLADが政治部門として働くと明らかに期待し、その高官は政治的な報告で主要な役割を果たすと予想した。[377] しかし、1946年4月18日に設立されたDS（Diplomatic Section、外交局）の割り当てられた任務は、全く政治的観察と関係がなかった。代わりに、政治顧問が議長を務める新たに設立されたACJに関する任務は、アチソン、ビショップ、そしておそらくシーボルドの時間の大部分を要すると予想された。[378] したがって、POLADの政党と政治家

に関する重要性は、徐々に低下し始めた。

　本部長、本部長補佐および6つの支局から成る行政課が設置された1946年2月1日に、GS内部の再編は続いていた。さらに、新しい構造組織は、GSの憲法制定会議の構造組織だった。[379] 政党支局（PPB）は、政党と他の関係協会、結社、組織を観察するか、もしくはその領域で工作を行うものだった。ピエター・ロースト中佐は引き続き支局長で、ハリー・ワイルズ博士とベアテ・シロタ氏が彼を支援した。もう1つの変化は、ワシントンの民間専門家の到着だった。これらの極東専門家、たとえばケネス・コールグローブ教授、トマス・ビッソン、サイルス・ピーク（Cyrus Peake）博士は、ケーディスを支援するために任命されたが、彼らは有力な地位に実際に昇進することはなかった。[380] しかし、コールグローブは、ワシントンのグルー・ジョセフと連絡をとり続け、日本の牧野伸顕伯爵のような男たちと彼の温かい関係を再構成した。コールグローブはまた、GSの人々のため皇族へ招待された。[381]

　情報機関の構造組織も同様に調整下にあった。G-2のウィロビー少将の意見の多くを共有していたクレスウェル大佐が、最初のCISのリベラル派の指導者エリオット・ソープ少将の後任になった。[382] その後、1946年5月に、CISはG-2に吸収された。[383]

　こうした内部の変更が起きている間、占領の枠組みを形成する外部の状況は進化した。米国上院では激論が交わされており、すでに1945年夏と冬には共産主義的傾向のある顧問の追及が米国務省を揺さぶり始めていた。ソ連の原子力スパイ組織が1946年2月3日に暴露された後は事態に火がつき、最高指導者ヨシフ・スターリンは、共産主義と資本主義は相容れないと述べた。こうした進展の後、モスクワ大使館の臨時代理大使、ジョージ・ケナンの有名な長文電報では、ソ連が全体主義であり、拡張主義国家であると記述していた。同様な見解は、トルーマン大統領と会ったウィンストン・チャーチルが公然と述べ、1946年3月5日にミズーリ州フルトンにおける彼の有名な「鉄のカーテン」となった。[384]

　フルトンの演説と長文電報の両方は、ドイツに関する新しい政策の道をあけつつあり、[385] チャールズ・ケーディスは、当時は鉄のカーテンという演説に気づいておらず、[386] 日本の占領は真空の中で起きたのではないと主張している。W・アヴェレル・ハリマン（W. Averell Harriman）が最近モスクワの大使を終えアメ

第4章　新しい日本の針路を定める（1946年春）　*99*

リカへ帰任する途中、1月後半から2月前半にかけて東京を訪れた時、彼は、東欧におけるソ連の行動についてマッカーサーに警告した。ハリマンは、最高司令官を賞賛し、ソ連人民の反皇帝感情に関して報告し、ACJのソ連のメンバーがモスクワから指示を受ける前に手を打つ考えを促した。[387] したがって、国際政治の変化する論調のこだまは、東京でも聞かれた。

4.1　保守派は新憲法の脅威ではなかった

その長さにもかかわらず、現在の日本国憲法は、一週間で作成された草案に基づいている。元の提案の起草は、GS内のアメリカ高官の小グループが行った。しかし、憲法改正は決して簡単ではなく、日本の国会が新憲法を受け入れ、1946年11月3日に天皇の批准を受ける前に多くの措置が取られた。

近衛案から幣原内閣のGS草案採用まで

憲法改正の問題は、いわゆる近衛案のために占領の最初の数カ月の間に既に浮上していた。元来、1945年10月4日の近衛文麿公爵とマッカーサー元帥との会談では、憲法の問題をいかなる方法においても取り扱うことになっていなかった。しかし、広く受け入れられた説明によると、近衛の通訳が会話の一部を誤訳した。この誤りのために、マッカーサーの答えは誤解され、近衛は、GHQ/SCAPが憲法改正を開始することを彼に委任したと感じた。この誤りは、近衛がPOLADのアチソンと会い、内大臣として天皇の指名を獲得し、修正を研究する調査グループを集めた過程のきっかけになった。その結果、近衛は、憲法を改定するための占領側の選択だったという1カ月にわたる誤解が生じた。状況がはっきりしたのは、大いに批評されたGHQ/SCAPが1945年11月1日にようやく彼の特別の役割を否定した後になってからだった。しかし、たとえば、テオドア・マックネリは、マッカーサーとアチソンの両人は、クルー元大使がリベラルな政治家として高く評価した近衛と取り引きすることを最初に適切だと感じたと主張している。近衛とのつながりがGHQ/SCAPに迷惑になった後から、ようやく心境の変化が生じた。[388]

GHQ/SCAPの発表で、憲法改定の可能性は幣原内閣の管轄に属し、内閣は憲

法に関する問題を研究する委員会を設置したことが明らかにされた。幣原首相が
マッカーサー元帥と会談した10月11日に、すでに重要な措置が取られていた。
この会談で、マッカーサーは、彼が制定を希望する5つの改革を紹介した。改革
の対象は、女性の解放、労働組合の促進、教育の自由化、司法制度の確立、日本
経済制度の民主化だった。憲法改定はこれらの改革になかったが、マッカーサー
は憲法の自由主義化に言及した。[389]

　結局、憲法問題調査委員会が組織された。委員会は、松本烝治無任所大臣が委
員長を務めた。本来、委員会は、その仕事が明治憲法とその潜在的改定に関する
問題を研究することだと考えた。それは、新憲法策定を計画していなかった。[390]

　松本は、彼の委員会をGHQ/SCAPと接触しないように切り離した。この措
置は、日本政府が自主的に行動しているという虚構が保たれるため、占領側に適
合していた。委員会は、1945年10月27日から1946年2月2日の間に会議を開
催したが、それらは12月の国会期間中に中断された。議会が会議を開催した時、
個々の委員は改定のための提案を用いて作業した。これらの提案は、12月22日
の会議で検討された。委員会では意見が一致しなかったが、松本は、委員会内に
浮上しつつある総意を反映すると思われる草案を独自に作成し始めた。松本の草
案は、1946年1月3日に完成し、彼は、委員会や内閣の承認がないまま、1月7
日に天皇へ彼の考え方を奏上するにいたった。委員会の残りの委員は、わずか2
日後にこの天皇への奏上を知った。

　委員会の若手委員グループの反対意見にもかかわらず、松本は、彼の意見を貫
徹しようと試み、1月26日に委員会へ彼の概要を配布した。委員会の本会議で
は、松本の草案は完全に支持されなかったが、委員長は3日後に内閣へそれを持
ち込んだ。内閣は、その提案に関する無益な会話に1月の残りと2月の最初の週
を費やした。内閣が松本の草案に関して議論している間、宮沢俊義委員の草案が
毎日新聞に漏れ、2月1日に発表された。委員会の公式見解として理解された提
案は、冷ややかに迎えられた。内閣は、この問題にごく僅かしか言及せず、松本
は、2月7日に彼の草案を再び天皇へ奏上した。1日後に、彼の草案は英語に翻
訳された後、松本は、GSにそれを提出した。[391]

　有効ではないFEACに取って代わるFECを組織するモスクワ会議とその決定
は、GHQ/SCAPの憲法改定に対する態度を変えた。新組織の権限は、FEACの

第 4 章　新しい日本の針路を定める（1946 年春）　*101*

ものよりはるかに広範囲だった。条件のもう 1 つの変化は、政府と憲法改革に関するワシントンからの最初のガイドラインの受理だった。秘密の SWNCC の文書（SWNCC-228）は、1 月初めに GHQ/SCAP へ送信された。この政策文書は、アメリカの政策のための既存の政治制度と推奨される目的の主な欠陥について記述していた。その提案は、完全な代表制立法部の創設、基本的市民権の保証、主権在民、および日本人の自由意思を表す方法での憲法改定や憲法の起草と採用を含んでいた。しかし、SWNCC-228 書簡では、最高司令官は、最後の手段としてのみ、政府へそうした処置を講ずるよう命じるべきであると強調されていた。[392]

　GHQ/SCAP は、原則として FEC と相談せずに開始することはできなかったが、マッカーサーは、連立国に憲法改革の問題を委ねることに躊躇していた。FEC と ACJ には天皇制に敵対する分子も含まれており、マッカーサーは、こうした影響が改定過程に及ばないようにしたいと考えた。したがって、GHQ/SCAP は、FEC と相談せずに新憲法案を目指すそれ自身のプロジェクトを開始した。ホイットニー少将は、2 月 1 日にマッカーサーへ覚書を提出し、その中で彼は、憲法改定を進めるため最高司令官は、連立軍と JCS からの権限を有することを示した。2 日後、マッカーサーは、GS が作成した草案の基礎を形成することになる 3 つの原則を導入した。これらの原則は、天皇制の継続、戦争の禁止と軍隊の維持、および封建制度の廃止を取り扱っていた。行政課が翌日召集され、作業を開始した。GS は、2 月 11 日にマッカーサーが日本政府へ提示することを承認した自身の草案を作成した。[393]

　政府の代表団は、1946 年 2 月 13 日に占領側との会議に到着した時、彼ら自身の改定案に関するコメントが聞けると想定していた。代わりに、彼らは、GS が作成した草案について聞くことになった。その後、GS 提案に関する秘密交渉が始まった。松本は、1946 年 2 月 19 日にはじめて針路変更について政府へ知らせた。政府は、迅速な決定に対する圧力の下で草案を改訂し始めた。しかし、GS 代表は、3 月 4 日に受け取った元の GS 草案の和訳に含まれた変更案に満足しなかった。舞台裏交渉は、日本政府の先任高官が参加しなかった第一ビルの 30 時間にわたるマラソン会議でついに最高潮に達した。結局、占領当局は、彼らが望んだものを手に入れ、草案は 3 月 6 日に日本政府の名の下で公表された。GHQ/SCAP は、幣原内閣を直ちに支持し、FEC とは相談なしに 3 月 7 日に新日本憲

法を承認した。[394)]

保守党の草案とそれらの評価

政府委員会に加えて、いくつかのグループと個人が彼ら自身の新憲法の草案を準備していた。自由党と進歩党を含む政党は、同様に草案を提出した。これらの提案は、GHQ/SCAP が評価した。協同党がそれ自身の草案を提出できなかったのは、同党の衰退状態を物語っている。冨森叡児は、占領当局が憲法改定問題に関しては政党に期待していなかったと主張している。[395)] 同様に、POLAD が1945 年秋に保守主義者の改革能力に悲観的だったのは、保守政党の憲法草案に関する希望がむしろ明白だったことを示唆している。

POLADは、1946 年 1 月と 2 月に公表された私的憲法改定案を集めて検討した。シーボルドは、自由党の草案を紹介するとき、感情的表現でその草案の内容にコメントすることを差し控えた。しかし、彼は、朝日新聞で公表された鳩山の声明を引用し、同党に対する天皇の質問の重要性を強調した。進歩党の草案は 2 月 14日に公表され、その 2 日後にシーボルドはコメントした。シーボルドの第一印象は肯定的だった。彼は、提案が前の指示により予想以上にリベラルに見えると結論を下した。シーボルドは、当面の印象が正確だと分かれば、以前は超保守派のレッテルを貼られた進歩党は、民主主義の原則を採用することができたことを示すかもしれないとさえ主張した。したがって、進歩党の草案は、草案が全く同一だと彼が想定した見解の斎藤隆夫と交流があったのは、まさに驚きだった。[396)]

GS 政党支局を取り扱った覚書は、そのメンバーはまた、憲法改定に関する主要政党の草案を比較して研究していたことを示している。[397)] しかし、そのような研究の結論を明らかにする文書は見つかっていない。1946 年 2 月 24 日の斎藤のインタビューを取り扱った前向きな論調の GS 報告書は、文書の未完成な特徴に言及しているだけであるため、提案された草案は難色も示されず、賞賛もされなかった。興味深いことに、同じインタビューに言及した CIS の定期刊行物では、進歩主義者の草案は批評されていた。すなわち、草案は、民主主義の原則に対する口先だけの支持にもかかわらず、反動的な道具であると判断された。[398)] CIS の批判は、古い明治憲法を思い出させる反動的提案とみなされた自由党と進歩党の草案に対する日本の報道機関の攻撃を反映していたのかもしれない。[399)]

第 4 章　新しい日本の針路を定める（1946 年春）　*103*

　POLAD が行った比較研究では、一般的に言えば、進歩党と社会党の草案は民主的政府の本質の確立に成功したが、自由党は失敗したと結論を下していた。しかし、前者でさえ、一定の重要な点で正確さと明瞭さに欠けていた。政党間の主な違いは、天皇の地位と日本経済の性質に関わる問題にあるとみなされた。[400] 換言すれば、日本の保守政党が作成した憲法草案について、占領側の高官の意見は分かれた。しかし、特に進歩党の草案は、彼らの側からいかなる非反動的なイニシアチブも予想していなかった一部の政治オブザーバーには驚きだった。明らかに、改定計画は、CIS によって厳しく批評されたが、これは全ての日本の草案にも当てはまった。

　各自の解決策を提出したことに加え、日本の保守政党は政府の草案に関する見解を表明した。これは、まさに占領当局が特に熱心に詳細を知りたいと思っていたものだった。憲法は、占領側が開始した単一の最も重要な改革であることから、保守政党のそれに関して公然と言明され、非公式に表明された意見は、占領側の保守主義者に対する姿勢を方向付けた。GHQ/SCAP は、誰が憲法改定のしっかりした迅速な前進を支持し、誰が次の選挙の後でもそれを保証できるか、という問題に関する確認を望んだ。

GS 草案に対する保守党の反応

　保守党は、毎日新聞が公表した 2 月 1 日の草案に素早くコメントした。政府の報道官楢橋渡は、その文書の信憑性を否定し、新聞社はそれに対し猛烈に批判的だったが、リベラル派と進歩派の双方は、草案に対する支持を表明した。政党は、国会に対する天皇の地位を変更しないとする提案された草案を提出する意図に反対しなかった。自由党の牧野良三は、この問題を不要に延期することにさえ反対した一方、たとえば、協同主義者と共産主義者は、憲法改定の時期尚早な行動に反対した。[401] GS は、毎日新聞の言い分をほとんど見落としていた。しかし、サイルス・ピーク博士が POLAD の同僚が漏らした草案を知り、それが翻訳された後、最終的判断は手厳しいものだった。提案はきわめて保守的なものであることが判明したが、[402] 保守政党がそれを支持している事実に注意を払う者はいなかったように見える。いずれにしろ、保守政党を代表するこの種の姿勢は、たしかに意外ではなかった。

3月6日に公表されたGS製政府が日本の政党に熱心に歓迎されたことは、十分伝わった。共産主義者を例外として、大政党はみな新憲法を承認すると発表した。進歩党、自由党、社会党、協同党は、新しい民主憲法の重要性を強調し、政府草案を賞賛した。この歓迎振りは、次の選挙にどの大政党が大きな影響力を獲得するかにかかわらず、その文書に対する全面的支持を予想しても大丈夫のようだと結論付けたPOLADのシーボルドを確信させた。[403]

さらに、GSは、真剣な起草過程が終了した後、さまざまな政党と政治家の見解を識別し始めた。特に、自由党とその鳩山一郎の見解は、大いに興味深い問題であることが分かった。1946年3月9日に病気だった鳩山の代わりとして、自由党の河野一郎に最初にインタビューし、河野は、新憲法の3つの基本原則、つまり、戦争の放棄、国民の権利、天皇制の保全は党が全面的に受け入れると述べた。したがって、自由党は、党が導入した構想の多くを含んでいなかったとしても、憲法草案を支持した。3月11日の鳩山一郎のインタビューで、憲法草案に対する支持はさらに確認された。鳩山は、個人および政党指導者の双方として、多少の小さな変更は行われることになるとしても、原則として提案された草案を支持すると述べた。[404]

GSの主な結論は、POLADの所見と並行するように見える。政府草案は日本の報道界に好意的に受け取られ、共産主義的報道にのみ否定的論調が含まれていた。政党でも同様だった。共産主義者以外の大政党はみな、草案を無条件に支持した。しかし、憲法に対する政党の声明に関するいくつかの批判的な解釈も紹介された。草案を支持する保守主義者の本心は、報道界から疑問視された。[405] こうした主張は、依然として保守派に批判的であり、旧憲法に必要なのは新しい解釈だけだと考えるグループの代表だとして進歩派やリベラル派を非難した、CIS高官に影響を及ぼしたおそれがある。支持を表明したのは、外部への抵抗はGHQ/SCAPの承認を考えると無益であることを政党が悟ったためであり、政党は、したがって、改定反対運動に適切な時期を待つほうが賢明であると考えた。[406]

確かに、日本の保守政治家は、彼らが批判を受けた類の戦略的思考ができた。同様に、占領当局もこの種の粉飾に気づいていた。しかし、問題は、保守主義者の新憲法支持の背後にあった動機はどれほど重要だったのだろうか。すなわち、保守政党は、新憲法を純粋に支持したのか、当面は有益だと見たためにそれ

第4章　新しい日本の針路を定める（1946年春）　105

を支持したのかは占領側にはどうでもよいことだった。重大な問題は、占領当局が日本の保守主義者を通じて憲法改定の進展を導き支配できると信じたことである。さらに、保守派は、政府草案の起源としての占領側の役割を扱う噂と共に、GHQ/SCAPをたとえばFECの批判に対し脆弱にした新憲法を公然と攻撃することは控えた。

　さらに、保守派が憲法草案を承認することは賢明ではなく、また、おそらく容易でもなかったと主張することができるかもしれない。GS草案は、保守派の反動的特徴の説明に以前使用された問題である、天皇の支持と保護を合法と認めた。したがって、憲法改定の平穏な達成は、占領指導部と保守政党の共通の目的として出現した。[407] 換言すれば、憲法関連問題が占領目的に適した政党の再編を目指す占領側の中心的試験だった場合と時期に、保守政党の成績は良かったと言える。

4.2　保守派が選挙に勝っても、延期はなかった

　1946年4月に行われる最初の戦後の衆議院選挙は、民主化行程の成功を実証する大勝利であると思われた。進歩と日本の精神的革命の表れと見なされ、選挙が中断なしで進むことが重要だった。

早期の選挙に対する反対

　JCS 1380/15（日本占領と管理のための連立国最高司令官宛ての降伏後の初期基本指令）は、極力早い実行可能な日に自由選挙を行うようGHQ/SCAPを促していた。[408] できる限り早い日の定義は、簡単ではなかった。代わりに、それは、さまざまな利害と狙いを反映する問題だった。1946年1月に衆議院選挙を行う最初の計画は放棄され、1946年1月4日のパージ指令から影響を受けたかどうか判断する候補者の調査によりさらに遅れた。候補資格の検査は、1月30日に始まった。[409] 日本政府の適格審査委員会は、出馬を許可される者を選抜していた一方、GHQ/SCAPもそれ自体の準備をしていた。次の選挙の重要性は、選挙法と選挙監視に関する義務の問題でGS高官から支持を受けていた軍政部高官へ強調されていた。[410] さらに、GHQ/SCAPは、候補が記入し、日本政府が確認した

アンケートを再調査した。[411]

　3月31日から4月10日へ選挙を延期することは、1946年2月25日に決定された。自由党はそれに対しやや批判的態度を示したが、この決定は大政党によって承認された。批判は、遅れると日本国民に不安が続くだろうという主張に基づいていた。しかし、早期選挙を行う自由党の意欲は、それを延期する進歩党と協同党の意思につながった可能性が高い。後者の2政党は、パージの後自らの再編に時間を要した一方、自由党の受けた被害は比較的小さかった。他方、早期選挙の構想に全面的に反対していた共産党は、10日の遅れは無意味だと考えた。[412]

　民主化行程の平和で安定した進展を実証しようとする占領当局の熱意にもかかわらず、日本の状況は投票日が近づくにつれいつまでも平静ではなかった。選挙の3日前に、7万人の左翼デモが東京の日比谷公園に集まった。集会によって刺激され、約5万人が首相官邸へ押しかけ、群衆が官邸の門を破り侵入した後、警察はピストルを発砲せざるをえなかった。結局、米国憲兵が介入し、秩序を回復しなければならなかった。最後に、共産主義の指導者徳田球一が率いる代表団は、官邸に入ることを許可された。[413]

　FECは、選挙の時期に関して日本共産主義者の見解を共有していた。その委員会は、マッカーサー元帥へ書簡を送り、総選挙を遅らせることを求めた。FECの批判は、次の3つの主張に基づいていた。第1に、早期選挙は、リベラルな分子がその見解を広めて支持を組織する十分な時間がないため、古い反動政党に有利になると見られる。したがって、選挙結果が自由に表現された日本人の意思を反映せず、その結果は、最高司令部が協力しかねるものになるおそれがあった。第2に、FECのメンバーは、日本の将来の経済構造全体にまだ疑問があった既存の不確かな期間に、日本人が政治的将来の見解を表明すると期待するのは難しいと考えた。最後に、選挙のわずか数週間前の憲法草案の発布は、混乱を生じると考えた。草案の発布は、この草案を望む政党に不当な政治的利益を与えるおそれがあった。[414]

　こうした主張により、FECは、マッカーサーが彼らの懸念を共有するか知りたかった。すなわち、マッカーサーは、選挙を延期することが可能であり望ましいと考えるだろうか、また、延期に同意しない場合、次回の選挙が責任ある民主的政府を作る日本の能力のテストだと見なされ、後日さらに選挙が行われること

第4章　新しい日本の針路を定める（1946年春）　*107*

になると進んで公に定めるか否かである。[415] マッカーサーは、3月29日に答えたが、3つの提案はすべて無効であるとした。[416]

　しかし、マッカーサーの計画に反対したのは、FECのソ連代表だけではなかった。マッカーサーの旧友でありFECの委員長だったフランク・マッコイ（Frank McCoy）少将でさえもマッカーサーを批評し、FECの急送公文書の直後に彼自身のメッセージを送った。マッカーサー宛ての彼の個人的覚書の内容は、憲法草案が政権党に有利な影響を及ぼす選挙問題である事実に言及した文章を除き、委員会のものとほとんど一致していた。マッコイに対するマッカーサーの回答は、彼がFECに与えたものとほとんど同一だった。今回、彼は、選挙の延期は共産分子のみが支持したと付け加えただけだった。FECのメンバーは、マッカーサーの措置は耐え難いものであることを知り、日本の出来事と状態を報告するため代表をワシントンに送ることを彼に要請した。マッカーサーは、1946年5月4日にようやく回答し、誰かを送ることを断った。米国務省は、マッカーサーにその見解を変えさせようとしたが、結局、彼らは、5月29日にFECへマッカーサーの反応の鈍い書簡を急送せざるをえなかった。これは、最初の要請から1カ月半以上後だった。[417]

　海外の報道も、早期選挙を批評した。特に、ソ連の報道機関は、衆議院の選挙の民主主義的特徴を攻撃した。選挙の早い日取りは反動勢力に有利だと考えられた。さらに、批判的論調がたとえばニュージーランドとイギリスに現れた。[418]

　低い投票率も早期選挙に反対意見を述べる国内の心配事のうちの1つだった。4月10日に、国民の50-60パーセントしか投票へ行かないと推定された。さらに、せいぜい女性の投票者の半分しか投票へ行かないと予想された。政治意識のある女性の数はわずかであり、女性の投票者のほとんどは、世帯主の政治的知識に従うと予想された。同時に、特に進歩主義者と自由主義者は、女性の投票者に無関心な態度をとったと言われた。高い棄権率に関する噂も警告されていたのは、これが実現すると民主化前進の証拠としての選挙の信頼性が問題になるためだった。[419]

政党政治を超える政治的手腕

1946 年春に行われた評価では、立案期間から始まった当然と考えられる日本の政治家と政党政治家の区別がどのようにまだ GHQ/SCAP 内部に存在したか明白に示されている。要するに、ある日本の保守主義者は、占領側の目には別の保守主義者ほど良くなかった。POLAD のシーボルドは、彼らによって形成される政党と衆議院の力量を繰り返し問題にしていた。[420] 同様に、立法支局のトップであるガイ・スウォープは、1946 年 1 月中旬に非提携国会議員の大規模な代表制が望ましいと結論付けていた。大政党代表制は、利己主義の政治指導者を生み出す結果にしかならないだろう。[421] したがって、政党とのつながりのない政治家は、多少利己主義的にならないと主張された。

政党政治家の噂されている政治指導力不足と、その立証としての戦前の歴史の使用は問題として残っていた。シーボルドは、戦前の政治行動を近い将来の日本の民主主義の予想されるパターンの指針として使用できるかもしれないと結論付けた。シーボルドの分析によれば、政治家は国会外部にはいたが、わずかの例外を除いて、戦前の国会は政治家に相応しい建設的な指導力を持ち行使した政党議員を欠いていた。さらに、彼はその後、戦前の政党をその不適性、腐敗、能力と具体的計画の欠如を理由に型通りに批判した。シーボルドは、こうした欠点を修正する政治教育の重要な役割を伝え、それが有効になるまである程度の時間がかかると予想した。[422] CIS の報告書 [423] に繰り返されたシーボルドの結論は、政党の政治指導力の存在を否定し、古い知日派の論議に続くものであるが、そうした能力は国会外部に出現したことを暗示している。

こうした考え方は新しいものではなかったが、話題にはなった。政党政治と政治家的手腕との差は、鳩山一郎と幣原喜重郎の比較で示された。選挙の前に、将来の内閣の陣容に関する 2 つの有力な見方があった。ある噂では、選挙後も幣原内閣はその政治生命を維持しようとすると主張した。新聞は、幣原男爵と進歩党との選挙後の提携を提案する政局談を発表した。楢橋渡内閣官房長官は、幣原が進歩党党首に就任するかもしれない政治工作の背後にいる重要人物であるとされた。その後、幣原は、自由党と協力関係を構築し、彼の支配下の連立内閣を作ることができた。[424] もう 1 つの噂は、進歩派、リベラル派、協同派、社会主義

右派の分子を含む新党が、幣原首相職を支持するため確立されつつあると述べていた。[425]

　選挙後の連立形成に関する思惑の他の主な関係者は、自由党総裁の鳩山一郎だった。鳩山自身は、4月4日に新聞に公式声明を出し、選挙結果に関する自由党の楽観論を宣言した。リベラル派は、進歩派と無所属派と共に、十分な社会主義右派が彼らに合流し、自由党多数派の政府が可能になるか、またはリベラル派が主導する連立政府が同様の勢力で確立されるだろうと予想した。鳩山は、社会党内の内部問題を予想し、社会党右派の支持を信じていた。鳩山はまた、社会党右派指導者に閣僚の器を持つ政治家が存在すると示唆したが、そのような重要な地位に適した政治家が進歩派の集団に見いだせるか疑念に思っていた。[426]

　二人の最有力候補から新しい首相が選ばれるなら、POLAD のシーボルドは、彼の好みを隠さなかった。シーボルドは、現職の党首の誰でも首相の地位の遂行に必要な属性である指導力を有するか疑問に思っていた。さらに、彼の報告書で、次のようにやや率直に比較していた。すなわち、「幣原男爵の明白に偉大な名声と非の打ちどころのない性格と比較した鳩山の過去の取引の脆弱な性格」。[427] さらに、幣原は、最高司令官の支持も受けていると考えられた。[428] 実際の出来事から 20 年後に、シーボルドは、その著書の中で、パージによってトップの地位に利用できる能力を持つ日本の指導者は少数しか残らなかったが、傑出した二人の男が重大な時期に日本に必要だった安定性を国家にもたらしたと結論づけた。一人は幣原喜重郎であり、もう一人は吉田茂だった。シーボルドは、これらの二人を「我々の良き友人」だった愛国的日本人だと評している。[429]

　楢橋渡の主張はまた、占領当局が現職の内閣を支持したことを示唆している。楢橋は、回想録の中で、選挙寸前にパージを宣告された大臣のために占領当局へ訴えた時、GHQ/SCAP は、後継内閣に関する合意に達する前に幣原内閣に辞職しないよう励ましたと主張している。楢橋によれば、彼が危機を解決するよう勧告された。彼が、それは第一党党首の仕事であると主張した時、GHQ/SCAP 代表は、党首を失脚させてもよいと言及した。楢橋は、幣原がその提案に反対したが、彼は、続けることに決定し、4月11日に幣原内閣は辞職しないと宣言したと主張している。[430] 楢橋の主張はやや不明瞭で、おそらく彼の個人の関心が動機であり、それは 1946 年春に起きた進展と適合している。ヘルガーズの所見と、

自由党の河野一郎幹事長の主張によると、楢橋の占領高官との非公式な個人的接触は、春の間に静まる徴候を示さなかった。[431] したがって、占領当局が政権にとどまるように幣原に助言することを実際に望んだなら、楢橋は有望な仲介者だったことになる。

　結局，楢橋は選挙後の内閣の危機を解決することができず、一年間は政治的隠遁に終わった。これは、彼が一般国民、彼の保守的同僚、占領当局をいらいらさせたからだった。日本の新聞と政敵は、彼が幣原政権を維持しようとしたため、楢橋を批評した。社会党の指導者は、楢橋については一切良く言わず、[432] 保守派は、楢橋が地位に二股をかけ、幣原や鳩山が次の首相になろうがなるまいが内閣官房長官として自分の地位を確保しようとした後で彼を攻撃した。[433] 楢橋は、GHQ/SCAP の彼の友達が彼を保護するだろうと自慢したが、[434] 占領当局は、彼の友情が重荷になってきたので、同様に楢橋との距離をとり始めた。

　保守政党の支配と鳩山の望ましからぬ性格に関する想定は、党の財源と選挙予算に関する研究を通じて強まった。研究から、自由党は選挙戦を有利に進めており、鳩山は、党の選挙資金の過半を個人的に提供していると主張された。[435] この金は、汚いと噂された。すなわち、秘密情報の提供者は、鳩山が、彼が首相として指名された後に便宜を約束した資本家グループとつながりがあると主張した。内閣官房長官楢橋は、鳩山とこのグループの仲介者と言われた。[436] こうした告発が信じられたか否かを問わず、それらは鳩山のイメージをクリーンにはしなかった。さらに、進歩党の問題は、選挙資金の場合に現実になった。同党は、内務省統計では同党の資金が３月後半に急速に増加したことを示したが、一般政党資金からその候補者を支援する計画を放棄したと報告された。[437]

　鳩山のイメージに対する選挙前の最後の打撃は、シカゴ・サン特派員マーク・ゲインが 1946 年 4 月 6 日に用意した出来事の後に到来した。鳩山は、他の大政党の指導者と共に、東京記者クラブの祝祭行事に招待された。最初に、党指導者は、党の綱領と憲法について質問を受けたが、結局、その行事は鳩山に対する辛辣な攻撃になった。この攻撃の中心にいたのはゲインで、占領高官から 1938 年公刊の鳩山の著書『外遊日記・世界の顔』の翻訳された写しを受け取り、その一部が他の海外特派員へ配布された。ゲインは、野蛮行為として続いた尋問について記述している。混乱した鳩山は、彼の英語と格闘し、その著書と、慎重に選択

された率直な行句の内容と自らを切り離そうと努めたが上手く行かなかった。[438]

　アーカイブの情報源から、記者クラブの出来事の3日前にCI&Eのドナルド・ニュージェント中佐がOCCIOへ秘密報告書を送ったことが明らかになっているので、ゲインの情報源はCI&Eにあったかのかもしれない。この報告書には、世界の顔の抜粋と、鳩山をパージして自由党を解散するか研究すべきであるというニュージェントの結論が含まれていた。ニュージェント自身は、著書の抜粋は鳩山が不利になる証拠となると考えた。彼は、鳩山の戦前の見解が世論に重要な影響を与え、それらが世界征服へと日本人を惑わし誤って導く手助けをしたと想定されるかもしれないと述べた。[439] ニュージェントが資料をゲインへ渡したか否かを問わず、彼の苦情は鳩山に対する保守派の反共産主義者による評価の一例である。

保守派勝利の想定可能で受入れ可能な選挙結果

　マッカーサー元帥は、選挙を延期する圧力に屈しなかった。代わりに、彼は、1946年4月10日に国務長官へメッセージを送り、早期の衆議議院選挙を支持する統一されたアメリカの姿勢の重要性を強調した。最高司令官は、おそらく進歩党、自由党、およびさまざまな独立グループの候補者から大多数の新しい国会議員が選ばれるだろうということを認めた。しかし、これは誤解すべきではなかった。

　マッカーサーは、日本人の心理と既存の状況を理解する必要があることを強調した。アメリカ界隈には、共産主義といわゆる社会党左派を日本の唯一の真のリベラル分子とみなす者もいたように見え、彼は失望した。マッカーサーは、進歩党、協同党、社会党が唱導する原則を慎重に精査し、民主主義の発展に有害だと婉曲にみなされるおそれがあるドクトリンを明らかにすることができなかったと述べた。共産主義者と非共産主義は明確な一線で区別された。この線は、ソ連と共産主義指導者が日本で誤用した民主的や反動的のような用語とは無関係だった。[440] 鳩山一郎が民主主義に対する非共産主義者の貢献者の中に言及されていないことは注目に値する。もう1つの興味深い点は、マッカーサーの国務省宛てのメッセージの言葉遣いがPOLADに由来することである。[441]

　しかし、なぜ占領当局は、批判にもかかわらず早期衆議院選挙をそこまで頑

なに行いたいと考えたのだろうか。FEC の介入なしに憲法採用を強制したい思いが、明らかに決定の背後にある１つの理由だった。新国会が早いほど、憲法問題の議論を早く開始することができたのだろう。その上、憲法発布のため特別憲法制定議会を組織する国内の動きもあった。さらに、万一議会が憲法を承認すれば、この潜在的に面倒な事態を回避することができた。換言すれば、占領当局は、帝国議会ができる限り早く憲法を制定することを優先した。[442)]

　憲法草案は、候補者は選挙運動の演説であまり頻繁に言及しなかった。[443)] しかし、より重要なのは、選挙の主題としての憲法の役割に関する占領当局の概念である。ホイットニー少将が 1946 年 2 月 1 日に、マッカーサーには憲法改定を進める権利があることを合理化したとき、彼は、憲法改定を次の選挙の潜在的に基本的な問題と呼んだ。[444)] 同様に、マッカーサー元帥は、憲法改定の問題に関する国民投票として衆議院選挙を行いたいと考えた。彼の後の分析で、マッカーサーは、この試みは成功したと自ら考えている。[445)] したがって、占領側の指導層は、新憲法に共感的な者の選挙の勝利がまた、憲法自体の一般的な支持を表すと考えた。

　早期の選挙を行うことを撤回しないもう一つのあり得る理由は、占領を自身の両手の中で意のままに操りたいというマッカーサーの意志である。この問題で屈すると、勢力均衡が FEC の方へ変わるおそれがあった。さらに、衆議院選挙の問題は、マッカーサーの米国務省と陸軍省との関係の性質さえも示す。結局、マッカーサーは妥協し、わずか数週間で憲法を国会で通す計画を放棄した。[446)] したがって、日本の国会は草案を改定できるようになった。それにもかかわらず、政治情勢は、選挙前の討論と 1946 年 6 月 21 日の第 90 回帝国議会開催の間に大きく変わっていた。

　しかし、これらは GHQ/SCAP が論争の的だった選挙を行いたいと考えた唯一の理由ではなかった。日本の根本的改革を支持した親中派のトマス・ビッソンは、早期選挙の支持者が軍国主義者と超国家主義者のパージは、市民の自由の確立と相俟って、自由選挙への道を開くために必要だった全てのものだと考えたと主張した。その上、彼は、一方の社会主義者と共産主義者の間の強い中道政治勢力の欠如と、進歩党や自由党の極右的見解が、占領側に後者と早期選挙を優先させたと主張している。[447)] ビッソンの占領方針の説明は意図的に批判的に見える

第 4 章　新しい日本の針路を定める（1946 年春）　*113*

が、保守政党の適合性や、少なくとも受入れ可能性に関する彼の分析は正しい。選挙前の状況で、保守政党は、最初の政党に基づいた戦後の内閣を指導する、目に見える唯一の現実的な選択だった。占領当局は、それらを受け入れる準備ができていたが、受け入れるには後で論じる一定の人事異動が必要だった。

　占領当局の間の高まっている反共産主義の感情は、確かに予期される保守的な勝利にもかかわらず、早期選挙を進める意欲の説明には成り得た。すなわち、反共産主義イデオロギーは、POLAD の一定のメンバーが公然と繰り返していた。1946 年の初めから、米国務省は、一般の論調が初期のものと異なる日本の政党を取り扱った報告書を受け取った。ヘンリ・オイナス・クッコネンは、「ビショップの攻撃」のタイトルに基づき POLAD の政治的立場でこの変化について議論した。[448] この定義は、G-2 と緊密につながっていた政治問題渉外担当官、マックス・ビショップを指す。[449] ビショップは、いわゆる親日派の見解を代表していた。彼は、日本の戦前の経験と共に、元日本語士官だった。

　2 月中旬に、ビショップは、社会党左派を大いに批判した分析を賞賛した。ウィロビーの G-2 は、社会党を闘争的プロレタリア政党へ転換しようとした左派に関する主に警告だった分析の起源である可能性が高い。さらに、ビショップは、選挙の当日に積極的に行動し、非共産主義的な日本政治を勢力的に擁護した国務省へ反共産主義・反ソ連の電報を提出した。[450]

　POLAD のロバート・フィアリーは、ハーバードで訓練を受けた日本専門家で、ジョセフ・グルー大使の元秘書官だったが、ビショップの共産主義に対する偏見を共有していた。フィアリーは、日本に関する米国安全保障の権益と政策に関する彼の再評価で、既存の親米的、民主主義擁護、反ソ連、反共産主義的傾向は完全に逆転しかねないと警告した。増大する共産主義の脅威は、彼の思考の中心的テーマであり、1 月 4 日のパージ指令で追放された多数の人物を再登場させることは、こうした進展を防ぐために取る必要のある長期的措置の 1 つだった。[451]

　ビショップとフィアリーと共に、シーボルドはまた、1946 年春の共産主義者の活動による懸念の徴候を示した。シーボルドの批判は、共産党の活動に新聞が割いた大きなスペースに関する右派の社会党、自由党、進歩党の連続的苦情を取り扱っていた。シーボルドは、この大量の共産党情報の 1 つの結果は、極左に対する反作用として超国家主義熱が再び高まることを促進するおそれがあるという

保守派の日本人側に増大する不安であると主張した。シーボルドは、赤旗に加えて、読売と朝日も、共産主義プログラムと意見がしっかりと合っていると主張した。[452]

　ビショップは、フィアリーやシーボルドと共に、反共産主義勢力を支援することを望んだ。ビショップの考えは、エマーソンがワシントンへ出発した後、POLAD の中でいっそう受け入れられるようになった。しかし、これらの考えは、日本問題局とその主要な高官、ヒュー・ボートンとジョン・エマーソン、および陸軍省によりワシントンで拒絶された。さらに、ビショップの考えは、国務省調査情報局でも批判された。[453] GS は、1945 年 12 月以降の意思決定で主要な役割を果たしたが、マッカーサーの意見とビショップの非共産主義勢力の防衛との一致は、POLAD の意見が少なくともある程度まで聞き届けられたことを明示している。

　政党と政治指導力に関して、ビショップだけでなく全体の POLAD の政策路線も、古い知日派の考え方を踏襲していた。したがって、「ビショップの攻撃」は、実際に知日派の思考のその最も純粋な形の回帰に取り組んだ展開だったように見える。以前に触れた通り、ジョン・エマーソンは、こうした考え方をしていたが、一つの大きな例外としたのは、日本の共産主義者に対する彼の態度と占領のためのそれらの利用法だった。すなわち、グルーはマッカーサー元帥の高官を拒絶し、ドーマンはワシントンで受け入れられなかったが、知日派は、東京の国務省代表内部で引き続き活発だった。したがって、人事異動から生じた POLAD の政治的方針の変化について説明するとき、国際的思潮の変化を強調し過ぎる理由は存在しない。

　4 月 10 日に全てが順調に行った後、最高司令官は、選挙の結果を賞賛することを躊躇しなかった。マッカーサーは、1946 年 4 月 23 日に、日本人は国民の意思を自由に表現する機会を与えられて心から回答し、極右や極左も拒絶したと述べた。彼らは、国民の利益に役立つよう最善に考案された政府の均衡のとれた計画の進展を可能にする広い中央の針路を取った。最高司令官は、したがって民主主義がこのように健全に前進することを実証したと宣言した。この主張を代表する 1 つの興味深い議論は、職業政治家がほとんど消えてしまったという指摘だった。[454] 古い党人派勢力の弱体化は、換言すれば、日本の将来の民主主義に寄与す

第4章　新しい日本の針路を定める（1946年春）　*115*

る要因と見なされた。しかし、無所属候補に対する姿勢は、占領側を混乱させた
ように見える。すなわち、シーボルドが成功した選挙の後で日本の報道機関にお
墨付きを与えたとき、彼は、選挙運動に割かれた相当なスペースと、棄権を最小
限に抑える強い論調のためにだけに感謝したのではなく、さらに、新聞は政党の
路線に沿った投票が望ましいことを強調し、無所属派を回避するように投票者に
促したと述べた。[455]

　不完全な選挙人名簿は選挙後に批評されたが、共産党だけは、名簿問題を理由
に再選挙を要求し、選挙を承認しないと表明した。したがって、保守派は、占領
側の大いなる瞬間の栄光を否定しようとはしなかった。シーボルドは、選挙結果
が大多数の日本人は生来保守的であることを示すと結論づけたが、政治的経験に
欠ける社会党側に投じられた大量の投票は、多くの国民が変化を望む底流を示す
ものだと強調した。[456] 社会党が賞賛された占領の最初の数カ月間からの伝統を引
きずっているが、その全盛期はいずれかの将来になると考えられた。

　選挙に抗議した共産主義者に対するアチソンの攻撃は、選挙の無傷のイメージ
の重要性をよく示している。アチソンは、日本共産党の路線がモスクワから指示
されていることさえも示唆した。[457]

　要するに、GHQ/SCAP は、社会党や他の改革派側グループが選挙で主導権を
奪取することを真剣に望みもせず、予想もしていなかった。保守派が選挙に勝つ
ことは周知であり受け入れられていた。確かに、GHQ/SCAP 内部の誰もが保守
派を完全な相手だとは見ていなかったが、それらは、占領目的には十分間に合っ
た現実的な選択と見なされた。したがって、占領当局は、次の国会での保守派の
優位にもかかわらず、前進することを決定した。さらに、占領当局は、既存の保
守政党を率いていた古参党人派より一定の無党派関連の保守派を容認していた。
しかし、この問題は解決可能だった。

4.3 保守派は合格で、鳩山は落第だった

　1948 年に、GHQ 調査アナリストのケネス・コルトンは、鳩山グループには 1937 年から 1943 年までの保守グループのうち、最善で最もクリーンな法定記録があったと記した。[458] さらに、非軍事的活動の歴史に、鳩山と彼の同志は、軍国主義の影響が高まる思潮に対し議会政治を強く弁護したため、戦時の日本の支配権力に対する一般的に望ましからぬ人物と認識されていた。[459] それでも、鳩山と彼の追随者の多くは、1946 年 5 月から 6 月にかけてパージされた。

　冨森は、少なくとも保守系政党人の取扱いと比較したとき、GHQ/SCAP がパージ中に官僚を寛大に扱ったと主張する。この柔和策によって、官僚出身者が保守政党の指導者として出現できるようになった。さらに、彼は、三木武吉と河野一郎のパージと共に、鳩山一郎のパージによって、官僚出身者が選挙に勝利したばかりの自由党で権力を奪う余地が空いたと主張する。[460] 冨森が取り扱っていないものは、こうした変化の背後にある懸命な努力と動機づけである。

　したがって、以下では、最大保守政党内部での吉田茂と幣原喜重郎の支配の出現が、どのように実際に占領側の標的指向の政策が重要な役割を果たした複雑な工程の結果だったかを紹介する。しかし、1946 年 4 月と 5 月の選挙後の進展は占領当局が望んだ通りには進行せず、彼らは、政治的な潮流の変化に基づいて政策調節を強いられた。しかし、その結果は、GHQ/SCAP の指導者にとって申し分のないものだった。

鳩山の単独政党内閣の提案に対する険しい道のり

　衆議院選挙の立候補の届け出は、1946 年 4 月 3 日に終了した。わずかの撤回の後、選挙日に立候補しているのは合計 2,770 名の候補だった。これらのうち、2,626 名は以前に公職に就いておらず、97 名は女性だった。政党数は合計 262 になった。大多数のこれらの小政党は、実際には一人の政党であり、無所属派の数は 773 名に上った。パーティー券で立候補している候補者数を測定に使用した場合、自由党は最大政党だった。結局選ばれた者は、140 名のリベラル派、93 名の進歩主義者、92 名の社会主義者、14 の協同派、5 の共産主義者、38 の小党議

第 4 章 新しい日本の針路を定める（1946 年春） *117*

員と 81 の無所属派などだった。決戦投票が、その後 2 つの地区で行われた。466
の国会議員グループには、379 名のニューフェースが含まれていた。元外相で自
由党の新指導者である吉田茂は、選挙から 6 週間後の 1946 年 5 月 22 日に日本
の首相になった。したがって、幣原と鳩山の両者は、首相になるというその大望
に失敗した。

　内閣は、そのスポークスマン内閣官房長官楢橋を通じ、選挙の結果がどの単一
政党にも明白な大多数を与えず、また、内閣は憲法草案の作成をその主な責任と
考えているので、それはその継続的な存在のためにいくつかの政党の支援を求め
るだろうと発表した。この提案に、自由党、社会党、共産党が反対した。その上、
進歩党は、幣原が首相職を辞職するまでその地位を承認する考えを拒絶した。こ
の広い反対にもかかわらず、幣原は 4 月 16 日に、内閣は憲法を進めることがで
きる安定した政治勢力が形成される前に、内閣は辞職しないと述べた。同時に、
楢橋は、進歩党周辺の小政党と無所属派を統一する彼の戦略を追求し始めた。[461]
　しかし、進歩主義者は考えを変えた。楢橋は、幣原を党総裁に据えるために動
いた行政審議会副委員長犬養健と会った。4 月 17 日の朝、楢橋宅で、幣原と斎藤
隆夫は、現職の首相が党に加わり、まだ在職の間は党総裁職に就任するという合
意に達した。[462] 同時に、楢橋は、社会党右派に接近しようとしたが成功しなかっ
た。五百旗頭は、この考えが GS から始まったかもしれないと暗示している。彼
は、GHQ/SCAP が社会党の承認を獲得していたと見られる幣原内閣が続くこと
を熱望していたと主張する。[463] しかし、社会党は、政府与党を組織する幣原内閣
の試みを非難し、自由党、社会党、協同党、共産党の最初の合同委員会が 1946
年 4 月 19 日に開催された。同日、芦田均厚生大臣は、内閣を辞職した。最後に、
進歩派は、幣原が全内閣の辞職後にしか指名されないと宣言し、結局それは 4 月
22 日に起こった。幣原は、公式に翌日に新進歩党総裁として就任した。[464]
　幣原は、何時また何故、進歩党合流を決定したのだろうか。特に鳩山が競合
するオプションであるなら、幣原支配の継続と望まれた政党内閣の出現に対する
支援から、幣原の決定が GHQ/SCAP の観点から喜ばしい展開だったことが示唆
される。4 月 10 日に吉田が、G-2 のウィロビー少将を介して参謀長に接近した
とき、彼は、幣原が議会任用の結論が成功した後に辞職するかもしれないと暗示
したが、幣原には進歩党の指導者として提示された地位は引き受ける計画がある

ことを否定した。[465] したがって、事態は不確実な方向へ向かったが、それは占領当局が適切な指導者が議会にいないと信じたためだった。占領当局が介入を決定すれば、政党の名目上の長として持続的な首相職を追求するため幣原に勧告することは、論理的な措置となっていただろう。しかし、GHQ/SCAP の指導を証明する確実な証拠は入手できなかった。これは、驚くべきではない。すなわち、そのような勧告がなされた場合、それは確かに、元来非公式で秘密だった。斎藤隆夫は、彼の 1948 年 3 月 3 日の声明で、幣原の同党への合流要請は突然きたと主張した。[466] したがって、斎藤によれば、幣原は主導権を握った。突然の予想外の心境の変化は、意思決定過程での外部インプットを指すかもしれないが、それは、おそらく圧力が GHQ/SCAP か、たとえば、楢橋の方向から始まったかどうか証明することはできない。[467]

内閣が辞職した後、イニシアチブは鳩山に期待された。最大政党の総裁は、3 つの大政党の連立を目指した。彼の注意は、先ず左翼が社会主義派の首相就任を主張して離脱した社会党に向けられた。三党連立は不可能になったが、社会主義派は、鳩山が進歩派と連立を組まないという条件で閣外の自由党との協力を決めた。片山哲は、4 月 30 日にこの決定を伝え、その後、鳩山は幣原を訪ね、社会主義派の閣外協力取引を得て、単独内閣を組織する決意を表明した。5 月 3 日に、自由党と社会党の最終政策協定に達した。その決定は幣原に伝えられ、彼は現職の首相と彼の後継者を天皇へ推薦することになった。[468]

内閣の危機を観察する占領当局

大政党の相対的強さは選挙前の予測と一致していたが、新内閣の組閣は複雑な過程であることが判明した。4 月 17 日に、POLAD のシーボルドは、情報豊富な日本の政治オブザーバーは、3 つの予想される針路を認識していると報告した。ほとんどのオブザーバーは、自由党、進歩党、社会党による連立内閣を組閣すべきだという意見だったが、誰がそれを率いるか決定することは困難だと見ていた。一部の者は、多数党の党首としての鳩山の権利を強調したが、他の者は、無党派関連の幣原を支持した。第 2 のオプションが新政府与党運動を巡り構築され、進歩党、自由党と社会党の分子、無所属派および適切な小政党議員からなっていた。新しい多数党は、首相として幣原男爵を支持するだろう。社会党は、同

第4章　新しい日本の針路を定める（1946年春）　*119*

党左派が支持する第3の可能性の野党として残るだろう。右翼は、連立に参加し、幣原や鳩山の連立を支持すると見なされても、党の主体性を失うことを恐れていなかった。内閣は、先行きの針路の問題で分裂していると報告された。外務大臣吉田が率いる派閥は、即時の総辞職を支持すると言われていた。しかし、内務大臣三土忠造、楢橋渡大臣、石黒武重大臣は、幣原か三土が率いる新党形成を唱導していると推定された。CISの報告書は、こうした説明を支持した。[469]

　中央連絡事務所の副理事白洲次郎は、政府内の異なる立ち位置を知る1つのチャンネルだった。しかし、反対する主張にもかかわらず、白洲は吉田茂の使い走りだと理解された。白洲は、幣原内閣の政権が続くことは防ぐべきだと間接的に示唆していた。白洲は、辞職しなければ将来の内閣がそれに続く悪しき先例になると警告していた。さらに、辞職しなければ早期選挙の批評家を支持することになり、最高司令官の権力が弱体化するおそれがあった。幣原の辞職拒絶は、選挙が時期尚早であり、日本は通常の議会制政治を実践する準備がまだできていないというメッセージを送るおそれがあった。[470] これらは、確かにGHQ/SCAPで十分認められた要点だった。

　シーボルドは、以前の状況評価から1週間後に、幣原男爵は彼の顧問が進歩党総裁を受けるように促したやり方によって、新聞と政界では相当な批判が幣原、楢橋、石黒に向けられていると述べた。さらに、シーボルドは、4党の反幣原内閣組の背後の主要な勢力として社会党に言及し、鳩山の問題を予想した。彼は、占領本部の人たちは、彼らが鳩山を失脚させる十分な証拠を見つけることができないことは認めるが、彼の芳しくない過去に関するさまざまな申立てより、リベラルな指導者の機会を疑っていたと述べた。シーボルドによれば、GHQ/SCAPが次の首相として鳩山を受け入れれば、ソ連、中国、そしておそらくアメリカの報道機関からの攻撃に対し最高司令部を脆弱にするだろう。さらに、POLADの政治オブザーバーは、社会主義者が次の首相として鳩山を認めないとリベラル派へ伝えていたという情報に言及した。論理的選択はこうして片山だったが、妥協して解決する候補も必要で、幣原も検討されたかもしれない。最後に、シーボルドは、首相職の他の可能性として、3名の新しい名前、つまり芦田均、吉田および尾崎行雄を紹介した。[471]

　GS政党支局も、同様に興味を持っていた。ローストによれば、4月18日と

19日の進展は、進歩党・自由党または進歩党・社会党連立を問題外とし、3党連立はまず起こりそうもないように見えた。逆に、自由党は、実際に社会党の掌中にはまっていた。ローストは、進歩党と鳩山のはっきりしない立場の最新の進展によって、社会主義派の党の原則と一致しないおそれがあるいかなる取引も拒否した社会主義者が強化されたと想定した。[472] したがって、無党派関連の幣原の支配は、不可能でなければ問題だったし、下手に政党へ入れば、強い反作用を引き起こしたであろう。

　その後、片山哲は、目下の政治的潮流を明らかにするためのインタビューを受けた。片山は、可能性のある首相に関する彼の党の意見を率直に表明した。人物として幣原は実現不可能ではないが、政党の指導者としては、彼は承諾しがたいと考えられた。鳩山は、彼の支援者より取扱いが容易だったが、絶対に承諾しがたかった。さらに、社会主義者は、新政府の中心となるか、さもなければ、閣外に残ると主張したが、彼らは、それを切望して進めようとはしなかった。代わりに、片山は、将来の首相が党の経済政策に従うだろうと考えて、社会党が進んで協力する優先順に5名の名前を挙げた。そのリストに含まれていたのは文部大臣安倍能成、吉田茂、芦田均、幣原喜重郎、三土忠造だった。しかし、後者の2名は、彼らが進歩党から離脱する場合に限り、受け入れることができた。片山に関するローストの最終評価は実際に肯定的であり、彼は、首相職に関する提案は筋が通っており、さらなる調査に値することが分かった。[473]

　片山は、誘惑的に見えたに違いない内閣の危機からの脱出方法を示した。それにもかかわらず、次の内閣の構成は、急速な変化には微妙な問題だった。片山からちょうど4日後の4月23日に、政党支局は社会党の西尾末広をインタビューし、また、好ましい組閣については既に若干の調整が進んでいた。政府を設立する新しい詳細な計画は、社会党、自由党、協同党周辺で構築されていた。社会党は、目下片山の首相職のために交渉中で、妥協として宮内庁長官松平恒雄を押していた。西尾は、鳩山が失脚させられるだろうと想定し、社会主義者が片山を提案しリベラル派が吉田を主張する状況では、松平が選ばれる機会は十分あると考えた。党は、首相としての安倍の構想については冷えており、片山、吉田、芦田以下に彼を評価していた。リベラル派の候補のなかで、吉田は、他の誰よりも優れており、社会党は、彼の下で自由党と協力する準備ができていた。最後に、西

第 4 章　新しい日本の針路を定める（1946 年春）　*121*

尾は、政界での彼自身と彼の党の位置を明確にし、鳩山との綿密なつながりを否定し、ソ連と共産主義者の圧力に関する懸念を表明した。[474] 西尾は、換言すれば、内閣の危機は解決可能であり、鳩山一郎という 1 片をパズルから取り除けば、新しい 3 党内閣の主な障碍は消えるだろうと暗示した。鳩山に代わる保守派の名前は、確かに占領側にとって現職の自由党総裁よりも容易だった。

　わずか数日後に、同じ認識がいっそう直接的に表明された。4 月 25 日の夜、協同党の井川忠雄はローストを訪れ、連立交渉の行詰まり状況の原因として鳩山の役割を強調した。ローストは、次のように結論を下した。すなわち「社会主義者は、リベラル派の協同を犠牲にしてまで鳩山を取る気がないため、鳩山がパージされるか否かを知りたい気持ちが全ての関係政党に高まったが、理由はその場合には問題が自動的に解決されるからである。したがって、日本政府は楢橋幹事長を通じ、彼らが SCAP へその事例を返上すると 2 度にわたって述べていたため、井川が SCAP の鳩山の事例に関するヒントを求めにやって来た」。[475] したがって、日本側は、GHQ/SCAP 内部の多数が既に支持していた措置を今要求していた。しかし、残る問題は、鳩山をパージすることができる妥当な理由の欠如だった。

　競合する政党の批判的論調に加えて、河野一郎は、鳩山内閣を組閣できるか、または妥協が必要か、疑念の声を繰り返す派閥が自由党内にもいることを示唆している。河野の解釈によれば、これは、GHQ/SCAP に近い陰謀の声だった。[476] 鳩山へ向けられた GHQ/SCAP の嫌悪の情が自由党内部の障碍として認識されたことは、石橋湛山の日記につけられた印によっても確認される。[477]

　その指導力の下で中道左派政党が協力する準備ができていた、親しい受入れ可能な保守派の出現によって、占領当局の日本の国内政治に干渉する誘惑が高まった可能性が高い。占領当局が日本政府の支配を目にしたいと希望していた適切な保守主義者の指名は、おそらく共産主義者の右派グループの不安を生じることはないと考えられた。それにもかかわらず、占領当局は 4 月末日に鳩山をパージにしなかったと言うよりも、彼らは、非公式な筋を通じ、かつ、日本政府に彼をパージするよう督促して、首相職に固執せずに身を引くよう圧力をかけようとしたが失敗したのだ。

鳩山のパージと吉田の承諾

　白洲と吉田の両氏は、GHQ/SCAP の鳩山の日本の首相になる見込みに関する不吉なコメントを送信したが[478]、彼は、内閣の低い地位を受け入れることに気が進まず，単独内閣を組織する計画を進めた。幣原は、鳩山を選ぶ請願を持って皇居に入った。その後で、後継内閣の選択に関する国書を提出するため GHQ/SCAP に赴いた。しかし，鳩山が最高司令官の指令によって既にパージされていたと宣言するホイットニー少将の回答は、幣原の試みを無効にした。[479]

　鳩山の運命に関するさまざまな GHQ/SCAP 部局の公の議論と舞台裏の交渉は、占領の始めから継続しており、4 月末日に高まっていた。たとえば、スターズ・アンド・ストライプスに鳩山の政治的アンケートが発表されたため、思惑は熱気を帯びた。そのアンケートは、外国特派員には制限された日本政府のファイルに属していた。明らかにされたへつらいのない情報は、鳩山の首相の希望を傷つけると考えられた。[480] さらに、曖昧な金脈に関する噂が再び飛び出した。鳩山と楢橋は、こうした申立ての最も一般受けする標的だった。[481]

　鳩山を巡る論争は、1946 年 4 月後半と 5 月前半に頂点に達した。第 1 に、OCCIO の高官は、鳩山に関する 1 月 4 日の指令の適用可能性を取り扱った覚書を、4 月 26 日に GS へ送信した。OCCIO によると、鳩山のパージを代弁する要因は次のとおりだった。すなわち、田中義一首相内閣の幹事長として彼の役割、1930 年代前半の文相時代の教育における自由な思想と言論の抑圧、彼の著書『外遊日記・世界の顔』における親ナチズムと親ファシズムの叙述、1942 年の東条選挙の記録の鳩山の選挙文書で記された軍国主義・国家主義的声明、および、その選挙で頭山満と二人の陸海軍将官による彼の推薦である。鳩山の訴訟の弁護は、1940 年の斎藤隆夫事件における言論の自由と軍部に対する反対の支持、大政翼賛会（IRAA）への非加入、IRAA に対する彼の反対、戦争期の政界引退、非推薦候補として立候補した 1942 年 4 月の選挙での彼の強い護憲の主張、翼賛政治会（IRAPS）会員に関する彼の説明、尾崎行雄による彼の支持と、東条内閣へ彼の認知された反対などだった。[482]

　鳩山は田中内閣政府の指導者に受け入れられており、これが拡張主義外交を後押しし、全ての共産主義の活動を抑圧したことは否定できないと考えられた。し

第4章　新しい日本の針路を定める（1946年春）　*123*

かし、鳩山の教育大臣としての活動は、彼に対する無効の議論と見なされた。滝川教授の解任事件を巡る申立てで、鳩山は、イニシアチブを取らず、現行法に基づいて行動した。クレスウェルの解釈によれば、『外遊日記・世界の顔』では鳩山のファシズムやナチズム、いずれの政治的支持も立証できなかった。分析されたさまざまな引用は、証明を申し立てられた内容を証明できなかった。代わりに、往々にして不完全に翻訳された声明は、軍国主義でもなく拡張主義でもない強い愛国的日本政治家を指し示すものだった。同様に、選挙文書はまた、軍国主義や超国家主義の明白な証拠ではなかった。それらは、投票者に立憲政府の嘆願と対をなす彼の愛国心を証明する鳩山の試みと見なされた。黒竜会会長の頭山満と２人の元軍事指導者は、彼の選挙運動文書の中で鳩山の後援者として明白にリストに載っていた。これらの後援者とは対照的に、1942年文書の２番目は、申し分のないリベラル派の尾崎行雄と他の同志が支持していた。鳩山の斎藤隆夫事件での行動は、重要であると考えられた。彼は、民政党に属し、一時的に久原房之助が率いた政友会から離脱した斎藤を大胆にも擁護した。さらに、鳩山は、ほぼ全員がまだ自由党で活動していた彼の身近な同志に、彼の追放に反対するよう手を打った。鳩山がIRAAの会員でないことは、彼の反対者でも認めていたと言われた。鳩山は、短期間IRAPSの会員だったことは認めたが、それは政府の政策に抗議する方法だったにすぎない。さらに、彼は、IRAPSの理事だったという申立てに反駁する。鳩山が真珠湾攻撃の前に活発な政治から身を引いたことは、不完全であると認識された。彼の最初の同交会と、次に他の同様の団体における継続的活動は承認された。さらに、鳩山は、1942年に強い護憲路線をとったと言われ、1943年の東条首相転覆の試みにつながりがあった。[483]

　鳩山の個人記録は、政治取引での政治的な贈賄と関与に関する限り、すこしもクリアでないと認められた。しかし、これらの要因がすべて検討され調査されたとき、クレスウェルは、入手できる記録から鳩山がSCAPIN 550の範囲以内にあることは証明されないと結論付けた。しかし、研究の背後の動機は、鳩山が首相職へ承諾可能な選択かどうか述べるためだった。クレスウェルのこの質問に対する答えは次の通りだった。すなわち、「収集された証拠によれば、鳩山がパージ指令の条項に絶対に該当しないことを示しているが、他方、彼が首相に適格であるかについては疑問があろう。鳩山を次期首相の座から排除することになれ

ば、政党再編を強いるほどの政治的影響を及ぼすであろう。自由党の解体は、自由党内のリベラル派と社会党との提携、もう一方では自由党内の超保守派と進歩党との提携を不可避とするからである」。[484) 鳩山の問題の解決は、全政党分野の構成に影響する要因であると見なされた。クレスウェルの対処方法は、実際的だった。彼は、鳩山をパージする法的根拠はないが、彼の追放は、肯定的結果をもたらすだろうと想定した。

鳩山の事例で利用可能なオプションは、1946 年 4 月 24 日午後に GS に非公式に提出された報告書草案の中で、実際により直接的に表現された。すなわち、「彼が生きている限り、鳩山は日本の政治の一要因になるだろう」との議論は、最終的要約から削除された。同様に次の項目、「彼は、過去数日の不満と興奮をすべて引き起こしたジレンマである。その選択は明白である。すなわち、鳩山の事例は、1 月 4 日の指令の G カテゴリーで彼をパージするか、引き続き日本の政治人生の一要因にするか、2 つの方法のうちの 1 つで解決することができる」である。[485)

GS は、4 月 26 日の報告書を研究したが、異なる解釈に至った。GS の指導者は、鳩山が SCAPIN 550 のカテゴリー G の意味内で軍国主義と侵略の積極的支持者だったと主張し続けた。したがって、パージは、望ましいだけでなく正当だった。[486) 鳩山のパージは日本政府が行ったものではないという事実は、困った事態を引き起こした。ホイットニー少将は、5 月 2 日に、鳩山をパージしなかった高官責任者を追放しなかった理由の説明を政府に義務付ける覚書を提出するよう勧告した。[487) マッカーサーの参謀長は、同日に緊急メッセージを持って OCCIO に接近した。OCCIO は、GS が鳩山のパージを勧告していた根拠となる証拠を握っていると通知された。OCCIO は、即刻調査を行い、鳩山の告発に着手すべきか勧告書を提出するよう求められた。[488)

鳩山に関する GS の研究の絶頂は、フランク・リッツォが「鳩山一郎に関する報告書」という表題の 12 ページにわたる覚書に基づいて彼をパージするよう勧告した 5 月 3 日に達成された。この文書は、その教育と政治的経験が彼に日本の自由主義の大義のために有効に戦う可能性を与えた、政治家として鳩山を描いていた。遺憾ながら、彼は、長い公職の間にこれを遂行できなかった。それと反対に、その報告書では、鳩山が彼の経歴の全体にわたり反啓蒙主義、反動主義、軍

第 4 章　新しい日本の針路を定める（1946 年春）　*125*

国主義の勢力を支援したと主張していた。リベラルか、少なくとも無害である
として OCCIO が解釈した活動は、有罪になる要因として言及された。鳩山の外
交・国政における欠点の紹介に加えて、覚書にはまた、彼の不適当な性格の証拠
も含まれていた。文書の最終文は、鳩山の好ましい政治的将来に関する問題のた
めの余地は残っていなかった。すなわち、「鳩山の背後には、よく組織され有効
な政治的機構があり、464 の国会議席のうち 140 を勝ち取ることに既に成功して
いた。彼の背後にあり、彼と密接な関係があるのは、日本を侵略の道へ導き、同
盟国が固守するすべてに反対する派閥の一部である。首相および反動勢力の指導
者としての鳩山は、それらの分子へ最終的成功に対する新たな信仰を注ぎ、彼ら
の権力の保持を保証し、占領軍の過去 8 か月の業績を損なうだろう。鳩山は、過
去の影であり、少数民族の迫害者であり、侵略弁護の助言者であり、去るべきで
ある。新しい日本には彼のための場所はない」。[489]

　結局、最高司令官が介入を決定されたのは、幣原が鳩山を推薦した後になって
からだった。それにもかかわらず、GHQ/SCAP は、鳩山をパージした英語の指
令 SCAPIN 919 は、勧告より前だったという幻想を作り出すことを望んだ。し
たがって、指令は前の日付にされ、鳩山の首相職に関する最高司令官の見解を吉
田が問い合わせたものに対する回答としてホイットニーが外務大臣へ書簡を送っ
た時となり、ホイットニーは、不必要に本部が幣原の動きを知らず、その時点の
前に SCAPIN 919 を発出したと主張した。[490]

　西尾末広は、彼が 5 月 3 日に新聞記者から鳩山のパージに関して既に聞いて
いたと主張している。同じ会話の中で、その記者は、鳩山がパージされた後、片
山哲内閣を組閣する強い意志が GHQ/SCAP 内にあると主張した。[491] 東京の新聞
にも社会党内閣の要求が登場したが、占領当局は、鳩山パージ後の内閣がどのよ
うに引き続き組閣されると予想するか、公にコメントしなかった。[492] 幣原は、5
月 5 日に片山に会い、社会党主導の連立内閣を組織することを示唆した。社会党
は、最初に自由党、協同党、共産党を含む 4 党連立を構築しようとしていた。そ
の試みが失敗した後、社会党は、1 党少数内閣を目指したが成功しなかった。[493]
GHQ/SCAP が社会党の試みに対する支持を示したか、社会党の少数派内閣の勧
告を保留する幣原の決定に対してコメントしたという証拠はない。

　鳩山の代わりの捜索は、鳩山内閣就任式のために本来手配された会議ですでに

始まっていた。鳩山の追随者が記入することを予想した要件のリストには次の事項が含まれていた。すなわち、GHQ/SCAP との緊密な接触、国際的な受入れ可能性、憲法に対する固い信念と問題を終わらせる能力、皇室との円滑な関係、鳩山の代わりに必要な人格のレベルである。安藤正純と牧野良三は、芦田均を推薦したが、三木武吉は、芦田の幣原内閣における役割に言及し、この提案を拒否した。河野一郎は、松平恒雄を提案したが、古島一雄の名前を挙げた松野鶴平と合意した。古島は、古い党人派で、戦前の政友会からの寝わざ師だった。松野は、鳩山と一緒に、翌日に古島と会ったが、彼は病気のために拒絶した。鳩山は次に、松平を試みることに決めた。しかし、彼は、2番目の競争候補者を個人的に知らず、彼の代わりに交渉してくれるよう吉田茂に依頼した。松平との1回目の接触は有望だった。また、吉田は、公式交渉を始めるように鳩山に提案した。その後、鳩山は松平と会うことで合意していたが、事態は奇妙な転換を見せた。松野は、突然河野に対し、吉田に立候補するようなんとか説得したと伝えた。河野は、この情報を鳩山へ伝えた。[494]

鳩山、松野、辻、河野自身の派閥と、党の新たな針路を知りたいと願う正規党員間を仲介する立場にあった、河野一郎幹事長と衝突する同じ時期に、芦田均は、彼自身の選挙運動を開始した。[495] 河野の最も厳しい批判家のうちの一人は、実際に芦田であり、その日記の中で、党内には彼を党総裁に支持する者が多いと主張し、河野を辻嘉六を通じて働くラスプーチンのような策士だと評した。[496]

候補の可能性がある者から吉田が突然出現したことから生じた驚きは、長続きしなかった。古島と松野は、吉田を支持し、パージされた町田忠治は心から彼を激励した。幣原は、彼に代わって、その考えを支持するように牧野伸顕伯爵を説得していた。吉田の義父である牧野は、既に吉田と会っており、党の政治的経験と支持の不足のために仕事を引き受けないよう勧めた。牧野は、最初は立候補する吉田の考えに合意することに乗り気ではなかったが、結局折れたため、吉田の党総裁職は可能になった。[497] 松野と吉田の間の交渉は5月14日に終わり、河野は、その翌日に吉田の正式な承認を受け取った。[498]

吉田は、彼の回想録に政治的初心者として自らを記述しているが、[499] 彼は、政治情勢を十分心得ていた。彼は、5月15日にマッカーサー元帥へ手紙を送り、彼を次の首相の座に提案する幣原の計画について最高司令官に知らせた。さら

に、彼は、問題に関する元帥の意見を求めた。マッカーサーの回答は短く率直だった。すなわち、彼は、その考えに反対せず、首相職に対する吉田の幸運を願った。[500] 占領当局は、吉田の首相職に活路を開き、それにしたがって日本国民が自ら新首相を選んでいるすでにか弱い主張をさらに混乱させないように注意を払った。

ハリー・ワイルズは、占領側が有名人のマジックに弱く、党代表が選出される領域が制限されたと主張している。彼らは、むしろ吉田と幣原のような外交で名声の高い年長者だった。さらに、元 GS 高官は、日本の政治的策士は、彼らが舞台裏で操作し発言する人物を捜したと主張している。吉田の選択は一例である。[501] コインのこちら側は明白である。経験を積んだ日本の政治家は、望ましい民主改革を実行する適切な指導者を見つけるために占領側が想定していた人材プールを、戦前の穏健派が形成することを理解していた。[502] したがって、日本とアメリカの舞台裏の策士の両方は、自分の目的へ政治を誘導するため、いわゆる穏健派グループの利用を計画していた。吉田の指名で、国の最も重要な大臣の職は、ラッセル・ブラインズの言葉によれば、もう一人の承諾可能な日本人だった男に与えられた。[503]

日本の保守派に関する占領側の政策の一部としての 1946 年 5 月

鳩山一郎のパージに関する目下の解釈は、日本政治家の権力闘争や一定の GHQ 高官の役割の重要性を強調している。幣原が鳩山を早く推薦していたら、パージが実施されていたか若干疑問である。同様に、鳩山を支持する 2 通の文書を GHQ/SCAP へ提出するよりも保留することを三土忠造内務大臣が決定していたら、パージに寄与したと言われている。最後に、楢橋渡は、CI&E と、第 2 の幣原内閣を支援しながら鳩山のパージを促進した共産主義者と一緒に資料を提供したことが注目されていた。[504] 楢橋自身は、心の曲がった利己的な吉田を非難している。[505] 増田は、パージに関する最も完全な議論を提供し、鳩山のパージにおける GS 左派のニューディール支持者の役割を強調している。[506] しかし、他の者は、海外特派員マーク・ゲインが果たした中心的な役割を強調している。[507]

これらの理論はすべて調査に値するが、2 つの重大な質問に注意を払う必要がある。占領指導者は、なぜ進んで GS の指針に従ったのか、また、GS のニュー

ディール支持者は、なぜ最初に1人の保守主義者（鳩山）をパージし、次に別の者（吉田）を承諾したのだろうか。いずれにしろ、鳩山のパージの名目上の正当化はゼロから構築され、類似の創造性を利用すれば、吉田に対しても可能な事例だった。増田だけが、最初の質問に対し注目しないではいられないような回答を提示しているように見える。彼は、GHQ/SCAP が合法化した共産党に対する彼の公然たる攻撃に代表される、鳩山の自信過剰が、占領上層部が GS の側についた理由を説明すると主張する。さらに、占領当局は、GHQ/SCAP の権力および勝利者と被征服者の関係に関する日本人に対する教訓として鳩山の事例を利用した。[508] 最初の観察は特に重要である。公然たる反共産主義の声明は、それらがソ連から始まる批判のドアを開けたので、確かに占領当局を刺激した。それにもかかわらず、鳩山は彼自身の誤り、つまり、自分が蒔いた種から育ったパージの代価を払ったようには見えない。

　鳩山が占領開始後に何を発言あるいは実行したにしろ、彼がパージを逃れるか、1946年5月に彼が首相になる見込みは、存在しないのではないにしろ、ごく小さかった。鳩山のパージと吉田の指名の核心は、占領側の党人派に対する否定的な姿勢と、議会外の党人政治と政治家的手腕の間の対立にある。彼のパージを引き起こしたのは、鳩山が熱心に表明した反共産主義ではなかった。すなわち、実際には、占領の上層指導者はまた、反共産主義だった。いっそう正確に言えば、彼の運命を綴ったのは戦前の政党政治における彼の背景だった。鳩山の場合には、理由はさまざまだが、GHQ/SCAP の上層部はニューディール支持者と合意し、そのパージは望ましく、結局必要であることを知った。これらの2つのグループの見解は、吉田の指名に関して衝突した。チャールズ・ケーディスと他のニューディール支持者は保守連立に反対したが、吉田内閣の出現をマッカーサー元帥とその最も親しい保守的補佐官は心から歓迎した。彼らは、吉田を配置する意志と結局は権力を持っていたのであり、彼は、占領の始まりに最初の政党による内閣を担当する「友好的日本人」の文書で既に推薦されていた、穏健な保守的な政治家だった。

　5月前半の CIS の覚書で、「吉田が率いる政府は、最近の幣原内閣の政策と実践が類似している可能性が高い」と示唆されていた。これは最高司令部が望んだものだった。すなわち、日本国民のいわゆる自由に表明された意思によって支持

される政党内閣下の協力的で反革命的な幣原政策の継続である。新指導層は、社会秩序を保証し、したがって、外部批判から GHQ/SCAP を保護し、憲法改定のような占領改革にしっかりした基盤を提供することが期待されていた。

自由党を改造しつつ吉田を支持すること

公式には GHQ/SCAP は介入しない政策を実行したが、占領当局は、吉田内閣を承諾しただけでなく、それを、たとえば、共産主義者の攻撃から守った。さらに、党人派の影響を削減し続けた。すなわち、官僚政治家の余地を作る試みは、鳩山のパージに関しても制約はなかった。

GHQ/SCAP の保守派支配に対する支援と約束に関するさらなる証拠は、1946年5月20日に得られた。吉田の首相「となる」第一歩は揺れ動いており、鳩山のまわりに集められた党人派によって彼は順調ではなかった。彼は、5月16日に連立を組むために権限を受け取った後に、社会党と協同党との連立を形成できなかったが、純粋に保守的な自由党・進歩党内閣を組閣した。国務大臣としての幣原喜重郎との吉田内閣は、1946年5月22日に出現した。[509] 新しい連立は、過激な左翼分子から直ちに挑戦を受け、占領当局は、新政府に対する彼らの態度を表現することを余儀なくされた。

共産主義者が動員した集団デモは、内閣の危機中に続いた。皇居前広場に人々を集めた1946年5月12日の大きなデモは、25万人が皇居の前に集まりその後首相官邸へ続いた5月19日の「食糧メーデー」の予兆だった。[510] GHQ/SCAP は、切迫した状況に介入し、こうして保守派の支配を支持することを実証した。[511] さらに、6月12日に FEC のソ連の代表は、日本政府の構成が日本の降伏条件下の義務の履行を保証できないことを示唆した。彼は、大臣の石橋湛山、星島二郎、一松定吉、大村清一がパージ指令の条件に該当するので、彼らの免職を要求した。GS は、彼らの状態を研究したが、星島は鳩山との近いつながりのために批評されたが、それ以上の措置は開始しなかった。[512]

鳩山が追放された後、占領当局のキャリア党人派に対する反感が動機となったパージは続いた。占領側は、日本の政治的指導層を改造する意思と手段の両方を持っていた。自由党内部の実権派として彼を継いだ鳩山に最も近い熱烈な支持者は、次の非難の矢面に立たされた。それらのうちの1名は、鳩山宅に住み4回当

選議員の林譲治だった。鳩山の使い走りと評された最初の林は、高知県の占領陸軍高官がSCAPIN 550に基づきパージするよう勧告していた。OCCIOは、林をパージできないことが分かったが、GSは、林のパージを勧告した。結局、1946年5月28日に、その事例は放棄された。しかし、この過程の最も興味深いところは、彼のパージを代弁する主な議論だったように見える鳩山と林の綿密なつながりである。[513]

　自由党の植原悦二郎は、結局パージ不可能であることが分かったが、[514] 河野一郎幹事長と衆議院議長に選出された三木武吉がSCAPIN 550のカテゴリーGに適用可能だと判明したことから、党指導層の残りは厳しい打撃を受けた。鳩山は、これらのパージを前の内閣の陰謀の続きとして考えたが、[515] 増田の解釈は次の3点を強調している。第1に、GHQ/SCAP、特にCISとG-2と一緒にGSは、その過程で主観的な役割を果たした。第2に、公職資格調査委員会、および特にその指導者楢橋渡は、特別の役割を果たした。第3に、吉田は、密かにこれらの2つのパージの両方に参加していた。増田は、吉田が彼自身の党の2名の強力な人物を救おうと思ったら、パージを防げたと考えている。[516]

　増田の行動の針路の説明は詳述されているが、さまざまな行動の背後にある理由と異なる当事者にある可能性に関する彼の読みは、この研究で紹介されたものとは異なる。1942年の選挙で推薦されなかった二名の候補者であり、軍事当局の台頭に対する反対者である、河野と三木のパージは、鳩山のパージの路線の継承であるという主張には賛同できる。さらに、これらのパージは、日本に望ましい政治勢力をもたらす手段として機能した。したがって、増田は、GHQ/SCAPの財産税開始に抵抗したためパージされたという河野自身の説明を放棄しているとき、彼は正しい。[517] 最後に、GSニューディール支持者は、舞台裏の「黒幕」の金銭的利害関係の影響から政界をクリーンにしたいとは考えなかったため、辻嘉六に近かった河野のパージを促したことを疑う理由はない。[518]

　私の解釈によれば、河野と三木がパージされたのは、彼らが自由党内に残る古い党人派の影響力を代表していたからである。すなわち、同党に対し残っている鳩山の影響力である。したがって、そうすることを好んだとしても、新吉田首相は、これらのパージを防ぐことはできなかっただろう。日本政府が一定の日本人をパージすることを求めた文書があるという河野の主張は、日本側からのイニシ

第4章　新しい日本の針路を定める（1946年春）　*131*

アチブを代弁している。しかし、そのような文書の存在は、河野自身の証言にのみ基づいている。さらに、河野は、彼の自叙伝の中で、占領軍は、三木、河野、および第三の人物のパージを計画していたという、彼が林から聞いた主張にも言及している。[519] この主張は、占領当局側は活発だったという解釈を支持している。増田の吉田の重要な役割に関する読みは、新首相はパージに対し最終的意思決定権を持っていたという GHQ/SCAP の文書でなされた主張に多くを依存している。[520] しかし、この場合、無干渉主義政策は死文だった可能性が高く、日本政府が所有した権力の保証は、鳩山のパージに見られるように建前だけだった。

　GHQ/SCAP に既に 5 月 20 日に、三木はパージされるという情報を得ていたが、公式の通知は首相の行動待ちとなっていた。日本政府は、公式に SCAPIN 550 の 9 項に基づく不可欠な人物として三木の免除を要求しなかった。代わりに、三木は、統治のために議会に必要であるという嘆願に関するこの場合の措置を放棄するよう占領当局に促す少なくとも 2 つの努力があった。[521] さらに、1946 年 6 月 20 日に、吉田は、パージされる者を保留する可能性を求め、コートニー・ホイットニーに頼った。[522] 増田は、欠けている公式の要求に対し三木の事例に関する彼の解釈を構築する。吉田が正式に求めていたなら、彼は三木を救うことができたかもしれない。増田はまた、日本政府が決定した一日後に GHQ/SCAP の決定のうちのいくつかに日付がつくため、日本側は占領側の前で別々に作業したと主張する。[523] しかし、鳩山のパージは、それが国内政治に公然と干渉することを強いたので、GHQ/SCAP には恥だったことを思い出すべきである。その後、占領当局は、パージの背後の役割を隠すために最善を尽くした。いずれにせよ、公式文書の開始の前に適切な日本の非公式なチャンネルを通して占領当局の意志を伝えることができた。

　これらのパージを始めた者が誰であれ、GS と G-2 の双方は、それらを支援した。河野が議会に不適な人物であると判断したことが判明した唯一の議論は、1940 年 3 月の彼の国会演説だった。しかしこの演説にも明確に有罪にする声明は含んでいなかった。三木は、4 月の選挙に立候補するための検査に合格していたが、5 月末に、占領当局は、彼に不利に使用できる国会事務局の個人歴ファイルから証拠を見つけた。[524] したがって、ACJ とソ連代表からの圧力はあったが[525]、鳩山、河野、三木の影響がなくなった自由党を記した GS 報告書の満足した論調

から、これらのパージの実際の理由を解釈することができた。[526]

結　　論

　占領当局の 1946 年春の主な仕事は、政党に基づく政府を指導し、好ましい政治的分子が新内閣の席を占めることを確認するため，適切な国内の意思決定者を識別することだった。占領側は、これらの仕事の双方で活動的だった。憲法草案に対する姿勢は、評価で使用される物差しの最も重要なものだった。これは、保守主義者が良い成績で合格するテストだった。幣原内閣は、それ自身の憲法提案として GS の草案を導入した。主な保守政党は、残りの日本人グループと個人と共に、納得のいく草案の作成に失敗したが、彼らは、問題を引き起こすか、憲法上の問題の円滑な進行に挑戦することはなかった。

　GHQ/SCAP は、民主化過程の成功を示すため、早期の衆議院選挙を望んだ。自由党と進歩党の予期された選挙の勝利は、選挙を延期する理由と見なされなかった。すなわち、占領側は、最も重要な改革の安定した進行が確保される限り、政府の一定の弱点や不完全さを受け入れる準備ができていた。さらに、進行を簡単にしたものは、その後必要だと分かった場合、進展に干渉する可能性だった。しかし、マッカーサー元帥は、4 月の選挙から出現するどのような内閣とも協力しようと決心していたわけではなかった。占領当局は、幣原喜重郎や吉田茂のような戦前の政治家の下の保守的支配を求めていたが、彼らは、新内閣の指導者としてキャリア党人派を受け入れるつもりはなかった。

　したがって、占領当局は、幣原支配下で継続する計画が失敗した後、鳩山一郎を禁止することを余儀なくされた。吉田内閣の就任式は、GHQ/SCAP にとって納得のいく解決策だった。最高司令部にとって、吉田茂は彼の前任者と同様の望ましい政治的影響力を代表していた。鳩山のパージと吉田内閣の出現は、利己主義的で腐敗した活動としてまだ見られている党人派に対する望ましい戦前の国会外の政治家的手腕と考えられたものの勝利を表す。したがって、1946 年 6 月の状況は、保守政党に関する占領政策に対する戦時計画の影響を実証するものである。

　占領計画によって定められた針路は、占領の初めに誠実に踏襲され、日本の新指導者は、グルーと同様の精神の知日派が示唆した人々のグループから成功裡に

第 4 章　新しい日本の針路を定める（1946 年春）　*133*

選出された。したがって、グルーが日本の状況と、1946 年夏にケネス・コール
グローブヘマッカーサー元帥が採用した政策を賞賛したのは、驚くに値しない。
元帥は、知日派によって骨抜きにされた国務省からの有害で構想不足の指令にも
かかわらず、グルーを喜ばした政策の成功をやり通した。[527]

無干渉主義から失望へ（1946年夏と秋）

　日本の保守政党は、戦後最初の衆議院選挙に続く改革の渦中にあった。自由党は吉田茂の指導下の鳩山一郎と河野一郎の時代ではなくなっていた。しかし、幹事長としての大野伴睦の選出は、旧体制が続いていることを示していた。さらに、変化は進歩党にも起きていた。前首相幣原喜重郎が党代表になったが、楢橋渡はほとんど1年間政争から消えていた。幣原と斎藤隆夫は吉田内閣に加わっていたが、党の運営は田中萬逸幹事長と犬養健総務会長に任せられた。1946年5月24日に協同党の組織構造が変わり、共同民主党が形成された。この新党は、旧日本協同党と実際の合併に先立って短命な協同民主クラブを設立した2つの小党が融合したものだった。山本実彦が新党の党首を務めた。わずか数週間後の1946年6月15日に、三木武夫と松本瀧蔵が日本民主党準備会と呼ばれる別の新グループを去って協同民主党に参加し、新たな有力なメンバーによって新党は再び拡大された。さらに、1946年7月19日に新政界と呼ばれるグループが出現し、1946年7月19日に参加した保守系無所属派と小党メンバーを統合した。1946年9月25日に、このグループは国民党として自ら再編したが、協同民主党の代表と政党合併交渉を続けていた。[528)]

　これらの新しい組織構造は長続きしなかった。党内抗争が全ての大政党に存在し、多くの無所属派と小党は、より大きなグループがそれらを吸収しようとした時、流出状態を生じた。この混乱は1947年4月の総選挙まで続いた。本章では、4カ月続いた第90回臨時国会で日本の新憲法が公布され、論争の的になった農地改革法案が成立し、国会に関する改革が起草され、政治的左翼がゼネストにより新しい社会秩序の統治と基盤を揺さぶったときの占領当局の保守派に対する政策を紹介する。[529)]

　8月に、2つの競合する労働連合である社会党右翼主導の総同盟とその共産主義的政敵の産別会議が出現した。これらの組織は両方とも、すぐに経済的民主

第 5 章　無干渉主義から失望へ（1946 年夏と秋）　*135*

化を政治的民主化に結び付けた。[530] 吉田内閣は、1946 年 8 月にかろうじて鉄道労働者の深刻なストライキを回避したものの、9 月には船員のストライキの脅威に直面した。ストライキの動きは、さらに新聞、ラジオ、電力労働者の分野へ広がった。さらに、10 月から 11 月にかけて石炭と他の産業同盟罷業が見られた。これらの要求は、主として吉田内閣の野党に集中した政治的方向へ向かった。しかし、すでに 1947 年 2 月 1 日に始まる計画だったゼネストに先立って、内閣は1947 年 1 月 4 日にパージ令の拡大適用に関するトラブルに遭遇していた。[531]

　POLAD が GHQ/SCAP へ統合されたが、日本の政党と政治家に興味を持つ各部隊の組織変更は止まらなかった。POLAD がもはや政党に関心を持たなくなった時 [532]、民生局（GS）政党部門は観察に関する主な責任を負っており、政党に関する半月ごとの報告書を公表し始めた。1946 年 8 月初めに GS 内部で組織構造改革が起こった後、その部門は政党部門と呼ばれた。ピエター・ローストがその部長に、ハリー・ワイルズとベアテ・シロタがその他グループメンバーに留まった。わずか数カ月後に、その部門は政治問題部門と呼ばれるようになった。さらに、GS 内部の労働区分は不明確だった。結局、パージ決定を再検討する仕事は時間を浪費し、1946 年 8 月に新たなパージ部門の設立につながった。そこで新参者は、他の GS 部門に圧力をかけながらその担当分野を解釈しようとしていた。[533] チャールズ・ウィロビーの G-2 は、保守的内閣と政党に対する関心は失わなかったが、GS 部門のものからしばしば外れた政治情勢に関するそれ自体の解釈を提供し続けた。さらに、諜報機関内に組織改革が見られ、1946 年 5 月3 日に G-2 に統合された CIS が 8 月 26 日にウィロビーの命令下で復活した。[534]

5.1　有望な徴候 ── 保守政党の再評価 ──

　GS は、以前の進展を分析し、内閣危機が終わった後、政党分野の将来の見通しを検討した。政党部門の研究は、1946 年 6 月 20 日から 8 月 6 日までに完成した一連の報告書の形をとった。そのシリーズには 5 大政党について記したハリー・ワイルズの論文と、小グループ、無所属派議員、女性の国会議員を取り扱ったベアテ・シロタの論文が含まれていた。これらの報告書は、過去を要約した結論だけでなく新たな時代への出発点と見ることができる。これらの報告書の

中の解釈は、すでに実施された措置を合法と認めなかったばかりでなく、GS 内部の期待を示していた。

鳩山とその腹心から解放された自由党

　最初に発行されたのは自由党を取り扱った論文だった。自由党の歴史のワイルズ版では、鳩山一郎とその腹心である河野一郎にペテン師の役割が取っておかれた。いわゆる鳩山閥は、私的利点を求める実利的政治家のグループと評された。財閥と密接な関係をもつこれらの人たちが自由党を手中にし、また比較的目立たない記録しかない斎藤隆夫とその他保守的議会人、および吉田茂とその他キャリア官僚という 2 つのグループを無視し、さらに政党作りに関与していると言われた。鳩山派は、こうして党を完全に支配した。ワイルズは、次のように結論を下した。「鳩山政権下の自由党は、主として鳩山一郎の野心を推し進めるために作動する個人的政治装置だった」。[535]

　中央集権的政党組織は、鳩山個人の権力のもう一つの現れだと見なされた。ワイルズは、党首として執行委員会、事務局、常任委員会のメンバーなどを指名する鳩山の権力を保証するため、党則の枠組みが作られたと主張した。さらにワイルズは、鳩山のすでに執行されていたパージを弁護し、時間通りに鳩山を排除できないために生じた混乱を理由に日本政府を批判した。ワイルズは、鳩山のパージの後に党の唯一の指導者として河野一郎が出現したと主張し、鳩山、河野、三木武吉の影響から免れた自由党は、進歩党と密接な友好関係に向かう路線にあるかもしれないと結論を下した。しかし、彼は同時に反吉田党派が党内に残っていることを強調し、党内に徹底的な改革を求め勢力を結集する動きがあると暗示した。[536]

　ワイルズの報告書が日本占領期における後半の非軍事活動史、あるいは「日本の政治の新たな方向づけ、1945 年 9 月から 1948 年 9 月」と呼ばれる文書と比較されるとき、1946 年夏の鳩山と河野に対する GS の攻撃の厳しさは明白になる。[537] これらの文書は短くて詳細を欠くだけではなく、それらの一般的論調が異なっている。

　同様に、ほぼ同時期に彼自身の論文を書いた CIS の超保守的日本専門家のチャールズ・ネルソン・スピンクス博士は、同様のやり方で二人組を不利に扱わ

第5章　無干渉主義から失望へ（1946年夏と秋）　*137*

ず、日本の政党に対し月並みな批判を繰り返している。さらに、スピンクスは、自由党を進歩党よりやや保守的ではないと言い、マッカーサー元帥の司令部は、日本の望み通りの再建を達成する上で日本の保守派勢力の能力に相当信頼を置いていた。[538] したがって、なぜGS政党部門がそうした言葉の威力によって攻撃したのか、また仮にあったとしても、どのような類の措置が占領によって取られるよう勧告されたのかは問うに値する。

　占領当局がそうした措置を弁護する必要があること自体は、確かに鳩山と彼に連なる他の者を酷評する1つの要点だった。ワイルズは、5月と6月に行われたパージの措置を回顧して合法と認めた。新しい指導者である吉田茂は、賞賛もされなかったにしろ、批判されなかったことは注目に値する。しかし、古い党の指導者の信用を傷つけることによって、ワイルズは、自由党の吉田の時代の始めを一歩先進とみせかけた。同様に、その報告書は、即時の措置を勧めなかったが、党内部の潜在的な革新運動に言及した。これは、古い望ましくない指導者が一掃されたとき、占領当局のために全ての必要な作戦が遂行されたことを暗示していた。万一ワイルズが自由党により多くの変化を見たいと思ったなら、これは彼にそれらを示唆する時だったと思われる。

犬養健と進歩党内の変化の兆し

　ワイルズの進歩党の起源に関する解釈は、島田俊雄と町田忠治が党形成を鼓舞する隠然たる勢力であり、片や、斎藤隆夫は、彼の戦前の評判のために表看板の最も有力なものだったことを示唆していた。ワイルズは、同党がもとは民政党系と政友会系の閥から成ると論じたが、さらに芦田と安藤が鳩山を党総裁にしようとしていると主張した。この主張は占領当局の文書では目新しく、鳩山の役割を脚色する試みだったかもしれない。パージ前の進歩党の記述は、舞台裏の意思決定を強調していた。パージ後の状況で注目されたのは、斎藤のリベラルな評判にもかかわらず、党首脳部がパージ指令条件の緩和をまだ望んでいる一方、彼が党則とパージ指令順守の開放を要求する党内グループへの参加を自制したという事実だった。さらに、斎藤が批判されたのは、党の総務委員会へこのグループのうちの1名しか指名せず、また政治再生の機会を利用しなかったためだった。代わりに、斎藤は古い町田‐鶴見政策に従い、女性投票者を忘れ、農地と労働問題で

曖昧な態度を取った。これは、たとえば6月中旬に米国務省の評価で賞賛された政治家へ向けられた批判の例外的な爆発だった。[539]

斎藤の弱点に関する記述に加えて、ワイルズは、犬養健の権勢を持ち出した。幣原の子分であり、党内若手グループの指導者である犬養は、選挙後の状況で政治問題を実際に完全に支配していた。犬養のその父親、暗殺された犬養毅、および幣原と密接な関係が記述されたが、民主主義の原則に対する彼の個人的貢献は疑念を持たれた。犬養は党の典型的な日和見主義に与したとワイルズは解釈したが、犬養の才能と将来の進歩党に対する彼の重要性は否定しなかった。さらに、地方支部の政党組織と可能性は、進歩党の場合でも批評された。党の規則や細則も、真に民主的原則を明らかにすることはなかった。しかるに、幣原は批判されず、また党を指導するために取るべき直接介入も勧告されなかった。[540]

興味深いことに、自由党と進歩党の地方政党組織の弱さが、それらに対する政党部門の唯一の意見だった。すなわち、GS地方政府部門のメンバー、アンドリュー・グラジダンツェフ（Andrew Grajdanzev）は、1946年6月の初めにある研究を行ったが、それは自由党と進歩党の地方組織がまだ戦前の政友会と民政党のものと同方向にあるのか解明するものだった。グラジダンツェフは、その後ウィロビーのG-2によって共産主義の潜入細胞と分類されたが[541]、戦後の自由党と進歩党はそれらの戦前の祖先と同等であり、県のそれらの組織保存に成功していたと結論を下した。[542] しかし、保守政党の反動的特徴の説明に使用されたのは、こうした議論ではなかった。代わりに、強調されたのは東京の党首脳部の役割だった。政治のオブザーバーが政党評価の基準に使用するのは組織ではなく指導力だった。これは、彼らがまた、保守政党発展の指針において政党首脳部を支配する重要性も強調したことを示唆するように見える。しかし、地方支部の望ましい構成に関する議論は、1946年秋に党組織内のそれらの役割に関する討論と共に見え始めた。

衰退する協同党と望ましい発展の指標

ワイルズは、協同民主党がその本来の協同イデオロギーの基本から逸脱し、今や専門的保守政治家の手中にあると主張した。北海道からの北勝太郎と北政清兄弟が率いる農業派閥と、都市部の代表者を容認して党の基盤を拡大しようとし

第5章　無干渉主義から失望へ（1946年夏と秋）　*139*

た党委員長山本実と書記長井川忠雄のグループの間の闘争が、報告書の主なテーマだった。報告書は、党指導部からの古い農業派閥の追放で終わっていた。この過程は、三木武夫のような経験豊かな国会議員の招聘に山本の財産を蕩尽したため、非民主的であるが可能だったと説明された。[543]

　ワイルズは、党の再編成が協同の理論からの変更を示すと主張し、協同民主党と提携した国会議員を分析したところ、その強い保守的性質が示されたと結論を下した。GS政治オブザーバーは、その党にファシストの烙印を押した一部の急進論者と合意する用意ができていなかったが、協同民主党はそうした考え方を近代化された用語に隠してはいるが、日本の伝統的理想を支持していると主張した。地主制度と大土地保有保護および天皇制度に立脚する保守派は、公式政党の教本として反共産主義を含むプログラムの一部と説明された。[544]

　協同民主党が小政党の代わりにそれ自身の報告書の中で取り扱われたという事実は、それが主要な政治的プレーヤーと見なされたことを示す。しかし、これは政党部門報告書に見ることができる唯一のわずかに肯定的な論調である。1946年の夏に、協同民主党はその発展の誤った方向に向かっていた。職業政治家の古いスタイルの策略、金権政治および政治信条の死は、党の状況の説明に使用される特徴だった。[545] さらに悪いニュースが飛び込み、7月に党首山本実彦がパージに指名された。山本は彼の指名に抗議し、1947年2月14日まではパージの規定に基づき非難されることが決まっていなかった。しかし、彼は1946年12月までに表立った政治的任務から身を引いていた。[546] 要するに、協同民主党の党員に建設的か、改革に熱心な動きは出てくるとは予想されなかった。

　こうした政党部門の見解の一部は、間もなく明るいものとなった。ワイルズは、保守政党内部のより有望な徴候に関してすでに1947年7月前半に報告していた。最初に、憲法改正をめぐる国会質疑に関するニュースがあった。政府の草案通過を妨害する共産主義者の反対は予想されなかった。しかし、社会党と自由党は、議会手続きの間に修正を主張するだろうと予想された。しかし、憲法問題をめぐり盛んになる議論は、健全な徴候と見なされた。それは、文書が最後に承認された時、意図と設計において基本的に日本語になることを証明する上で役立つと考えられた。[547] 政府草案の著者としてのGSの役割を隠したいと思う一方、占領当局は、一院制国会を支持し、自由主義的経済条項を含めることを要求し、

「象徴」という言葉が「主権者」の代わりに天皇を指すために使用される状況に反対した犬養健の私案のようなイニシアチブを期待していなかった。こうしたイニシアチブは、幣原と党内若手の意見の指標の可能性だと見られた。犬養の提案が進歩的政策の変化を示したかどうかは明らかではなかったが、ワイルズの結論は次の通りだった。すなわち、「いずれにせよ、犬養の提案は、まだ進歩党党員が承諾していないが、政治思想民主化の勇気づけられる徴候である。理由は、犬養の行動が全く自発的で、いかなる方法においても外圧や外部の勢力によってそそのかされたものではなく、日本の政治思考では希な思想の独立を示しているからである」。[548]

　ワイルズはまた、他の大政党内部の民主化運動を認識していた。自由党に何名かの反鳩山と反河野グループがおり、特に若いメンバーのグループは、鳩山・河野の影響力が続くことへ大きく反発していると予想された。たとえば、自由党総裁としての首相吉田の就任式は、反鳩山議員にとって勝利と見なされた。さらに、たとえば、社会主義者の片山哲も政党内部の寡頭政治に挑戦していた。[549] 犬養は、社会党議員と彼のイニシアチブに関して議論し、また、彼の草案は彼らが脱皮し、社会党との距離を縮める進歩党の計画として理解を得ることができる。[550] いずれにせよ、そのイニシアチブは、GSで熱狂的とは言えないまでも暖かく歓迎された。

　GS報告書は保守政党の過去に関する記述に重点を置いたが、それらはさらに楽観論の時期の始まりだった。この時期の顕著な特徴は、すでに以前に議論された評価でそれらの多くは暗示されていたが、二大保守党における党内民主化の動きと、その運動の表看板としての犬養健の急速な出現に対する確信だった。1946年夏に書かれた報告書は、吉田・幣原主導を直接支持していなかったが、酷評された過去に比べ、都合のよいことに新たな進路が出現した。協同民主党は、党内の最近の進展が明白に悪化に向けた段階として説明されていたため、主要な保守党の例外だった。

5.2 楽観論の時代 ── 協力的内閣と進歩する政党 ──

有望な党内民主化の動き

GS は、1946 年秋に政党内部の民主化運動に大きな関心を示した。当時、日本の政党は少数の寡頭政治によって支配された実体と見られていた。したがって、政党組織構造の民主化と自由化は、民主的政党制度が確立される中心にあると考えられた。古いボス支配の廃止に加えて、占領当局は党総裁選に注意を払っていた。すなわち、地方支部の自由と党財源の透明性である。同時に、GS は、小さな政党の数を減らすために、党則と選挙法改定の制定を熱心に促進した。[551]

GS は、パージに関するその意見は変えなかったが、大政翼賛会（IRAA）、翼賛政治会（IRAPS）、大日本政治会（GJPA）は必ずしも「軍国主義」、「超国家主義」、「全体主義」ではなく、日本人個人のパージ可能性を決定するときの基準としてこうした会を使用することは不適切であると結論づけた。[552] 代わりに、パージされた者の活動を説明する積極的論調は強化された。犬養健は、1946 年 7 月 29 日に国会で大胆な発言を続け、政府と経済の両方で四番打者が必要であると言った。[553] 翌日、ハリー・ワイルズは、犬養を二人の偉大な男性から影響を受けた政治家と評した。すなわち、最初に、彼の息子の政治的思考と日常生活の決定を導いた故犬養毅であり、次は、前者の暗殺の後、中国のもう一人の友人であり、彼の父親の親友で、犬養健の政治的助言者となった幣原喜重郎だった。したがって、犬養を首相職の尊敬すべき候補として認めながら、ワイルズは、彼の指導者の能力は弱く、経験を積んだ政治顧問へ依存する傾向は高いと記述した。最後に、ワイルズは、犬養の現在の強みは幣原とつながっていると結論づけ、また、幣原の逝去の結果と、それほど友好的ではない勢力の出現を、それに伴う恐れがあるものとして表明した。芦田均と西尾末広は、幣原に代わり得ると言及された。[554]

西尾の人脈は、1 日後に完成した中旬の月報で詳述された。報告書から、犬養が国会を支配できる政治的同盟を確立するため、西尾と他の社会党右派と協力していることが明らかになった。さらに、その連合には協同民主党も含まれてい

た。しかし、犬養の幣原首相の主張、社会党の完全に社会主義的プログラムの受入れに関する要求、および閣僚の座席の割当を含む3組の問題は、克服できないと考えられた。したがって、吉田内閣辞職の噂にもかかわらず、社会主義者の進歩的な協力勢力は、それに真剣に挑戦しないだろうと考えられていた。[555]

ワイルズの進歩党指導者に関する記述は、1954年に出版された彼の本にある通り簡潔である。ワイルズは、時代遅れの政治的ボスの鶴見祐輔の政党を民主的青年団体として宣伝したもう一人の能弁な宣伝者である鶴見祐輔に等しい犬養を回想しているが、これは1946年秋の政党部門の見解ではなかった。この政治家が政治オブザーバーにいったん植え付けた楽観論を彼らに忘れさせたのは、1947年春の犬養のパージだった可能性が最も高い。[556]

さらに、ジャスティン・ウィリアムズ・シニアがハロルド・クィグリー教授と議論した時、犬養の名前が突然飛び出した。GS法制部門の新指導者であるウィリアムズが、有力な政治家が国会を弱体にして実効のないようにするため熱中していると G-2 の臨時従業員に苦情を言った時、クィグリーは、ただ一名の例外として犬養の名前を上げた。[557] クィグリーは、GHQ/SCAP 内部に大きな影響力はなかったが、これは再び犬養のイニシアチブが肯定的論調で見られていたことを示す証拠だった。すなわち、議会の影響力強化は高く歓迎される進展と見なされた。

G-2 と CIS も犬養に関心を抱いた。実際に、犬養健に関する研究は 1946 年 5月にすでに始まっており、彼の経歴のうち中国の観点に特別の重点が置かれていた。犬養は、1940 年 2 月に辞職するまで 1937 年以降逓信省の参与官を務めていた。辞職は、南京傀儡政府への日本大使の一団組／随行員のメンバーとしての指名によるものだった。1940 年 6 月に、彼は、中国との和平条約交渉のための日本代表に任命された。犬養の任命期間は少々残っていたが、1942 年の選挙で非推薦候補として当選していた。1946 年 11 月 4 日に、CIS は犬養が保守主義派を改造するために熱心に働いていたという結論に達した。彼は、幣原および河合良成と一緒に進歩党を指導すると言われ、社会主義的傾向に深く染まっていると記述された。彼の目標は、社会党より右の大政党の位置へ進歩党の舵を切ることだと言われた。[558]

いわゆる汪兆銘平和運動における犬養の役割を取り扱った CIS の報告書は、

第 5 章　無干渉主義から失望へ（1946 年夏と秋）　*143*

1946 年 11 月 6 日に編纂された。SCAPIN 550 のカテゴリー G の規定に基づき解除された犬養は、内閣の変更があったら必然的に浮上する政治家に対する不確実性の解決に不可欠であると考えらえた。さらに、中庸と左翼の政治家の証言に基づいて、進歩党のリベラルな方向を示す全ての特徴は犬養から生じていると結論付けられた。[559] 犬養健は、言いかえれば、1946 年秋に彼の党を民主主義の方向へ舵を切る肯定的勢力と見なされた。しかし、政治情勢が変わると、中国での彼の活動は 1947 年春には別の目的があると判断されるようになっていた。

　さらに、党内民主化運動の内部闘争と要求は、自由党内にも出現した。ワイルズは、党が深刻な分裂状態にあると結論づけ、名目上の指導者としてのみ吉田に言及した。実際の権力は、平塚常次郎、大久保留次郎および大野伴睦の手中にあった。このグループは、鳩山 – 河野政党組織の政治的な相続人と評された。芦田均は、派閥に対する反乱と見なされ、彼は、脱退と新法との同盟を計画していると主張された。しかし、芦田はさまざまな類の人々と上手く付き合うことができず、彼が若手分子から解離する理由だと言われた。さらに、芦田は、幣原の信頼も欠くと主張された。3 番目の認識されたグループは、栗山長次郎の率いる新入生国会議員によって形成された。このグループは、鳩山 – 河野閥だけでなく芦田の官僚的影響力の大掃除も要求すると報告された。しかし、芦田グループとの一時的提携は、より大きな弊害を打ち破るために可能であると考えられた。GS 政治オブザーバーは、旧来の指導者がこの挑戦を真剣に受けとめると考え、鳩山の政治生命への迅速な復帰へ向けて暗示する吉田、平塚および大久保が流した噂の目的は、分裂運動を徹底的に打ち負かすことだと主張した。[560]

　ピエター・ローストは、1946 年 9 月中旬と 10 月中旬の事態の進展に満足していた。政治家の力は官僚と比較して成長すると報告された。さらに、政府は強い独立した社会意識のある政党の基盤に基づかなければならないことを日本が理解し始めたという徴候があった。こうした前進の一部は、4 月の選挙の前に雨後の竹の子のように生まれた小政党の数の衰退だった。さらに、より大きな党内民主主義に向けた運動成功の徴候があった。進歩党内部の舞台裏の取引きに反対する運動は、既存の政党組織に対する挑戦と見なされなかったが、党の会合で受け入れられた自由党党規の変化は、政党運営の変化を示す明瞭な指標と見なされた。芦田の指導する一定の若手議員の反乱は、執行委員会委員の選任問題におけるよ

り保守的指導者の譲歩につながった。若手議員は、幹事長や党総裁と共に、全ての委員会委員は、党の国会議員が選任すべきだと主張した。彼らは、目的を達成できなかったが、委員会委員の三分の二は国会議員が選任し、総会は党首が指名した幹事長が承認するという妥協は、重要な勝利だと見なされた。[561]

　自由党の状況に関する情報は10月初めに受け取られ、栗山長次郎は、彼自ら進んでローストとワイルズに面会に訪れた。栗山は、8月28日にすでにワイルズと会っており、自由党内の民主化運動に関して報告していた。栗山と議論した後、ワイルズは、自由党の古いボスに逆らうグループの原因へ同情を示した。栗山は党執行委員会の古い議員の多くは次回の選挙で再選されると考えたが、彼のメッセージは楽観論に満ちていた。栗山は、75人から100人の議員からなる若手自由派グループの指導者として自ら説明し、保守派が彼らの希望を聞かなければ公然と争うことができると保証した。さらに、野心的政治家は、栗山に国会へ出馬することを求めた男である鳩山の支配は傾いており、吉田茂の立場が強くなっていると証言した。さらに、彼は、寝技師の辻嘉六の影響力と彼の資金力は減少していると確信していた。これは、一部は、大企業の利権に対する完全な依存から党を開放するため、各国会議員が党の金庫へ国会議員報酬の5パーセントを供出する規則によるものだった。これはまさに、GS職員が聞きたかったメッセージの類だった。しかし、知識の渇望はいやされず、ローストとワイルズは、わずか数日後に栗山、芦田と食事した。[562]

　ピエター・ローストによれば、望ましい展開の一部は、民主化に対するGSの貢献によるものだった。彼は、次の通り主張した。「党指導者への外交的な提案と、確立した民主的政党組織に関する情報を質問してくる議員に提供することで、民主的な内部政党組織への要求が醸成され、すでに望ましいかなりの変化のきっかけになっていた。指導者は、東京と支部の通常会員の見解を聞くことを余儀なくされている」。[563]こうして、ローストは、少なくとも2つの異なるメッセージを示した。最初に、より精巧な指針となるモデルが働いていたので、保守政党の進展に対し猛烈に介在する必要はなかった。次に、GSは、この種の誘導を講じることができた。

　GSは、民主化運動を協同民主党と結びつけることはしなかった。しかし、新政界との融合を形成する党の努力は、綿密に観察されていた。協同民主党の指導

第 5 章　無干渉主義から失望へ（1946 年夏と秋）　*145*

者は楽観的で、健全なイデオロギーの基礎に基づいた党を作るよりも、彼らの指導者山本実彦への内閣の席を要求することを保証できるほど十分大きな、大政党を作ることに関心を持っていると言われた。国民党の崩壊につながった新政界との取引の後、進歩党との合併交渉に関する噂が広がった。北海道の 3 名の大物であり元の党員である東隆と北の兄弟（北勝太郎と北政清）は、規律を欠いたとして党から追放された。これらの 3 名は、党が協力の原則を確信する者へ党員を制限するよう主張した。しかし、協同民主党は、合併の噂の唯一の対象ではなかった。別の噂では、自由党と進歩党の合併が示唆され、一方では犬養健は、自由党の若手議員と一定の右翼社会主義者の連合を目指す運動の首謀者として働いているとクレームされた。状況は、吉田が新党の党首になり、幣原と斎藤がそのアドバイザーになるという計画が主張され、さらに混乱した。[564] ローストは認めたが、さまざまなこれらの噂にはコメントしなかった。

　協同民主党以外の日本の保守政党の成長に関する楽観論は、全員に共有されなかった。10 月初めに、米国務省は、パージされた政治家と軍人指導者に代わることができ、アメリカの目的達成に必要な改革を達成し維持することができる、新しい政治的指導者が日本に育った程度の評価を提供することを目的にしたその研究を終了した。研究の前提は、日本でアメリカの政策が新しい政治的指導者の必要を作り出し、そのような指導者が感情的に動ける分野を制限することだった。政治的伝統、特に官僚主義との競争と国民の低レベルの政治教育は、新指導者出現の妨げになると言われた。したがって、進歩は遅いと予想された。1946 年の晩夏と初秋に起こった党内の進展は認識されたが、一般的な発言は悲観的だった。[565]

　本文書で自由党と進歩党の批判は厳しかったが、社会党に関する評価は好意的だった。すなわち、政府の保守政党は両方とも、できるだけ戦前の政治と経済構造の多くを救済することを望む、戦前の権益のまだ影響の範囲と見なされた。対照的に、社会党のプログラムは、日本の今後のイデオロギーを反映すると想定された。彼らの問題は、指導者の能力不足と内部抗争だった。最後に、協同民主党に関する評価は衝突していた。党は、その党員と政策の異質な特徴により、新しい政治的指導者の潜在的な源ではなく政治的混乱の現れと評された。[566] 国務省は、言いかえれば、GS の見解を共有しなかった。日本問題の部長と副部長を現

在務めていた、2人の有力な人物ヒュー・ボートンとジョン・エマーソンの初期の見解を思い出せば、これは必ずしも驚くに値しない。彼らは、日本の保守政党内部の変化を信じず、将来の不特定の時期に講じられる解決策として社会党を選んだ。概して、国務省の評価は1年前に表明された見解の焼き直しのように見えた。さらに、政党から妥当と思われる代案が見られないのは、政党政治との関係が密接ではない現在の内閣指導者を代弁しているように見えた。

自由放任政策のさまざまな理由

1946年秋は、日本政治家の進展に関する公式の自由放任政策が、一時的に実際に実施された時期と評することができる。しかし、このうちのどれだけが保守政党内部の生来の民主化運動に関する楽観論によるのか、そして、どれだけが彼らの作った内閣の政治に反映されているのだろうか。GHQ/SCAP の願望にしたがって吉田内閣が実施している政策は、占領者の厳しい指導に対する最善の気兼ねだったのだろうか。

占領当局は、政府が遅れずに効率的に憲法改正のような改革を強引に進めるよう望んだ。対応として、政党の大多数は、政府案の要点を支持した。憲法の改革は、国会両院のほぼ全員一致の承認、枢密院の承認、および1946年11月3日の新憲法発布で最高潮に達した。GS は、国会の進行を綿密に追跡し、また、吉田が国会で新憲法の承認を得ることに成功したことは、マッカーサー元帥がイギリス大使アルバリ・カスゴイン卿と11月14日に会合した際に確認された。カスゴインが吉田内閣の差し迫った崩壊に関する噂に言及した時、マッカーサーは吉田とその閣僚が得た成果を合格だと評価した。[567] 憲法問題は進展したが、GHQ/SCAP は政治的な介在を差し控えた。したがって、吉田は憲法改正が実施されるまでパージ令が適用されないとするマッカーサーとの合意があると平塚常次郎が主張した時、彼は正しかったか問うことができる。[568] さらに、吉田がマッカーサーに閣僚のパージは内閣の安定性を危険にさらすので、そうしないよう非公式に依頼したという証拠が公式文書にある。[569]

農地改革法案の制定は、希求されたものを実行する保守党員の能力のもう一つの現れだった。農地改革問題は、ACJ メンバーの討論の問題の筆頭だった。NRS（Natural Resources Section、天然資源局）のヴォルフ・ラデジンスキー

（Wolf Ladejinsky）博士は、NRS 草案の指令に、ACJ のイギリスが作成した要点のうちのいくつかを組込み入れた。さらに、マッカーサーは、この改革が日本プロジェクトとして示されることを要求した。したがって、NRS 局長ハーバート・シェンク（Hubert Schenk）は、和田博雄農林大臣に声を出して草案の指令を読み、日本の制定法を相応に改訂するように彼に命じた。1946 年夏を通じて交渉は続き、マッカーサーが承認した法案は 1946 年 9 月 7 日に議会に提出された。その後、GS 地方自治体部門、および、特に改革が急進的すぎると見たアンドリュー・グラジダンツェフが反対したため、事態は複雑になった。結局、ホイットニー少将は、日本政府関係者がシェンク自身の NRS と以前に書いた草案を変更するようシェンクに圧力をかけた。この場合、シェンクは、自由党代表団に立法化に失敗しないように、また、そうでない場合、最高司令官は正式の発令を余儀なくされるだろうと警告した。最後に、法律は 1946 年 10 月 21 日に無事制定され、マッカーサーは農地改革計画を賞賛する声明書を出した。[570]

さらに、日本政府が占領者の意向を踏まえて進んで働くことを示した他の機会もあり、また、指導に従わなければ交渉や議論の代わりに指令を発出すると占領側の高官が脅す事例もあった。[571] 全てが日本政府を通じて起きたことを示すことが重要だった 1 つの理由は、マッカーサーの大統領になろうとする大望に関係があったかもしれない。占領が彼の機会を後押しするのであれば、それは目標達成に有効で、かつ成功し、さらにアメリカの民主主義と資本主義的な価値観と理想に基づく必要があった。[572]

彼が日本人に共産主義の宣伝の危険性について警告をした 1946 年 9 月 2 日のマッカーサーの演説のテーマは、個人の自由、イニシアチブ、価値の原則を否定する危機をはらんである極端な見解だった。マッカーサーは、穏健な民主主義へ向けた進展を支持する勢力を弁護し、古いすべてを反動的なものとして判断しないよう助言した。[573] したがって、保守勢力を妨害しない決定も、特に労働組合における共産主義者の増加した活動が動機だったかもしれない。たとえば、外国特派員マーク・ゲインは、吉田内閣が新聞ストライキに介入した時、GHQ/SCAPはその崩壊を防止したと主張している。[574]

わずか数週間後に、保守主義者にいっそう多くの支援が示され、政治顧問ジョージ・アチソンは、共産主義活動から占領を切り離すマッカーサーの決定を

擁護した。生来保守的ではあるが、極右や極左も勝利することができない点まで
政治思想を安定させることにより、日本の民主化を急ぐことを誠実に望み努力し
ていた。日本の指導者をマッカーサーは激励していたとアチソンは解釈した。[575]

しかし、アチソンの元部下ジョン・エマーソンは、アメリカの日本における行
動は共産主義に対する恐れを条件にすべきではないと主張した。エマーソンは、
ソ連に対する闘争で潜在的に有用な同盟国として日本の考え方を強化するため、
日本政府は米露関係悪化を利用することを望んでいるという主張に反対した。エ
マーソンは、日本が米露双方との友好関係を享受することができとる考え、滅ぼ
すように仕組まれた真の要素に傾斜する占領の考え方に反対した。[576] しかし、エ
マーソンは今、ワシントンにいて、彼が1年前に行使したような GHQ/SCAP 内
部への影響力はなかった。

要するに、不干渉政策を代弁する理由の複雑なウェブを発見することができ
る。保守党員が共産主義者の反対勢力だったため、占領当局は、保守党員を支援
したいと思った可能性がある。さらに、介入抑制は、憲法が議会を通過するまで
一層の改革を延期するという戦略的決定に基づいた可能性がある。[577] その上、憲
法は保守的内閣が占領者の舞台裏の指導下で実行した唯一つの改革計画ではな
かった。それにもかかわらず、保守政党内部の内生的民主化運動の可能性を強調
するさまざまなメッセージは現に存在し、自由放任政策の出現に寄付した可能性
が高い。

5.3 失望と新たな解決策の探求

日本人の政治関係者の進展を批評する時、米国務省高官は孤独ではなかった。
いっそう重要な声が GHQ/SCAP 内部に出現し始めた。すでに 1946 年 7 月に、
GS のジョン・マキ（John Maki）博士は覚書を編纂して、自由放任政策を批評
し、日本政府の政治活動に関する綿密な監視を実施するよう勧告していた。彼
は、日本政府を指導する基本的指令の流れの中断が誤った類のメッセージを送る
と主張し、元の指令の精神を順守しないように最善を尽くしている日本人が気付
かないわけがないと主張した。マキは、日本政府指導者が、日本の内政と政府の
状況の支配に関する限り、GHQ/SCAP からイニシアチブを取り返したと主張し

た。彼は、尋問、会議の形の日本の政治の進展と直接的介入、および基本的に政治的に重要な問題に関し発出された指令の形のほぼ全部を追跡調査する小委員会の設置を勧告した。[578] マキは、有力者ではなく、彼の覚書は単に彼個人の信条の表現だったが、いっそう重要な声は 1946 年秋に浮上した。

1946 年 12 月 28 日、進歩党は修正資本主義の新たな党プログラムを発表し、1947 年 1 月 31 日の党大会で、投票により党役員を選任し、政党資金を公開する原則を採用した。[579] こうした進展は、犬養健率いる内生的革新運動内に存在するエネルギーを代弁していた。しかし、保守政党が自ら変わる能力に対する不信の念も高まる兆しもあった。さらに、社会の安定と有効な政府を保証する保守党員の能力も問われるようになった。

保守党員は占領を不名誉の種だとしていた

パージされた者が政界に戻ると主張する噂が続き、占領当局はいらいらしていた。特に、鳩山一郎が早期に復帰するという風説は多く、吉田首相はじめさまざまな政治家から流布されていた。GS は、1946 年 8 月 16 日に行動を起こし、CI&E に対しそのような主張を禁止する彼らの声明を日本の報道機関にできるだけ広く周知させるよう依頼した。GS は、公の生活へ復帰が迫っていると話すか、引き続き政党の委員会へ影響力を行使するパージを受けた者は、パージ指令の精神に違反していると述べた。[580] 舞台裏やパージ指令の定義に当てはまらない地位で動くパージされた政治家の継続する意思決定力に言及した主張は、パージ解除に関する未発見の話よりさらに悪かった。

すなわち、党内民主化運動に関する肯定的なニュースと重なる、自由党背後で続く鳩山の活動を示す証拠があった。大野伴睦幹事長は、党の問題について鳩山に相談する鳩山の忠実な子分であり友人であると評された。植原悦二郎、大久保留次郎、平塚常次郎も、鳩山の雑用係と認められた。さらに、辻嘉六、石橋正二郎は、鳩山との資金のつながりも強調され、辻は公然と認めた。鳩山の示差的特徴のリストの新参者は、彼と古い黒竜会の間で構築されたつながりだった。[581] 鳩山の日記は、自由党の政治家と、たとえば吉田首相とのさまざまな会合を明らかにしている。会合によっては、首相が占有する外務大臣の住宅でも行われるものもあった。[582]

占領当局が恥をかかされたと思ったのは、つながり自体だけではなく、鳩山の影響力が示される方法の公然たる様子と厚顔ぶりだった。確かに、情報機関は、鳩山が他のパージされていない政治指導者にいつ会ったか知っていた。しかし、この慣習が公に認識されていることは、日本民主化の成功談を大きく汚していた。したがって，吉田が数日前に彼自身のイニシアチブで、おまけに他の自由党指導者が出席して鳩山と政治問題について話したことを明らかにした 1946 年 9 月 6 日の新聞記事は、即時の行動を引き起こした。CLO の副局長であり吉田の側近である白洲次郎は、鳩山の政治活動の性質と範囲を確認し、報告書を提出するように指示された。[583]

占領者の関心が高まり、鳩山と自由党有力議員との会合の 1 つは取り消されたが、警告は無効だった。マーク・ゲインが分からなかった理由で、鳩山は 1946 年 12 月 9 日に彼とフランスの特派員レオン・プル（Leon Prou）と会うため来訪した。この会話で、鳩山は、内閣書記官長が助言を求め何回も彼と相談したことを公然と認めた。さらに、彼は、彼の指導を求めて来訪した他の内閣閣僚の名前を示し、占領者は彼の吉田との会話を彼の電話を盗聴した後で聞いていると語った。さらに、鳩山は、保守党員に対する占領側の支援を確信させたマッカーサーとアチソンの占領政策と声明を信用していた。会合の後、ゲインは、ケーディス大佐のところに駆け込み、鳩山の訪問に関して報告した。[584] 翌日、ケーディスは、ホイットニー少将へこの情報を転送した。[585]

パージされた者との通信を禁止する警告に関する日本政治家の無関心は、1946 年 12 月 11 日の会合のきっかけになった。ホイットニー、ケーディスおよび 10 人の他の GS 職員によって代表される占領当局は、内閣官房長官林譲治と終戦連絡中央事務局政治部長山田久就と協議した。この機会に、ホイットニー少将は、公職に就くことが不適当と規定された者と協議することで、1946 年 1 月 4 日のパージ指令の目的に違反する日本政府関係者に強い反対を表明した。ホイットニーは、鳩山の名前に言及しなかったが、政治問題で相談し、新聞報道の代表、アメリカの特派員に、たとえば、林が彼から政治行政について助言を求めたと公然と知らせた、パージされた政治指導者に数回言及した。今回は、ホイットニーは、そのような活動を禁止しただけでなく、占領政策を変更すると日本政府を脅迫した。彼は、日本との取引で最高の厳しさを求める分子も同盟国にいるが、最

第5章　無干渉主義から失望へ（1946年夏と秋）　*151*

高司令官は、対日政策での寛容、理解および公正を示したことを強調した。今や、この政策は危険に瀕していた。[586]

　党財源に関する議論は、保守党員に陰を落とすもう一つの要因だった。党役員と個々の政治家が提出財務受領書と支出に関する報告書を調査したところ、これらの報告書は不完全で信頼できないことを示していた。これらの問題が属する管轄政府機関は、その義務に失敗したと考えられた。管理団体の譴責に懲罰に加え、ワイルズは政党を攻撃した。彼は、調査から受領された合計額と、全ての大政党が支出したものとの間に大幅な食違いがあることが判明したと主張した。政界で公式に計算された金額は、驚くほど少なかった。しかし、これは異なる3点によって説明された。政治家の報告書は真実ではなく、寄付金は選挙法を故意に逃れるため1,000円未満の金額で処理され、報告する必要性を避けるため個人の現金で行われていた。鳩山は、簿外で寄付された現金と財閥の金の双方につながりがあった。したがって、この調査の所見は、パージされた政治家の継続的活動も指摘していた。[587]

　地崎宇三郎の場合は、1946年秋に保守政治家の評判に泥を塗る金銭関連問題のもう一つの例だった。GSは、彼が北海道で事実上共産主義のライバルの全運動資金を提供し、共産党本部に対しても驚くほどの金額を寄付したため、進歩党の国会議員に関心を持っていた。地崎は、彼の共産党のライバルを支援したのは、彼が候補者の母親を知っていたからだと主張した。しかし、政治オブザーバーは、寄付が彼の軍歴が曝露されないようにするための口止め料だったという噂を知ることにいっそう関心があった。北海道のCIC地区部門は調査を行い、その所見はむしろ直截的だった。1946年10月4日の報告書によれば、地崎は、共産党、その党員、およびさまざまな関係組織へ直接または間接的に少なくとも114,166円を寄付した。これは寄付金の総額であるとはみなされなかった。地崎の共産主義者との金銭的関係については、いくつかの理由が判明した。彼は、中国の捕虜、戦時中に雇用されていた朝鮮人および日本人の非人道的な取扱いが曝露されることを回避しようとしていた。さらに、彼は、「扶桑会」として知られた海軍労働団体とのつながり、および戦争中の陸軍と海軍との契約による蓄財方法が曝露されることを回避しようとしていた。さらに、地崎は、共産主義者を彼自身の政治的野心に利用しようとし、北海道の一定の新聞人との疑わしい関係が

あった。さらに、調査者は、大政翼賛会（IRAA）における地崎の過去を掘り起こした。[588]

地崎に対する事例は強力に見えたにもかかわらず、彼がパージされたのはようやく 1947 年 4 月になってからだった。ワイルズは後日、確認されたデータを完備した地崎の報告書が他の同様の事件と共に抑えられたのは、マッカーサーを騒がしてはならないためだったと主張した。ワイルズは、ホイットニー少将が日本の状況を誤解し、日本の師弟制度、親分子分関係に関心を欠き、政党を改革することで悪を駆逐しようとしたと主張する。[589]

保守党員の生来の変化に対する信頼の喪失

保守党員は、占領側の信頼を失いつつあり、生来の変化の可能性に異議を唱える要因があった。GHQ/SCAP は、この状況に消極的姿勢を取り続けることはなかった。政治活動を民主化する目的をだめにした組織と運用の慣習を打破する試みは、政党法改定の形をとった。内務省と GS 高官の間の一連の非公式な交渉から、1946 年 12 月 9 日に最高司令官が承認した、一組の非公式な勧告に帰着した。それらの主な目的は、分裂派の数を減らし、新憲法の要請に対応する政党の責任を高めることだった。党内組織の民主化を目指す提案も、同様に行われた。実際上、これは党役員の選任方法を見直すことで達成されることになっていた。さらに、適切な簿記、党財政の透明化、および地方支部の自治向上が要求された。[590]

こうした提案に基づいて、内務省は、1947 年 1 月の最初の週に提案された法案の草案を提出した。この草案は多くの点で不十分であるように感じられたため、GS 内部に活発な討論が生じた。内務省は、1947 年 4 月の選挙直前に、GS の要求のうちのいくつかを取り入れた改訂版を提出したが、法案は議会に提出されなかった。これは大臣が変わったためだった。新内務大臣植原悦二郎は法案に反対し、この問題に関する交渉は 1947 年 6 月になってようやく再開された。その時、政府が変わり、主な交渉相手は政党指導者だった。[591]

法律改定を通じて政党分野の民主化を求める占領者の決定は、必ずしも生来の革新運動に対する不信に関する賛否表示ではなかった。それはまた、自由党と進歩党内部の既存の運動を促進するために始められたとも言える。しかし、内務省官僚との腕相撲に参加する占領当局の動機が何であれ、それによって、望ましい

第 5 章　無干渉主義から失望へ（1946 年夏と秋）　*153*

変化とそれらを達成させる占領者の約束のレベルが明らかになった。

　政党法と同様に、さらに地方公務員、有力な経済的地位、メディアの影響力のある人物を対象にしたパージの拡大については、GHQ/SCAP 内部の意見が分かれた。GS は、全てのパージ問題がその管轄下に属すると解釈する一方、たとえば、CIS は、望ましからぬ人物の解任や排除におけるその責任を強調しようと努めたが上手くいかなかった。[592] 1946 年 8 月 19 日に、パージを延長するマッカーサーの合意を勝ち取った GS は、正式な SCAPIN なしにパージを延長しようとした。[593]

　8 月後半に、GS は、CLO に日本の政府が地方行政官庁と他の全ての影響力のある政治・経済的地位から望ましくない人物を排除する総合計画を作成するよう指示された非公式の覚書を渡した。日本政府は、GHQ/SCAP の任意の職員課と相談せずに、自らのイニシアチブで解決するように命じられた。ケーディスは、1946 年 10 月 1 日に開催された会議で、地方公務員に加え経済的パージと情報組織のパージへと SCAPIN 550 拡大を遂行する非公式の方法は、ACJ との間で提示される正式な指令の困難の裏をかくためであると述べた。すべては GS 計画に沿って進み、CLO は、SCAPIN 548 と SCAPIN 550 の双方に対する拡大を組み合わせた草案を提供した。しかし、突然、日本政府はその立場を逆にし、形式上の指令が出されるように求めた。ケーディスは、ESS 高官が、正式の指令なしに延長を実施できないことを日本側に納得させ、それらが万一確認されたら軍法会議だと当人を脅迫したと主張した。悪いことに、パージ延長問題が 9 月末に新聞に掲載された。[594]

　1946 年 10 月 22 日、吉田首相はマッカーサー元帥に対し、地方公務員と経済的地位にある者に対するパージ適用を延長する GS からの提案の結果、彼は政府の提案を GS へ提出するように CLO に命じたことを知らせた。彼は、提案は細部で異なるかもしれないが、提案の原則にしたがっていると考えた。さらに、吉田は、この機会を利用して、米国国会議員によるコメントに言及し、万一パージが広すぎれば、無政府状態、混乱および共産主義が続くだろうと提案した。最後に、日本政府は、1946 年 11 月 21 日の重要な政治家、経済人、および新聞業界を含むパージを延長することを発表し、また、1947 年 1 月 4 日に勅令を改訂した。[595]

　地方レベルへのパージ基準の拡大は、日本の誤った指導者の排除から新しい指

導者の条件創出へ、パージの目的が変化したことを示す。公式の政策では、パージは日本人を誤って指導した者を排除することだと主張し、また地方レベルへのパージ基準の拡大は、パージされた者が超国家主義・軍国主義社会のメンバーだった地方公務員であることを意味した。原則として、それらのパージは戦争努力への証明されていない参加に基づいていた。しかし、地方政府の地位を含んでいた、拡大されたパージ基準の適用は、1947年4月の総選挙候補者の選別まで遅れた。これは、保守主義者が1947年早春に立法を強引に通すのを助けたと言われている。経済界と公開情報メディアのパージの基準は不明瞭で複雑だった。元のパージ基準内では、経済界のパージは包括的なG条項下の新カテゴリーとして組込まれた。公開情報メディアのパージは、SWNCCやJCSの指令のいずれも、望ましからぬ指導者を排除する分野として公開情報メディアを含んでいなかったという事実によって複雑になった。[596]

　このパージ拡大は、ウィロビー少将がマッカーサーと他の関係者に対し、IRAA、IRAPS、GJPA（大政翼賛会、翼賛政治会、大日本政治会）が秘密でもテロリズムでもないことを説得しようとして失敗したことを意味した。彼は、そうした結社の職位はそれ自体パージの根拠と見なされるべきでないと考えるよう、最高司令官を説得しようとした。代わりに、選択的な選定が民主主義の原則の普及に不可欠であると考えられた。この見解の基礎は、1946年秋に完成したCISの研究の所見にあった。ウィロビーは、SCAPIN 548に基づいて排除された組織のリストとSCAPIN 550のカテゴリーGは、その研究に照らしてCISによって改訂されることさえも提案した。ウィロビーは、たとえば憲法改正における民生局（GS）の優れた成果を認めたが、破壊運動を防止するためにパージ政策を改訂する必要があることが分かった。ウィロビーは、占領政策の基礎としてポツダム宣言書の上に国民平和の保存を位置づけた。[597]

　GSでは、パージ拡大が日本のリベラルな政治的発展の道をふさぐ個人とグループの影響を弱めると予想された。[598]さらに、後の研究者は、その分析でパージ基準の拡大と保守政党機構の破壊を結びつけた。[599]しかし、パージ拡大は、日本の保守主義者に対して取られた行動だったのだろうか。犬養は、指令が過去の地方政治を支配した、年長者のメンバーに代わる地方支部の若手のために絶好の機会を提供する望ましい段階であると述べたが[600]、ほとんどの保守主義

者は、この改革を待ち望んでいなかった。パージされた保守的指導者は、1946
年春に地方政治家に取って代わられた。それらのうちの多数は、拡大後に排除
された。[601]

　地方職のパージが計画された時、それが政党の地方支部の構成に影響すること
は確かに明白だった。したがって、地方職のパージはそれら自体の構造を民主化
する保守政党の能力に対する低い信用の結果だったという思いに駆られる。しか
し、この種の結論は、その非民主的な性格が民主化プロセスを妨害すると考えら
れた他の地方の関係者とグループ[602]の重要性を過小評価すると思われる。どう
あろうと、地方のパージは、中央集権主義政党の既存の進路に影響を及ぼすには
遅い方法だった。しかし、代わりの候補のパージに加えて、パージの拡大は、直
接介入の方法としてパージを再発見する触媒として機能したように見える。すな
わち、拡大した基準は全国レベルのパージのための新たな基盤を提供しただけで
はなく、さらにその後、議論が全くパージの拡大と関係がなかった一連のパージ
の事例が起きた。

吉田内閣の終わりの始まり

　保守主義者はもうこれ以上日本政府を主導するのに最も適しているのかとい
う疑問が、党内民主化運動の可能性に向けた不信の初期の徴候と同時に高まっ
た。マーク・ゲインは、GHQ/SCAP の多くの政治思想家が 1946 年 11 月末には
吉田首相から社会党へ彼らの支援を変える寸前だったと主張する。彼は、社会党
の上層部は、単にわずかの例外を除いて、戦犯で悩まされたと主張する。GHQ/
SCAP はこれを知っていたが、日本が保守的な解決策に満足できないという思い
が高まっていたため、進んでそれを忘れようとしていた。左派への一段階が必要
であり、また、社会主義右翼は理想的な回答を提供した。彼らは、社会改革の言
語を話し、その強みは労働組合にあったが、彼らは、古い日本の基本構造を壊し
たくなかったし、ソ連や国内の共産主義者と親しくならなかった。ゲインは、こ
れらの感情の最良の指標が社会主義の指導者のパージを押しつけることに対する
GHQ/SCAP の拒否だったと提案している。[603]

　確かに、不満が高まっている土壌があった。自由党・民主党の提携は、占領当
局が望んだ安定した発展を確保できないように見えた。共産主義の労働運動活動

は、職場の生産と平和を乱すだけではなく、吉田内閣を倒す要求という明確な形をとった政治的次元も含んでいた。内閣が基幹産業のストライキ禁止令を出すことを GHQ/SCAP に要求した時、それはストライキ運動を制御できない徴候と受け取られた。吉田内閣への国内の批判は、石橋湛山大蔵大臣の持続的なインフレと財政政策に集中した。これらの問題は、さらに CHQ/SCAP 内部に懸念を生じ、また、1946 年 9 月に右派の指導者片山哲と西尾末広が委員長と書記長に就任する選択をした社会党は、考慮すべきオプションに見え始めた。

GS は、社会党をもっと知りたいと思い、また、党の指導者は、彼らの意見を聞いてもらえる可能性を積極的に求めていた。11 月前半に、GS は、次回の地方選挙と党の再編に関する社会党の希望を聞きたいと思っていた。社会党の指導者は、政治的な武器としての共産党スタイルのストライキ利用と彼らの党を区別するためこの機会を利用し、また、パージ拡大により 2 つの保守政権党が失われるという予想を強調した。[604] しかし、党の統一はまだ社会党の特徴とは考えられていなかった。矛盾する見解は、不信任案決議問題で明白になった。[605] 水谷長三郎率いる社会党左派は、吉田内閣を打倒する大衆運動を組織した共産主義者と協力したが、西尾右翼派は、国会外の力の行使に反対した。さらに、協同民主党と国民党の両方が反対し、内閣不信任案の投票を要求する社会党右派の熱意が冷めた。結局、社会党はその他野党と共に、議会を解散するその要求を転換した。[606]

この構想は、倒閣運動に参加することを差し控えて欲しいという内閣の非公式な要請を受けた協力的な民主主義者から来た。協同民主党の指導者は、国民がこの運動を左翼運動に参加する同党の試みとして誤解するおそれがあると心配したため、不信任案の投票を導入することを躊躇した。代わりに、彼らは、議会解散を求める決議に着手した。1946 年 12 月 17 日に決議は議会で完敗したが、ピエター・ローストは、この状況の勝利者が社会党であると主張した。彼は、社会主義が政府の全責任を引き継ぐ準備ができておらず、彼らが経済的中核を形成する連立内閣に満足するだろうと結論を下した。解散を求める際に、社会主義者は国民の支持を固めており、野党間で今後の行動を統一する彼らの機会を高めて、吉田内閣に圧力をかけた。[607]

吉田内閣と社会党は、倒閣運動促進の最中に連立工作を開始した。吉田と彼の秘書は、すでに 1946 年 8 月 4 日に平野力三と西尾にこっそり会っていた。しか

第5章　無干渉主義から失望へ（1946年夏と秋）　*157*

し、連合に関しては何も言及されなかった。2回目の秘密会議は11月に開催された。連立の話題は、12月28日に手配された3回目の秘密会議に出ただけだった。その時、吉田は、商工大臣の地位と新設する労働建設省の大臣職を提示した。西尾は、吉田内閣が連立を確立する前に総辞職することを要求した。吉田は、社会主義者と交渉したが、自由党と進歩党内部の反連立グループは、無党派の閣僚を全員一掃する工作を行った。吉田、西尾、平野は、1947年1月8日に彼らの4回目の秘密会議を開催した。吉田は内閣総辞職に合意したが、西尾は2つの追加条件を取り上げた。すなわち、石橋大蔵大臣の辞職および協同民主党と国民党の内閣参加だった。連立を確立しようという噂はすでに広まっていた。産別は、1月10日にその計画に反対すると発表し、こうして社会党左派の意見に影響を与えた。しかし、社会党は、連立を確立する努力を続けた。西尾と平野は、1月15日夜から翌朝の早い時刻まで吉田と協議した。吉田は、4つの閣僚ポストを提示したが、社会党は5つを要求し、石橋と中道政党の参加に関する要求を繰り返した。その機会に、吉田は、西尾、平野および他の3人の社会主義指導者のパージの可能性を示唆した。西尾は、これを脅しと解釈し、彼の立場を固めた。議論は終了し、社会党執行部は連立参加に反対することを決定した。[608]

産別と総同盟を含む33の組織を代表した全国労働組合共同闘争委員会が同時に設立された。拡大した組織は、1947年2月1日真夜中に始まるゼネストを宣言すると、1月18日に公表した。GHQ/SCAPは、すでに関係政府系機関がストライキを管理下におく手段を取るよう口頭で助言した、1月16日にすでに行動を起こしていた。さらに、1月22日に、財務大臣石橋と労働組合代表の両方がGHQ/SCAPへ呼ばれた。ゼネストの問題に関する非公式のメモが彼らに読み上げられ、労働組合代表は、1月25日までにそれに答えるように命じられた。何人かの代表は、彼らが公式指令なしにストライキを取り消すことができないと主張したが、その圧力は部分的に成功した。総同盟は、ゼネストを回避する社会党の決定に従い、1月25日に取消し指示に従うその決定を通知した。しかし、共産主義者、産別はバックアップしなかったが、政府に対しさらなる要求を表明した。[609]

ゼネスト問題の交渉が行き詰まった時、吉田と平野の2回目の連立を作る試みが起きた。内閣官房長官林は、1月29日に片山を訪問した。さらに、進歩党の幣原は、吉田が連立政権の4条件の概要を説明した会議に出席していた。彼は、

連立が対等な立場の全ての政党と組織され、社会党は4つの閣僚ポストを得る権利があり、協同民主党と国民党の参加は当面難しく、石橋は政権にとどまることを主張した。社会党は、これらの条件を受け入れる準備ができておらず、それらを拒否した。この後、GHQ/SCAPの日本国内問題に対する2件の顕著な介入が起きた。最初は、1月31日に発令されたゼネスト撤回命令で、次は2月6日にマッカーサーは新たに総選挙を行うことを要求した。[610]

翌年春に下院選挙を行う問題は、1946年秋に政府与党間で討議された。進歩党は、自由党に対する勢力拡大を示す可能性がある選挙構想を最初は支持していた。しかし、論争は1946年11月5日に解決され、両方の政党は正式に反対を表明した。[611]

自由党・進歩党・社会党連立を確立する3回目の努力は、マッカーサーが要求した時期の頃から始まった。政府側の提案者は、1947年2月6日に社会党の西尾と交渉を始めた財務大臣石橋湛山だった。話合いの結果、2月13日朝に合意されるにいたった。内容は平野が以前に提案した妥協とあまり異なっていなかった。折衝者は、吉田内閣の辞職と継承連立内閣の構成に関する日程を作成した。しかし、この試みはまた、自由党右翼と社会党左翼の反対で失敗した。[612]

占領当局は、連立改革運動を観察し、G-2は、すでに1946年12月19日に、大蔵大臣を含む4つの重要な経済ポストが社会党へ提示されたと報告していた。さらに、社会主義者へ失われる内閣の席を償うため、2人の無党派所属大臣は自由党と進歩党議員に取って代わられると示唆された。計画は吉田の暫定的合意を得たと報告されたが、幣原は、変更を好まなかったため、それに反対すると言われた。[613]

6カ月後に編纂されたCISの定期的要約は、最初の2回の連立努力に関する理解に何ら目新しいものはもたらさなかった。しかし、この文書では、吉田は連立を望んだが彼の党を制御できなかったと主張した。大野伴睦幹事長は、吉田がその党の希望に従わなければ彼を辞任させると脅したと言われた。吉田の問題および彼と大野、大久保留次郎、林譲治の間の亀裂は、初期のG-2文書の中で強調された。G-2によれば、鳩山陣営は、1947年春に吉田を排除することを計画していた。3回目の連立の提案は、1946年1月31日に起きた吉田内閣の限られた改造であると考えられた。内閣改造は、特に若手の革新派の反感を買ったと言われたが、それは自由党が主な閣僚ポストを獲得したとき彼らの党が無視されたた

めだった。しかし、これは、幣原の反対と早期選挙を助言する最高司令官の書簡によって妨害された、新保守政党の動揺につながった。幣原の逆襲には、内閣へ2名の新党計画の中庸支持者を入れる提案などがあった。木村小左衛門は2月15日に農林大臣になり、田中萬逸は2月26日に無任所の国務大臣になった。最後に、新党運動は、社会党との連立交渉が復活したため、主題からそれた。[614]

最後の連立の試みは、手におえない若手の反乱で上がった火の手を消す、自由党と進歩党の双方の年長保守主義者の努力として後日説明された。すなわち、2月11日に、幣原は、斎藤と犬養に対し新党を励ましていると容赦なく非難し、それは自分に対する不信任投票だと非難し、日を経ずして失敗する連立努力の一新に重点を置くよう要求した。[615]

しかし、占領当局の連立の試みと内閣改造に対する姿勢はどうだったか。また、それらは上記の紹介された努力にどのような類の役割を果たしたのか。

日本の政治の進路を変える可能性があったことは明白である。さらに、吉田は、1947年1月28日にマッカーサーへ手紙を送り、連立や再編と行動を共にすべきかどうか直接尋ねた。[616] 答えはみつからず、GHQ/SCAPのやり方に基づいて、そのような助言は、かりに与えられても、紙に書かれる可能性はほとんどない。それにもかかわらず、内閣は幣原抜きで3日後に改造された。したがって、かりに助言が与えられても、それは社会党との連立ではなかったと想像することができた。西尾末広は、吉田の社会党との連立に向けた動きの背後に占領者の示唆があったかもしれないと後日想像したが[617]、断片的な文書が出発点では、占領当局が1946年12月と翌年初めに連立の試みの積極的なオブザーバー以上だったかは証明されない。しかし、GHQ/SCAPは、新たな選挙を行うよう要求した。吉田・幣原閣が辞任する時だったが、ようやく実行されたのは総選挙の後だった。次章では、占領当局が望ましい内閣を作る彼ら自身の選好にしたがって、どのように保守路線を作り変えたか説明する。

結　論

介入からの離脱は完全ではなかったが、1946年夏と秋は、自由放任政策の期間と評することができる。背後で操っている占領当局は消え去らなかったが、日本の保守主義者は、たとえば、政治的パージから救われた。何がこの変化を引き

起こしたのか。マーク・ゲインが主張したように、それは、安全な政府を維持する決意により吉田と保守主義者を復帰させるマッカーサー元帥の意向だったのだろうか。[618] あるいは、それは、GHQ/SCAP の改革に協力し実行する内閣の傾向だったのだろうか。おそらく、これが実現したのは、政党分野の民主化に手を貸したように見えた生来の運動と、非保守派勢力との協力のために開かれたドアによるものだった。おそらく、これら要因のすべてが、後日の追想録で往々にして忘れられたように見える楽観的雰囲気の創出に役割を果たしたと思われる。

　米国務省で書かれた報告書は遅れ、すでに劇的に変化していた状況を記述することが多かった。1947 年 2 月の現況報告は、前年秋に存在した状況について記述した。しかし、それにしてはかなり良くやっていた。その報告書は、保守党内部の構造変化の採択を強要した若手党員が、1946 年夏と秋に党指導者の時代遅れの政治家の立場に挑戦したと結論を下した。しかし、これは全体の真実ではなかった。国務省の報告書が旧体制の挑戦を扱った日に、GS のピエター・ローストは、すでに反抗的な保守的グループは敗北し、ボス政治が続いていると宣言していた。[619] 占領当局の党内民主化運動の結果に関する躊躇の最初の兆しは、1946 年末にすでに見られた。同様に、将来の内閣基盤に関する議論が浮上した。GHQ/SCAP が今回連立交渉に介入しなかったとしても、占領者は、吉田・幣原路線の利用可能な代替者に関してもっと知りたいと確かに関心を持っていた。

　GHQ/SCAP 内部の構造変化にもかかわらず、日常の情報収集と日本政府へ望ましい路線を知らせる方法は確立された。さまざまな部門の競争は続いたが、たとえばパージ関係の問題における、GS の支配的地位に誰も挑戦できなかった。占領当局は、憲法問題の円滑な進行と社会秩序の保証のような主な目的が達成されている限り、保守政権に組み込まれた全ての小さな問題に取り掛かるほどの熱意はなかった。しかし、保守主義者の被追放者との接触に見ることができるように、それらが占領の清潔なイメージを汚す事態が起きれば、これらの欠陥に対する姿勢はより批判的に変わった。

第6章

中道保守主義者の支援

　GHQ/SCAPは、1947年初めの国内外の進展により、日本を指導している方向と、この方向転換を誰に実施させるのが良いか、再評価せざるを得なくなった。しかし、新政策を実施する際に、占領当局はそれらがすでに行った決定を損なわないことを確かめる必要があった。これは、たとえば、吉田と幣原をあまり公然と批評できないことを意味した。もし彼らがGHQ/SCAPから批評されることになると、占領と早期選挙の批判者はクレームの証拠を獲得できることになる。

　トルーマン政権が中国から身を引きつつあり、アメリカの同盟国の多くは、共産主義との戦いに貢献する可能性を低下させた経済危機に直面していた、国際情勢の変化によって、ワシントンに動揺が生じた。同時に、米国陸軍省、軍および国務省の指導者に政治的合意の可能性が高まった。統一戦線は、占領に対するいっそう強い外部監視を生じ、最高司令官の影響力を低下させ、特にマッカーサーの大統領の出発点としての日本の価値を破壊すると脅すおそれがあった。こうした進展は、GHQ/SCAPへの警告となった。[620] マッカーサーは新年の声明で、日本の指導者の大多数は、日本の問題の現実に対し模範的な取組みを示し、国民にその政治的責任の重要性を想起させたと宣言した。1947年2月のアメリカ議会宛のメッセージで、マッカーサーは、日本の戦争遂行能力を破壊する過程が完了し、日本はすでに民主的統治の形で管理されていると述べた。マッカーサーはまた、歴史は軍事的占領が限られた期間しかそれらの目的に役立たないという教訓を示していると主張した。[621] 最後の条項の意味は、3月19日の外国特派員との珍しい昼食で明らかになった。その場で、マッカーサー元帥は、占領は近い将来に平和条約交渉を十分正当化するほど前進したことを示唆した。[622]

　マッカーサーは、非武装化と民主化の成功を強調したが、特に、彼の経済政策はワシントンで批評された。ジェームズ・フォレスタル海軍長官、W.アヴェレル・ハリマン商務長官、クリントン・アンダーソン農務長官、ロバート・パター

ソン陸軍長官、ディーン・アチソン国務次官ハーバート・フーヴァー（Herbert Hoover）前大統領は、ドイツと日本における占領政策の費用と方向の両方を批評するグループの中核を形成した。彼らから見て、マッカーサー元帥は日本の経済を破壊していた。[623] さらに、国務省高官は、エドウィン・マーティン指導のもとで占領の経済的前提となる命題を査定し直した。彼らは、日本の生産力を押し上げる重要性を強調した。同時に、ニューズウィーク誌とその海外エディター、ハリー・カーン（Harry Kern）および東京特派員コンプトン・パケナム（Compton Packenham）は、マッカーサーの占領と特に経済的パージに対し公の攻撃を始めた。[624]

マッカーサーは、批判や日本の経済問題にも気がついていた。マッカーサーが早期の和平調停への立場を正当化した時、彼は、占領は軍事、政治、経済段階という３段階からなると結論を下した。マッカーサーによれば、軍事目的はすでに遂行され、政治段階は占領下で可能な通り完成に近づいていた。マッカーサーは、日本の全面的民主化はまだ完全に達成されておらず、監視、支配、指導を除けば、実行すべきことはほとんど残っていないことを確認した。その後、彼は、経済段階に対する懸念を示した。しかし、マッカーサーの主張では、日本経済を駄目にし、アメリカからさらに多くの援助を必要にしているのは平和条約締結の遅れだった。[625]

ワシントンとの競争は、1947年春の経済状態に対し高まりつつある関心の背後にある唯一つの理由ではなかった。すなわち、マッカーサーの顧問官のうちの数人は、不況が占領全体の成功を脅かすと結論を下した。これは、吉田内閣と自由党が改革の円滑な実施の障碍であると占領当局に確信させた。２月１日のゼネストを吉田内閣が制御できず、GHQ/SCAP は取消し命令を出すことを余儀なくされたことは、占領当局が自由党の代用を捜し、新保守政党の形成に強い興味を持ったもう一つの理由だった。[626]

占領の研究者の意見は、GHQ/SCAP が1947年春に総選挙を行うことを決定したタイミングに関しさまざまだったが、それらのうちの多数は、選挙の目的は穏健左派の地位に肩入れし、または少なくとも社会党の席数の大幅な増加が予想されることだと結論を下す準備ができていた。[627] 1947年1月の朝日新聞の世論調査で内閣支持率が30パーセント未満に下がったことを示したので、社会党に

対する保守主義者の敗北に関する予測は、どのみち、安全な賭けであるように見えた。個々の政党の支持率は、自由党（26パーセント）、進歩党（12.9パーセント）、協同民主党（4.5パーセント）が合計で社会党より数パーセント少ない票を獲得したことを示した。[628]

さらにGHQ/SCAP内部に変化があった。一方では、親左翼関係のためG-2から批評され、ゼネスト禁止後にアメリカの報道機関で赤狩りに遭ったセオドア・コーエンはESS労働部門から追い出された。彼の後任は、政治部長を引き継いだ有名な反共主義者ジェームズ・S・キレンだった。[629] 他方では、カルロス・マーカム（Carlos Marcum）が政治部長としてピエター・ローストと交替した。マーカムはまた、いわゆる左翼好みのため、G-2に反抗する占領高官の仲間だった。G-2は、マーカムが望ましいと考えられるものを超えてパージを拡大する、民生局（GS）内部の主導者だったと主張した。マーカムは、すでにいったん日本とCISを去り、GSへ戻ったところだったが、特にCLOの日本人高官との取引では、横柄で、妥協せず、不穏当な態度を示したと言われた。マーカムは、日本人の選別とパージについて、自分とGSで単独の責任をとったと批評された。マーカムの背景とその地位への適性は、否定的な論調で述べられていた。[630] 明らかにG-2は、個人の信用を傷つけることによって占領政策に影響を及ぼそうとしていた。しかし、これらの人事異動の意味は何だったか問うことができるだろう。これは、日本の国内政治がまだGHQ/SCAPが大きな妨害なしで活動できる地盤だった一方、圧力がいっそう大きかった経済問題で妥協して改革を引っ込める意思の徴候だったのだろうか。

6.1　歓迎される民主党と国民協同党

占領当局は、民主化過程の進行に関する熱烈な声明にもかかわらず、日本の政党の進展に対する支配力を失うことは計画していなかった。GSの年は、日本のリベラルな政治傾向の促進と支援を進める独自の好機がこの数カ月で到来するという結論から始まった。公然たる介入は望ましくないと見られたが、漂流する政策は暗黙の介入よりいっそう大きな危険を孕むと考えられた。[631]

占領者は協同党の形成を観察した

1946年末に、協同民主党の代表がGS高官と会った時、他の政治団体との合併の可能性が議論された。井川忠雄は、直ぐに国民党へ変わった新政界と合併する努力が失敗し、同党の威信が傷ついたことを認めた。井川はまた、進歩党の犬養と河合良成のグループ、そして自由党の芦田と星島グループの進歩派分子との公式な話合いは中止されたと述べた。しかし、党指導者の賛同により個人議員による非公式な手出しはまだ続いていた。友好関係樹立を妨げる1つの認識された問題は、新党名に関するものだった。進歩主義者は民主党の名前を好んだが、協同派は名称の「協同」をあきらめる用意ができていなかった。[632]

12月中旬に、松本瀧蔵は、「野党連盟」（野党の連携）と呼ばれる中道派力の融合を組織する努力に関して報告した。これは、国民党、協同民主党、何人かの無所属派、社会党右派議員、および自由党と進歩党の革新派議員が合同して形成されることになっていた。山本実彦のパージは、何名かの党員から好ましい厄介払いだと見られ、実際の指導者である井川、松本および三木武夫が前面に出ると予想された。井川が主導する国民党との合併交渉が再び進行中であり、国民協同団体は、両政党が受入れ可能な妥協の名称であることが示唆された。ピエター・ローストは、新グループは無視するには大きすぎると述べる一方、大量の寄せ集め政党を代表政党としてまとめる能力が既存の指導者にあるか疑問だとした。[633]

三木武夫が国民党の岡田勢一と議論した1947年2月10日に、協同民主党と国民党の間の合併運動が復活した。交渉は進んだが、井川忠雄が2月18日に他界し、協同民主党はその指導者の1人を失った。同日、三木と松本はGSを訪れ、翌日に協同民主党と国民党が合併することを確信していると表明した。最終決定の妨げになっている不確定要因は、新進会と呼ばれる進歩党内部の反対グループとの合併の可能性だった。両政党と新進会グループが一緒になって合併すると、約120人の国会議員の政党が誕生することになる。[634]

結局、1947年3月8日に国民協同党の結成大会が開催されて。新党は、議会に78の議席を獲得した（旧協民主党、国民党、および4名の無所属派）。党首は選ばれなかったが、三木武夫が書記長を務めた。党の声明で、古い特権の維持に努める保守党派と、国民に階級別組織化を強制して国民の運命を無視し、無分

別なストライキへ巻き込む左翼の両方を非難した。代わりに、新党は、それ自体を中道をとる政党と定義した。[635]

三木と松本は、さっそく GS の政治オブザーバーへ政党の合併と今後の進路について知らせた。ローストは、党の綱領は細かい点を別にすれば元協同民主党のものだと結論づけた。彼は、協同派が新しい組合せを支配したと解釈した。しかし、彼は、党の政治的傾向がそのような雑多なグループに予想されたほど不定ではなかったという肯定的な結論に達した。これは、全メンバーが中道派であり、同党は左翼の進歩党と右翼の社会党の中間派となると予想された事実によって正当であると分析された。さらに、党の仕事を妨害する明白な党派も認められなかった。[636]

換言すれば、GS は、中道派の国民協同党の誕生を歓迎した。[637] しかし、旧体制が続いていることが新参者の顕著な特徴だった。指導、敵対者、または主唱者としての過程に GHQ/SCAP が参加する徴候はみられなかった。一見、占領者は、合併過程に関心を持つだけの観察者だった。協同党の運動の可能性に関する期待が高すぎなかったことと、党が議会と議会外の活動の双方で障害を生じなかったため、これは驚くに値しない。実際に、新党は内閣代表制のためその原則に進んで妥協する穏健勢力である徴候があった。冨森叡児は、新党の設立は保守主義への一歩であり、協同主義から離れる一歩であると解釈している。[638] しかし、その一歩を踏み出したら、それは政治的日和見主義の方向へ向かう可能性が最も高かった。このアプローチの一例は、別の新政党をさらに作ることを計画する三木の芦田均らとの継続的な交渉だった。

民主党の形成と再び生まれた変化の期待

民主党創設に関する真澄の説明によると、進歩党の地崎宇三郎が芦田均の後援者菅原通済を訪ね、芦田に新党に加わるよう要求した。実際に、芦田は設立されることになっていた民主党の党首に選ばれることが約束されていた。芦田はその後、2月23日に自由党を離れ、結局犬養健と新党を確立する宣言を書いた。しかし、芦田の財政面を握っていた菅原は、新党の宣言を遅らせた。進歩党の中央党機関は、1947年3月10日に新党実現を支持すると表明した。新党結成は3月22日に承認され、進歩党を解散する最終決定は3月26日に下された。その後、

民主党発足式が 3 月 31 日に執り行われた。大統領制の代わりに、斎藤隆夫、芦田均、一松定吉、河合良成、木村小左衛門、犬養健および楢橋渡が占める最高執行委員会が党務を管理することが決定された。幣原は最高顧問になり、石黒武重が幹事長になった。合計 145 人の議員で、下院の第一党になった。[639]

芦田の日記によれば、彼は 3 月 23 日に自由党を去ったが、その前にいくつかの障碍があった。2 月 12 日に、彼は自由党の指導者と休戦し、そのわずか数日後に自由党内部にあった支持に言及して、三木武夫の提示を断った。[640] 同時に、ピエター・ローストは、保守政党内部の改革勢力に対する彼の信頼を失った。吉田は、彼が自由党のボスの決定に反対する力を持っていないことを認めたと報告された。ローストは、大野伴睦率いる鳩山派が芦田の反ボス派に勝ったと結論を下した。同様に、進歩党内部の新党運動は問題に直面していた。最初は運動に冷ややかだった党のボスらは、運動が際どい勝利を示した後で、運動の指導者に有効的態度を取り込んだ。幣原は、運動を停止して、連立形成に集中するよう要求した。さらに、ローストは、芦田の路線変更を通告し、自由党の権益を維持する芦田の声明を臆病な声明だと記述した。最後に、ローストは、次のように結論を下した。「したがって、将来は保守主義者の反抗的グループには決して明るすぎることはないように見える。もう一度、ボス政治は、少なくとも当分の間、支配した」。[641]

ローストは、小阪善太郎の言葉も信用していなかった。小坂は、新進会を促進するために 2 月 11 日に本部へ来た。新進党は、政府の政策、連立内閣の失敗、吉田首相の裏取引の方法に反対する進歩党議員が形成したグループであると言われた。ローストは、グループの可能性を信じず、連立運動が自然の経過をたどって去り、内閣は変わらなかったが、日本で問題となっている政治・経済の課題の様子を明らかにしたと結論を下した。ローストによれば、社会党は国民の支持に関する限り確かに勝利者だった。しかし、変化の実際の多寡を決定できるのは選挙だけだった。[642]

幣原が 2 つの組織の完全合併に関し自由党へ提案した 2 月 19 日に、いっそう古いスタイルのボス政治が目撃された。[643] 1947 年 2 月 27 日の犬養健とのインタビューの後に、自発的変化に対する不信がますます高まった。犬養は、二大保守政党に起きている進展について説明した。犬養は、芦田の弱点について話し、新

第6章　中道保守主義者の支援　*167*

進会と古い政党指導者グループの両方の顧問として彼自身の二重の役割を明らかにして、パージされた者を引き継ぐことを指名された候補者は、党のボスが選定し、彼らの前任者に従うよう指示されたことを公然と認めた。このように、ローストは次の通り結論を下した。「革新政党は、全ての合併と新党の話し合いにもかかわらず形や中身は変わらないだろう。それはまだ犬養氏の野心と幣原男爵の保守主義の手段である。中道に対して両端の両方を巧妙に演じることで、犬養は、反逆者と「ボス」の両方の「顧問」として、党が無傷で、現在よりも強い議会の地位さえも得られるように取り計らっている」。[644]

　選挙後の進展に関する予測は、吉田と幣原は体制のトップに残るが、社会党右翼は新内閣に含まれ、進歩党は2月末には独力では変わらない政党として記述された。党内の不変の状況はまた、政府における吉田・幣原路線の継続を指した。さらに、1947年2月の非軍事活動の要約は、6つの主な合併案を紹介していたが、それらのどれも、首相としての吉田に真剣に反対するか、内閣変更を意味するとみられなかった。[645]

　1カ月後に、状況は全く異なっており、新しい民主党は日の目を見た。ローストによれば、これはほとんどすでに一度忘れられた楢橋渡の活動によるものだった。ローストは、楢橋の役割について次の通り記述している。すなわち、「彼は、病んだ革新政党を生き返えらせ、3週以内にそれを日本で最も有望な政党に変えた」。[646] しかし、何が今月中に起きたのか。

　すでに1年前に民主党を創設しようとしていた元内閣官房長官は、1947年2月18日に新党運動に積極的になる彼の意図を発表した。彼は、3月6日に進歩党に参加した。これは直ちに初期の試みを生き返えらせた。楢橋の振る舞いは、ほとんど耐えがたいほどの刺激を生じ、いまだに活発で、過信していることが分かった。しかし、3月31日の民主党発足式で、2日前に作成された彼の声明の多くは正確であることが証明されたが、その使命感は自己中心主義の一部を説明すると考えられた。[647]

　3月29日に楢橋は、彼が進歩党に参加した後、変化を求める抑圧された願望を再び元気づけたと主張した。この後、芦田と犬養の支持が得られた。さらに楢橋は、彼が吉田を党総裁にしたが、吉田は幣原と共に反動分子を駆除できなかったと主張した。したがって、芦田と犬養は、ニューディール政策で新保守政党を

作ろうとした。楢橋によれば、彼がその政治亡命を止めることを決めたのは、これらの努力が失敗であることが判明した後だった。ローストは、彼がすでに何度も聞いていた真の民主的保守政党の誕生に関するさまざまな約束を思い出すにつれ、疑ったとしても驚くに値しない。楢橋は、若手議員が反旗を翻したボスを排除する意図をなぜ新政党は示さなかったのかと尋ねられた。さらに、同じ問題は、幣原との関係に対する質問の形で繰り返された。楢橋は、先任顧問として指名される幣原の扱い方を知っている日本で唯一人の男だと自称した。芦田と犬養は、彼が若手議員を組織するのを助け、平党員が党役員を選ぶように党則が民主化されると思われる。最後に、楢橋は、新党は社会主義者と協力できることを知らせ、彼が完全に意見が一致している社会党指導者としての西尾末広に言及した。楢橋は、将来の首相として自分に言及しなかったが、日本の政治を今後支配する意図について述べた。[648]

　ローストは、当時の日本の最も活発な政治家として楢橋の名前をあげ、GS は、民主党形成過程で楢橋が果たした役割に十分気づいていた。しかし、彼の名前は公式な占領史から消された。非軍事活動歴は、2 つのグループの指導者として幣原と犬養のみを紹介しており、前者は、自由党と合併しようとし、後者は、進歩党を無党派政治勢力として修正し生き返えらせようとしていた。[649] これは、新しい穏健勢力の誕生は占領当局に歓迎されたが、楢橋は結局その進路を指向することを許されなかったという事実による可能性が最も高い。同様に、ローストは、政党問題を担当する GS 部門から間もなく交替になることが分かった。

　さらに、新党と一般政治情勢に関する情報は、3 月 29 日に GS 高官と会った芦田均とのインタビューから収集された。芦田の日記によれば、3 名の若い士官が新党の性格とその社会党との関係についてもっと知ることに関心を持っていた。彼の答えで、芦田は、新党と社会主義者の間の協力を代表して話したが、新党は社会主義を目指していないことを明らかにした。[650] これは、まさに占領当局の多くが聞きたかったものだった。民主党は、社会党右派と協力して、日本人の広い支援を享受し、新経済政策を実行し、しかも過度の左翼的思想を追求しない現職の内閣の妥当と思われる代替を提示するように見えた。しかし、多くの未解決の問題があった。すなわち、望ましい政党は衆議院選挙で勝てるだろうか、本当に改革に熱心で、もしくは受入れ可能な者が結局民主党を確実に指導するにはどう

第6章　中道保守主義者の支援　*169*

するか、また、それらはどのように社会党右派と内閣を確実に作るだろうか。

6.2　選挙法改正と中道派連立の圧勝

新選挙法の策定

　1945 年 12 月に受理された衆議院議員選挙法は短命で、1947 年 4 月に 2 回目の戦後の総選挙の前に書き直された。日本人保守主義者は、すでに 1946 年秋に中選挙区制の復活を研究し始めていた。政治権力の安定を強化する名目でイニシアチブが取られたが、実際の動機は、どちらかと言えば社会党と共産党の躍進から生じた懸念に関するものだった。10 月中旬に、自由党幹事長は内務省に話を持ち掛け、1946 年 11 月 30 日に中選挙区制の採用に関する最初の政党間交渉が持たれた。この問題は、さらに 12 月中旬のピエター・ローストと内務省高官の間の政党法を扱う議論でも触れられた。その時、ローストは、強い反対を表現した。[651] ローストはまた、改革のために扇動している自由党の代表と会い、理由も説明できずに小選挙区制が望ましいと主張し続けると、選挙区を勝手に変更する危険について彼らに警告した。[652]

　自由党の植原悦二郎は、1947 年 2 月 1 日の内閣改造で内務大臣に就任した。彼の前任者大村清一は、53 の選挙区と無制限の複数投票制度を要求する提案を起草していたが、植原は、彼の就任記者会見ですでに小選挙区単記制を支持すると表明していた。1945 年 12 月に本制度に賛成した保守主義者のように、植原はまた、反対の可能性に気づいていた。したがって、妥協として、彼は、中選挙区単記制の採用を提案した。ローストは、選挙区と選挙方法のこうした変更は GHQ/SCAP には受入れられないとさっそく発表した。これは、2 月 12 日にホイットニー少将へ彼の提案を繰り返す植原を止めることはできなかった。植原は、小選挙区制が小政党の振幅を除去し、選挙の焦点を政策にいっそう集中させる最善の方法であると主張した。さらに、植原は、彼の妥協案も繰り返し、もし法律が改正されなければ選ばれる共産主義者はますます多くなると警告した。ホイットニーは提案を拒絶したが、吉田首相が 1 週間後にマッカーサー元帥に会った時、応接ははるかに温かいものだった。3 月 14 日に、ホイットニーは、吉田

首相宛の手紙に問題を議会の裁量に託す意図を示した。[653]

ホイットニーの手紙の後、事態は簡単ではなかった。すなわち、野党は、さまざまな方法で時間を利用し、選挙法委員会で衆議院選挙法の一部改正法案を止めた。したがって、彼らは、衆議院の1947年3月23日と次の3日間の議事進行を妨げた。この行き詰まりの根本原因は、衆議院本会議に特別の修正を導入する、自由党と進歩党の周知の計画だった。これは、衆議院の選挙区数を53から117へ増やし、任意の有権者の投票数を1票に制限しようとするものだった。政府与党の計画によれば、選挙法委員会は前回の国会の会期に承認された技術的な修正を承認する予定だった。その後、本会議の委員長の報告書に続き、委員会の審議なしに改定を導入し可決することになっていた。[654]

立法は、行き詰まりが続いて延期され、たとえば、社会党の指導者は、GSを訪れ彼らの大義と議事妨害戦術に対する精神的支持を得ようとした。興奮した行き詰まり状態により3月27日にようやく開かれ、内閣は第92回国会を4日間延長し、政府与党は選挙法委員会の法律に提案された改定をすべて審議する社会党の要求に同意した。社会党議員は、今度は議事進行妨害プログラムを放棄することに合意した。委員会は、さまざまなグループの改定について議論して、1票を投じ、政府与党の改定が通った。選挙法案は、委員会で修正された通り、1947年3月30日に衆議院で、翌日に参議院で可決された。[655]

望ましい内閣への道を用意する変化

なぜGHQ/SCAPは、保守政治勢力を支持すると予想された急な改定を承認したのだろうか。たとえば、米国務省は1947年2月末に改定を良いと思っていなかった。同時に、無分別な改定法の急速な可決は、不十分な選挙手続きを生じるおそれがあると警告されていた。[656]

改定に反対するGS高官の多くにとって、日本政府にこの問題を任せる決定は受け入れがたいものだった。ジャスティン・ウィリアムズによれば、法律を改定する保守的な吉田内閣の動きにケーディスが反対することを慎んだのは、マッカーサーのGHQ/SCAPの中立宣言だけだった。[657]ピエター・ローストは同様に、占領側が提案された改定を正式に承認したにもかかわらず彼の当初の解釈に固執した。彼は、新制度が候補者の平均レベルを格下げし、投票者の選択の幅、特に

第6章　中道保守主義者の支援　*171*

女性候補数を縮小し、政府与党のように日本中から均等に支持されない社会党と国民協同党のような政党に不利に働くと主張した。[658]

　GS のアルフレット・ハッシーとセシル・ティルトンは、選挙法の仕掛けに反対しただけでなく、その名前を保守主義者が使用することを許可しないよう占領側に警告した。保守政党の腐敗に関する記述と、1920 年代と 1930 年代の古い政治パターンへ戻る可能性があるという言及に加え、彼らは、右派政治家の多数、特に自由党と進歩党議員は、マッカーサー元帥の吉田宛の手紙を利用していたと主張した。それは、最高司令官の首相への友情と支持を証明するために利用された。GS 高官は、この書簡の公表に先立って、尾崎行雄の首相職下で 5 党連立内閣の成立を目指す動きが進んでいたと主張した。マッカーサー元帥の書簡の公表は、自由党と進歩党がこの動きを封じる手段として捉えた。利用された主な議論は、マッカーサーが選挙を行うものとして吉田内閣を承認したというものだった。[659]

　さらに、GHQ/SCAP は選挙法改定の導入を命じたという噂が広がり始めた。その噂によれば、GHQ/SCAP 高官は国際情勢を考慮してその措置を命じ、彼らは、議会の共産主義者の人数の増加を阻止しようとした。この後、ホイットニー少将は衆議院議長宛ての書簡で、彼は、改定が占領当局の要求によるものではないと特に述べた。しかし、ホイットニーの書簡は単に記録のためであり、おそらく GS が何も知らない GHQ/SCAP 高官筋からの口頭の了解があったので、それは忘却できると宣言する別の噂によって、この書簡は直ちに信用されなくなった。植原内務大臣、幣原男爵、吉田首相の側近は、こうした噂の最も活発な流布者であると言われた。[660]

　占領当局が法律改正許可に熱心だった点で考えられる説明の 1 つは、共産主義に対する恐れだったかもしれない。CIS の要約では、利己的な政党の勝手な選挙区改変に加え、改定の背後にある共産党を活動できなくする強い衝動があったと述べている。[661] 最高司令官は、変更が日本共産主義者に対する必要な行為であると信じたので、GS の批判を無視したのかもしれない。しかし、アメリカ人は、共産主義者のキャンペーンの運営がますます困難になっていると観察していた。したがって、少なくとも選挙法改定後に、共産党の芳しくない選挙結果は、アメリカ人の観察者には驚くほど悪くなかった。[662] こうして、共産主義の恐れは、引

き下がって保守主義者を前進させる、過度に妥当とは言えないにしても、あり得る理由だった。

　占領当局の不干渉決定は、社会党と保守政党に関する政策に結びつく可能性が高かった。社会主義者の選挙法論争中の行動は興味深いものがあった。社会党の片山哲は、すでに1946年12月9日に、小選挙区制へ戻る可能性は、小選挙区制がほぼ確実に保守政党に有利であるため、議会解散運動に対する抑止力として働くことを認めていた。1947年2月10日に、社会党議員はローストに対し1945年の選挙法が次回の選挙で使用されることを望むと述べた。彼らは、政党法案と選挙法を改訂する考えに賛成したが、保守多数派の手の中でそれらの法律に何が起きるかに関しては懐疑的だった。3月24日に、片山哲は、社会党は選挙法の大きな変化に反対するその本来の立場から逸脱しなかったと述べた。しかし、党はあきらめ、4日後にヘレン・ロープは、社会党が選挙法案改定が望ましいことを否定しなかったと結論を下したが、それは日本国会の慣習にしたがって行われるよう主張した。[663]

　見解の変化に対する1つの説明は、さらにGSのローストが下した結論にあるかもしれない。すなわち、もし社会党が多数党になると予想すれば、変更案はそれに有利に働くので、その変更に賛成するはずだと主張された。しかし、ローストは、もし議論が本当であり、社会党がより大きな議会代表を達成したとしても、彼らは将来他の野党の支持を必要とすると読んでいた。これは、彼らが独力で安定多数を獲得する可能性はほとんどないためだった。[664]

　この結論は、占領者がなぜ改正を進めさせたかという疑問に、もう1つの見方を提示する。すなわち、ローストの分析が扱わなかったものは、社会党と保守与党の一方または両方との連立の可能性だった。ローストの分析は、変更案を疑うことを目標とし、戦前の選挙制度の復活が、社会党が最大政党になる可能性が高いが、保守主義者との協力にまだ制約される状況を作り出すと主張した。これは、私の解釈によれば、まさに最高司令官が求めたものだった。さらに、占領当局には新保守勢力の成功に反対するものは何もなかったことは注目すべきである。

6.3　民主党指導部の改造

民主党指導者のパージ

　民主党の創設は面倒だったが、新党の第一歩はその過去を円滑な進行のように
みせた。3月31日のその設立から数日後に、かつ衆議院選挙のちょうど3週
前に、党執行委員会メンバーのうちの4人がパージされた。1947年4月4日に
最初に指定されたのは楢橋渡で、犬養健が直ぐに続いた。これに続いたのは、犬
養と緊密な関係がある他の党の指導者のパージだった。石黒武重は、1946年9
月20日に進歩党に参加した。民主党設立後、4月9日に政府が彼はパージ指令
の条件に該当すると発表するまで、彼は党の幹事長であった。その2、3日後に、
地崎宇三郎は、新たに選任された幹事長として1日だけ務めたが、同様にパー
ジされた。地崎の後ろ暗い金の関係に関する噂が続いたにもかかわらず、彼は
1937年から1941年の間小樽新聞社長としてパージされた。[665] 日本内閣によって
1947年4月11日にパージに指定された保利茂は、パージの地位が突然変わった
民主党指導者のもう1つの例だった。1946年の総選挙の選別を経て、1947年の
選挙の立候補に青信号を獲得した後に、彼は、1944年の補欠選挙で翼賛政治会
（IRAPS）から受けた推薦のために、パージ指令のカテゴリーGに不意に該当す
るはめになった。最後に、芦田均は、1947年4月11日に幹事長の風あたりの強
い地位を継承した。[666]

　こうしたパージは民主党に巨大な影響を及ぼした。内田健三は、ちょうど新し
い綱領と組織構造が古い進歩党のイメージを払拭した時、芦田・犬養派が支配し
ていた党が一歩後退したと主張する。[667] 同様に、同時代の日本の報道機関は、楢
橋、犬養、および他の民主党指導者がパージされた結果、右への振れと、いわゆ
る革命派の崩壊を予測した。これらパージの背後にある勢力を推定するとき、指
す指は吉田首相と彼の党に向けられた。[668] さらに、楢橋と他のパージされた者の
一部は、彼らのパージが自由党側の政治的思惑が動機だと確信していた。日本政
府の中央適格審査委員会、および自由党と緊密な関係があったその指導者松嶋鹿
夫（委員長、中央公職適格審査委員会）はまた、疑わしい政治的操作者に入って

いた。[669] 吉田首相はこうした主張を否定した。[670]

ベアワルドはまた、政治的動機のパージにおける適格審査委員会の重要性と有用性を信じていた。彼は、こうした排除が政治的動機によるという広く支持された主張が次の議論の主要な路線により支持されると主張した。すなわち、幣原は、芦田均と現在はパージされた指導者が率いる指導部に対する進歩党内部の反乱に憤慨した。吉田は、2つの保守政党の統合を見たいと切望し、彼は、もし幣原の指導力が挑戦を受けないままであれば、それは容易に起きる可能性があると考えていた。[671]

民主党指導部のパージによって保守政党正面を著しく改造されたが、これは占領当局にとって喜ぶべき変化だったのだろうか。占領者は、こうした動きに参加したか、開始さえしたのだろうか、それとも、彼らは、吉田が演じたショーの受動的追随者だったのだろうか。さらに、彼らは、もし参加していたなら、なぜこれらの政治家を追い払いたいと思ったのだろうか、また、彼らが局外者だったなら、なぜ吉田がイニシアチブをとり、彼の保守的競争者を排除することを可能にしたのだろうか。

たとえば、犬養と楢橋のパージがGHQ/SCAPの初期の決定の多くに疑いを抱かせたことは注目に値する。彼らは選別され、排除され、1946年夏と秋のソ連の圧力から守られさえした。それに加え、GSが以前はパージ作戦を調整し、たとえば、わずか数週間後の石橋湛山のパージに深く関与していたことが明白なとき、GSがこうしたパージに関与していなかったと、なぜ仮定すべきなのだろうか。最後に、芦田均は、SCAPIN 550下の彼の地位が多くの地崎と石橋を想起させたが、なぜ彼はパージされなかったのか問うべきである。占領の最初の1年半の間、政党の育成指導に高い関心を持っていた占領当局が、こうした措置を彼らの祝福なしに取らせるというのは説得力に欠ける。

片岡鉄哉は、1947年4月のパージが共産主義者と大幅に削減された保守主義者の間の穏当な勢力を作り出すため指名されたと提案する。彼は、マッカーサーが1946年と1947年に矢継ぎ早に2回の選挙を要求したのは、社会党が勝利して浮上するのを見ることと、腰の重い社会主義者に芦田率いる民主党との連立政府結成を強いるためだと主張した。片岡はまた、マッカーサーが芦田をパージから外し、連立を組む権限を彼に与えたと主張する。1946年4月の選挙の意味に関する

解釈は意見が一致しないが、GHQ/SCAP がパージをそれ自身の政治目的に使用したという発見は重要である。占領当局は、社会党と協力できる新しい中道保守勢力の出現に期待した。[672] しかし、民主党指導者のパージを詳細に分析することができる前に、パージ以前に存在した政治情勢の特徴を認識する必要がある。

政治生活へ復帰した後、楢橋渡は、すぐに首相職への潜在的な指名候補者であると言われ、GS は、彼に関する入手可能な情報を全て得ることに関心を持っていた。主な関心は、彼が中国で高いレベルの諜報勤務に従事していたという容疑を証明するか論駁する事実にあった。楢橋の容疑に関する調査は、彼をパージ令の規定下に置く情報を明らかにできなかったが、楢橋の性格のへつらわない特徴に関する疑念は続いた。[673]

楢橋は、彼の脅かされた立場に気づいているように見えた。4 月 2 日に、彼は、政治問題の新部長カルロス・マーカムを訪ねて、吉田首相が民主党の指導者をパージすることでパージを党の政治目的に利用すると非難した。楢橋は吉田が 4 日前にパージされた鳩山に会ったという情報を伝えた。政治家はパージされた鳩山と政治的活動をしないように命じられていた。さらに楢橋は、内閣官房長官林譲治が数日前に、民主党指導者がパージされると新聞記者に非公式に伝えたと主張した。林の行動は、焦燥感を引き起こし、政府は GHQ/SCAP の承認なしに楢橋のパージを報道機関に伝えないよう指示されたと言われる、4 月 2 日付けの GS アーカイブに未署名の文書がある。[674]

楢橋の心配は根拠がなかったが、彼は 1947 年 4 月 4 日にパージされた。彼のパージの可能性の根拠は、陸軍との関係を示す北京グランド・ホテルの経営者の地位と、1942 年の選挙公報の内容に対するものだと主張された。[675] しかし、これは表向きにすぎなかった。GS アーカイブには 1947 年 5 月中旬からのメモが含まれ、中央公職適格審査委員会の代理幹事長は、楢橋を選挙前に排除する必要があったため明確な根拠なしにパージしたことを認めたクレームが含まれていた。この告白は、すでに実行されていたパージの受入れ可能な根拠を見つけることを目的にした会話中になされていた。[676]

増田弘の GHQ/SCAP 不参加の解釈は、吉田と松嶋の肩へ責任を負わせる。彼の読みは、1947 年 4 月 1 日の林譲治の記者への声明とガイ・ウィギンズ（Guy Wiggins）の楢橋パージ不可能に関する結論に基づいて構築されている。さらに

カルロス・マーカムの声明が重視され、それによればGSは、パージの政治利用
と吉田と鳩山の関係に関し栖橋が行った含意と主張を確認する明細を得たいと
思っていた。パージの背景を説明するとき、増田はまた、吉田と栖橋の衝突する
利害と栖橋が結びついている芦田グループと吉田が協力しようとしている幣原グ
ループの間の競争の歴史を紹介する。彼は、GSがもっと厳しい態度を示し、栖
橋の政界での不名誉に干渉しないことを説明すれば、栖橋はパージを免れること
ができたと主張する。GSは、言いかえれば、栖橋の負担となった疑わしい金銭
との関係と共に、彼のGHQ/SCAP高官との社交に関する噂のために、栖橋のパー
ジを受け入れる準備ができていた。[677]

　栖橋という人物に対し感じられた嫌悪は、確かにその通りであり、GSはパー
ジを防止できたと思われる。たとえば、適格審査委員会の決定のリークとパージ
の間に3日あったため、時間は問題ではなかったと思われる。その上、GS紙の
中にパージ指令のコピーがあり、それによれば栖橋はパージ指令に基づく勅令の
規定下に該当するとして指定された。文書の日付は1947年3月31日を指して
いる。[678] これは、占領当局が林のリークの前にさえ栖橋に対する動きに気づいて
いたことを暗示する。

　栖橋のパージを発表する一方で、中央適格審査委員会は、次の選挙の立候補に
関して「未決の」としてリストした民主党の追加の12人のメンバーの名前を明
らかにした。これらのメンバーは、さらなる研究のテーマとなる予定だった。3
人の党指導者、犬養健、石黒武重および河合良成は、このリストへ含まれていた。
新聞で、栖橋のパージは、民主党のいわゆる革命派への重大な後退であると考え
られた。万一犬養がパージという面倒な事に陥れば、このグループは崩壊さえし
かねないと推測された。[679]

　犬養のパージの可能性は1946年秋に議論された。その時、犬養は、CISとGS
によって、汪兆銘の平和運動での彼の過去に関する罪名から解放された。さら
に、彼は、軍国主義者と自ら妥協した国会議員を紹介したFECのソ連代表のリ
ストに属するにもかかわらず、1946年11月にパージされなかった。[680] しかし、
この問題は1947年4月に再考されていた。GSは、それ自身の調査を開始し、
当月初めにG-2から犬養と他の何かの政治家にアンケートを要請した。[681] 犬養
は、新たに結成された民主党ではよりリベラルな者の1人と言われ、彼のパージ

は現職内閣を喜ばせるものだったが、4月3日からのSCAPIN 550下の状況報告の最初の草案と、4月4日からの僅かに修正された2番目の版では、犬養は2つの、おそらく3つの論点でパージ可能であると結論を下した。この結論は、1946年11月6日のCISの研究に基づくと主張された。しかし、G-2は、11月の研究のメッセージを違った風に解釈し、11月の報告書が犬養はパージ不可能であることが分かると結論を下した。[682] G-2は、犬養のパージが行われた後でそれを批評した。幣原を含む古い党指導者からの反対にもかかわらず、犬養の民主党結成の成功を賞賛することに加えて、諜報機関は、パージの背後にある政治的動機に関する疑いを示した。[683]

G-2は、犬養の汪兆銘政府との関係の研究について、その作業を1947年5月8日にやっと終えようと考えた。GS宛のその報告書で、G-2は、もう一度中国における彼の過去の活動に関する主張から犬養を開放し、日本の中央適格審査委員会は犬養を公職から締め出すというその決定で誤ったと述べた。[684]

占領当局には、パージを許可するか否定できる権限があった。

今は、民主党指導者のパージを積極的に促進する吉田首相の能力や意思を否定する理由がある。さらに、松野鶴平のために、空しく訴えることで彼自身の支持者を後援しようと努めたが、彼の保守派の政敵の場合はこの選択肢を省略したことは真実である。[685] しかし、パージはまだ続き、その主要な役割はGHQ/SCAPに取って置かれた。GSと政治問題部の新部長カルロス・マーカムは、本部内部のパージを担当していた。マーカムの役割は、吉田にも理解され、吉田は加瀬俊一をパージ問題の彼の個人的代表であり、マーカムとの舞台裏のつながりにしようと努めた。さらに、1947年4月8日のGS行政覚書の中で序列が明らかにされた。パージ政策に関して、GHQ/SCAPは、日本政府の決定の正否を問わず決定するため、常時いかなる事例も審査する権利を有すると述べられていた。[686] 石橋湛山のパージ導入は、最高権力がどこにあるかを示す偉大な方法である。

石橋が吉田内閣の財務相になった時、彼の職務適格性について問題は提起されなかった。東洋経済と呼ばれる出版社の常務取締役、編集長そして社長としての彼の過去の経歴により、批判の言葉は表明されなかった。これに反して、ESSの保守的局長レイモンド・C・クレイマーは、東洋経済が直ちに出版を再開する

178

ことは GHQ/SCAP の要望であると、すでに 1945 年 10 月に示唆していた。[687) 数カ月後に、石橋は、建設的な仕事について頼れる日本の政党人に関する POLAD の仮リストに含まれた、8 人の著名な出版者とジャーナリストの中で言及されていた。[688)

しかし、在職の数週間後に、石橋に関する評価は劇的に変わった。GS は、1946 年 6 月 17 日に、石橋はパージ可能であり、また SCAPIN 550 のカテゴリー G に該当すると結論を下した。9 日後に、ホイットニー少将は、日本政府は石橋が排除されることになると非公式に通知されるべきだと勧告した。それは、パージの正当化に使用された、まさに東洋経済の彼の地位であり、超国家主義者と軍国主義者グループの政策と活動を一貫して支持したと今度はクレームされた。勧告の実際の理由は、政治的パージ指令条件下の彼の不適性とは別の理由であると主張されたが、金融・経済問題に関する最高司令官の既知の政策との調和において報告不足だった。これらの告発は、その代表がほとんど石橋と毎日接触していた ESS から始まっていた。たとえば、G-2 は、石橋をパージ可能だとは見ておらず、結局、こうした告発は石橋を 1946 年夏にパージ可能にするには十分ではなかった。[689)

自由党若手グループの指導者は、石橋へ GHQ/SCAP が彼に反感を感じていると知らせた 1946 年 9 月中旬に、仲人の役割を果たした。これから、石橋と占領当局の関係に関する一連の会話が始まった。[690) 最終的にパージのきっかけになった出来事は、マーカム大佐が、どの報道会社がカテゴリー G 内に該当することが判明したか示す報告書を最初に要求した 1947 年 3 月に動き出した。数週間後の 1947 年 3 月 20 日に、彼は、パージ法令の規定に該当する会社のブラックリストへ、日本政府のリストから見当たらない、東洋経済を追加するよう明白に要求した。要するに、占領当局は否定したが、石橋のパージのもっともらしい正当化を提供できるように、東洋経済を非難する必要だった。[691)

石橋は、GHQ/SCAP にとって好ましからぬ人物だったが、GS の圧力によっても日本政府は説得されなかった。中央適格審査委員会が 1947 年 4 月 4 日に支配していたそのパージを発表した時、自由党の選挙運動に最近指名されたマネジャーである石橋は、未定としてリストされていた。[692) その後、GS は、石橋の政治生命の終了の正当化を目指した 4 月 30 日の長いメモを作成した。この文書

は、東洋経済が軍国主義者と超国家主義者の政策を支持し、石橋が個人的に帝国主義の宣伝に寄与したことを示すために作成された。実際のメモは、石橋の戦後の経歴への言及を欠いたが、それらは、石橋がどのように GHQ/SCAP の経済改革をサボタージュしたか示す付録から見つかるようになっていた。石橋をパージするという見解と結論は、1947 年 5 月 1 日にホイットニー少将が受理した。[693]

ESS のメンバーは、問題の多い財務相を追い払うことを望み、また、彼らは、日本政府が訴える場合に GS を支援するため、石橋に関する情報を提出した。しかし、ESS が提出しつつある情報は東洋経済にも戦前の石橋の一般の戦時活動にも全く無関係だった。逆に、ESS は、石橋の大蔵大臣としての活動に関する苦情のリストを提出した。まだ、GS が 1946 年 5 月 7 日に石橋をパージするよう日本政府に命じた時、彼の戦後の役割に関する言葉は一切言及されなかった。[694]

責任転嫁としての東洋経済の利用と石橋のパージを正当化する理由は、石橋だけでなく日本政治の多くの指導者とメディアにも受け入れがたいものだった。[695] 石橋は、5 月 12 日に適格審査委員会のメンバーに訴えたが、それは 1947 年 5 月 16 日の彼のパージを防止できなかった。GS がパージを命じた後、東洋経済が日本政府の望ましからぬ出版物のブラックリストに含まれたことは注目に値する。[696] したがって、石橋のパージは占領側から強制されたのではなく、加速されただけであり、結局日本政府が GS の介入がなくても彼を排除したと結論づけることが可能になった。

占領当局の石橋の場合の介入は手荒く、分析される明らかな証拠を残した。しかし、それは唯一のことではなかった。たとえば、GHQ/SCAP が同様に楢橋のパージに圧力を加えていたというクレームがある。楢橋の秘書によれば、幣原は、4 月 2 日に彼が吉田を訪ねたと主張し、首相は、もし適格審査委員会が 4 月 1 日に楢橋のパージを決定していなければ、GHQ/SCAP がそれを行っていただろうと主張した。こうして、内閣は、パージを進めざるを得なかった。[697] 楢橋自身は、吉田を政治的に歪んだゲームだと非難するが、彼はまた、パージが日本政府の名のもとに実行された作戦だったが、GHQ/SCAP が支配していたと主張する。[698] さらに、占領者がパージを始めなかったとしても、彼らは確かに日本政府やあるいは個人の政治家が示唆するイニシアチブを許可するか拒否する権力を持っている。

占領者は幣原の敵ではなくその味方をパージした

　しかし、GHQ/SCAP が支配権を握っていたのなら、なぜ民主党の新指導者を見捨てたのだろうか。それほどうんざりするほどでもない個性の、楢橋と特に犬養をパージする決定を説明できるようにするには、民主党指導部の性質に関する占領当局の概念を理解する必要がある。1947 年初めに GHQ/SCAP がそれによって自由党と吉田の交替を考え始めた解釈は、不人気な首相が彼の中道保守派のライバルを排除することを占領当局が認めたと主張する説明モデルにほとんど適合しない。占領当局が新経済と社会党との協力を支持する変化の開拓者をパージしたいと思い、または吉田にパージさせた理由を理論的に説明することは難しい。たとえば、もし GHQ/SCAP が犬養は古い吉田・幣原路線と戦う改革勢力を代表し、修正資本主義のための代表選手であると実際に信じたなら、なぜ彼らは犬養のパージを承認したのか。

　たとえば、ガイ・ウィギンズは、民主党のよりリベラルで進歩的な党派の指導者としての犬養の役割を信じ、彼のパージは幣原と彼の頑迷な保守派の支配を強化するだろうと結論を下したのは真実である。[699] 同様に、G-2 は、4 月中旬に犬養と幣原を異なる陣営に置いていた。[700] しかし、犬養は、1946 年後半に行われた GS 評価で幣原と強く結びついていた。同様に、1947 年 2 月に、楢橋と石黒は幣原グループの支持者として言及された。犬養の改革の要求にもかかわらず、彼の幣原ならびに楢橋と石黒との近い関係が強調された。1947 年 2 月 1 日からの戦略情報要約報告書は、犬養が幣原を「第二の父」と見なし、常に助言を求めると結論を下した。[701] したがって、幣原・犬養に支配された進歩党内の変化に対する不信感が GS 政治オブザーバー間に浮上し、また、たとえば、ハリー・ワイルズは、犬養、楢橋、地崎および他のパージを受けた者が、幣原に反対するのではなく、彼の利益のために働くと主張した。[702] したがって、同時代の日本の報道機関と後日の研究者は、パージの説明として幣原とパージを受けた者の間の深い溝に言及したが、占領当局が必ずしもその存在を信じなかったと結論づけることができる。

　もし犬養が幣原の盟友だとみなせば、彼のパージは意味があった。幣原に対する攻撃は占領側を批判にさらしていたであろう。権力はいったん幣原へ任せら

れ、彼らの過去を批評することで、彼と吉田からそれを奪うことは不可能だったろう。それにもかかわらず、新民主党の指導部を占める幣原の補佐役をパージした彼の影響力を分断することは、不適切な分子が中道政権を樹立する占領当局の努力を妨げないようにするいかにも妥当なようにみえる方法だった。

皆が納得する指導者の樹立

それが幣原や犬養または楢橋でもないなら、占領者は誰が民主党を率いることを望んだのだろうか。芦田均は、党の望ましい指導者として浮上したように見える。すなわち、一松定吉によれば、芦田は、日本が新しい方向を目指すには彼が最適任であるため、民主党党首になるべきだと GHQ/SCAP から提案があったと主張した。[703] 芦田の日記は、GHQ/SCAP に頻繁に出入りしていた中野有礼はまた、吉田を芦田に交替させる意向を観察したことを明らかにしている。[704]

GHQ/SCAP の代表が芦田支持を約束したという疑う余地のない証拠書類はない。しかし、一松に対する芦田のクレームと、G-2 のウィロビーが既存の政治情勢の重要性により芦田をパージできないことが分かったというクレームは別として、そのような行為を代弁する状況証拠もある。芦田は、幣原内閣に加わることを彼が決定した後に弱まった鳩山とのつながりで、戦後の政界入りを果たした。その後、自由党を離れ民主党に参加した時、芦田は、吉田の影響力から逃れた。最後に、芦田は、幣原とのつながりはなかったが、社会党指導者は、1 年前に受入れ可能な保守派の 1 人として彼に示した。[705] こうして、占領当局の目には、芦田は、新秩序を大いに必要とする村の何かを変えることができる孤独なガンマンとして現れた。

翼賛政治会（IRAPS）の一員としての芦田均の過去と 1937 年 9 月から 1940 年 8 月までの内閣情報局と彼のつながりは、1946 年 11 月にすでに知られていた。しかし、これらは、彼を SCAPIN 550 に基づいて排除の対象にする地位として見なされなかった。1947 年 2 月初めに、芦田は、現在の議会の最も有能で学識のある議員の 1 人として記述され、また、彼の経験と能力のために、彼は、日本の社会改革と自由化に潜在的影響力があると想定された。[706]

しかし、芦田の SCAPIN 550 下の地位は、1947 年 4 月初めに再評価された。ガイ・ウィギンズは、芦田の役割を民主党のよりリベラルで進歩的党派の指導者

として認め、彼のパージは幣原と彼の頑迷な保守派の支配を強くすると結論を下した。しかし、最終的分析では、彼が1933年から1939年までジャパン・タイムズ＆メールの編集者を務めたという事実によりパージの対象になるおそれがあるため、芦田の役割は未決であると考えられた。[707] 結局、芦田の新聞はブラックリストにはなく、石橋と東洋経済の事例から証明される通り、無理やり含められる可能性があった。したがって、何が芦田を救い、この問題でどのような類の役割を占領当局が果たしたかは考えるに値する。いずれにしても、芦田の日記では、ハッシーがすでに1947年3月29日にジャパン・タイムズ＆メールに関する潜在的な問題について彼に警告し、また、チャールズ・ケーディスは、芦田に関する大きな期待を抱くGS高官として言及されている。[708]

　ハンス・ベアワルドは、2つの前提の上にジャパン・タイムズ＆メールのパージ回避に関する彼の説明を構築している。最初に、ジャパン・タイムズ＆メールは日本外務省の公式機関と見られていたが、それは英語で刊行され、その普及と実質的影響力は限られていた。第2の説明は、進歩党のそれほど反動派でない指導者の1人としての芦田の役割につながっていた。すなわち、地崎、犬養、石黒、楢橋をパージした後の芦田の排除は、党を活性化するそのグループの努力の運命をおそらく定めたと思われる。この結論に続いて、元パージ担当高官は、占領側はパージの基準を厳格に執行するよりも、時折、進んで政治状況に主に配慮していたと述べている。[709] 私の見解では、こうした機会は定期的に起きていた。

　芦田がGHQ/SCAPの選択した民主党を率いる者であり、日本の報道機関が彼に期待したとしても、[710] 党総裁職の問題は解決が難しかった。犬養、楢橋、石黒は、幣原を最高政治顧問の地位へ祭り上げることを計画した。しかし、彼らがパージされた後、幣原の棚上げに不満だった一松定吉と他の2名の閣僚は、幣原を党首へ据えようと動きだした。斎藤を支持する1つのグループと芦田を支持するもう1つのグループからの反動は、3通りの論戦を促進した。芦田と幣原の両人は、5月5日の民主党議員集会で開会挨拶を行った一方、斎藤は、現在の政治情勢を分析した。3名全員は、あたかも彼らが新党首のように振る舞った。一松と彼の盟友は、幣原を党総裁、芦田を副総裁、斎藤を最高顧問とする妥協の陣容を提案しようとしたが、この試みは失敗し、党総裁選挙は延期された。したがって、斎藤が連立に関する交渉を始めた時、党は相対する陣営に分裂した。幣原

のグループは社会党・民主党連立に反対する一方、芦田のグループはそれに賛成した。結局、党機関は 1947 年 5 月 8 日に芦田の路線を支持した。党大会で、社会党と自由党との協同が承認され、5 月 18 日に芦田は党総裁に選ばれ、幣原は、名誉総裁に、斎藤は最高顧問に選ばれた。[711]

　選別過程に占領者の干渉の直接証拠はない。しかし、斎藤のクレームは異常な方向を暗示している。1948 年 3 月に、斎藤は、芦田が党の大多数の支持を得ていなかったが、不公正な手段で党総裁になると公言したと主張した。[712] これは、GHQ/SCAP のことを指しているかもしれないが、同様に、自らの政治的野心を満たすことがなかった党を去る政治家側の不満のはけ口である可能性がある。

　5 月 9 日に、マーカムは、民主党内部に 3 つの党派があると考えた。これらは、幣原（40%の支持者）、芦田（35%の支持者）および斎藤（25%の支持者）が率いていた。斎藤は、芦田を支持する傾向にあると考えられ、幣原の地位は、片山の連立計画が実現した場合、非常に弱いと見られた。[713] 5 月 14 日に、社会党の片山哲がチャールズ・ケーディスに会った時、彼は、総選挙後に始まった連立政権交渉に民主党総裁の選択が大きな影響を及ぼすだろうと伝えた。片山によれば、幣原の総裁職は、自由党が彼を首相職に押す一方、民主党総裁としての芦田の選挙は、片山が首相になる機会を高めることを意味する。[714] 私が理解するところでは、最高司令官は、穏健な保守主義であり穏健な社会主義である政府の樹立を望んでいた。したがって、片山の証言は、占領者に芦田が党総裁職に就く格好の理由を与えた。したがって、幣原と吉田が社会党と協力することを拒否したため、GHQ/SCAP の人々が彼に社会党と協力して安定した政治情勢へもたらすよう望んだという、芦田の主張はいかにも妥当に見える。[715]

　しかし、さまざまな観察者は、彼が指名されたとき、すでに芦田に失望させられるようになっていた。すなわち、5 月 16 日に朝日は報告書を公表した。それによると芦田は、幣原を首相にすることを期待する取引条件に基づいて民主党総裁になった。ハリー・ワイルズとオズボーン・ハウギによれば、これは、芦田が政治的に歪んだゲームを演じ、改革派の運動を分裂させる解釈を指す最初の徴候ではなかった。芦田は、民主主義のために民主党を改革する必要性を強調する一方、実際には時代遅れの反動的人物と交流し、そのために働いていたと言われた。ワイルズは、全てが民主的傾向を示す一方、保守政治家に裏口

を開けておく、芦田からのいくつかの証拠を掘り起こしていた。芦田は、社会党との協力は口先だけである一方、実際は、まだ自由党との強いつながりを保持していると非難された。さらに、彼は、日本の最も古く尊敬すべき議会人の1人として賞賛された斎藤隆夫と協力して働くことを断わり、こうして、反幣原勢力を分断した。[710]

芦田は、彼自身の言葉によれば、GHQ/SCAP が彼のパージを求めておらず、彼の事例を明らかにすることを検討したという確認を得たにもかかわらず、ガイ・ウィギンズは、1947 年 5 月 14 日に芦田のパージを正当化するメモを作成した。この時、過去 2 年間の芦田の総裁職の間、ジャパン・タイムズ＆メールが軍事帝国主義を主張したことが検討された。さらに、かなり以前から既知の内閣情報局参事官としての地位は、今、新しい方法で解釈された。この地位への指名は、芦田のジャパン・タイムズ＆メールの社長としての政策が当時の政府に少なくとも受入れられたことを示す証拠として理解された。[717]

ジャック・ネーピア（Jack Napier）がウィギンズの主張を繰り返し、芦田の支持者が作成した声明書の議論を無効にしたとき、芦田の事例は 1947 年 5 月 30日にその頂点に達した。ネーピアの見解では、ジャパン・タイムズ＆メールは、政府の影響から自由でもなく、その少ない発行部数により日本の一般読者に影響力がないわけもない。ネーピアは、新聞の内容を調査した日本政府の委員会を批評する一方、芦田をパージすべきだと主張した。同日に、ハリー・ワイルズは、日本の報道機関は、芦田が鳩山一郎と関係があったため、芦田のパージを予想していると主張した。ワイルズのメモの目的は不明であるが、芦田の鳩山への忠誠の記述は、特に斎藤の鳩山への抵抗と比較された時、彼の立場を弱めていた。[718]

パージを代弁する意思のこうした表現にもかかわらず、芦田は排除されなかった。さらに 1947 年 5 月 30 日付の状況報告は、芦田を SCAPIN 550 に基づきパージできないと分類していた。この決定は、日本政府の公開情報メディアのブラックリストにジャパン・タイムズ＆メールが含まれていなかったという事実に基づいていた。これは、芦田をパージしない理由だった。おそらく、これは民主党内部と連立内閣交渉の進展と関係があった可能性が高い。すなわち、芦田は、幣原率いるより保守的分子と対抗し勝利した改革派の指導者として今度は記述された。[719] さらに、当日行われた片山内閣に合流するための党の投票に基づいて、芦

第6章 中道保守主義者の支援　*185*

田は、彼のグループを希望の連立へ導くことで、中道路線への彼の約束を示した。こうして、芦田は、中道派連立の誕生の表れとして鳴らされたベルで救われた。

望み通りの結果が達成された後、パージに関する議論は GHQ/SCAP 内部でも続いた。この議論中に、ネーピアは、政治的ツールとしてパージを利用することを防止するため、日本政府の行動を監視する番犬がいたと主張した。しかし、占領当局が手段としてパージを利用することを誰も制御していなかった。[720]

最後に、占領側は、民主党指導部のパージでのその役割に関する興味深い立場を取った。すなわち、「日本占領期における非軍事活動史」で、民主党の特徴がどのようにパージによって修正されたか説明している。政党を扱った部分で、「党のより保守的議員の多くをパージする際に、パージの第3段階では、修正資本主義の新プログラムのより熱烈な支持者の相対的強度を強化した」と記述している。[721] したがって、楢橋と犬養は、新民主党内部の保守的分子の代表と認められた。

6.4　新内閣は GHQ の期待に添っている

1947年4月に行われた選挙結果は、GHQ/SCAP にとって喜ばしいものだった。1947年4月27日の日本人への声明で、最高司令官は、日本人が両極端の誘惑を拒絶して穏健な路線を選んだので、日本人有権者を賞賛した。[722] 社会党は衆議院議席の三分の一しか保持せず、保守政党派が過半数を占めたが、片山哲と西尾末広の両人は、政治のイニシアチブは今後最大の党が取るとさっそく発表した。しかし、これは、首相職が自動的に彼らに任せられるという意味ではなかった。純粋の数学に基づいて、選挙結果は、古い保守連立が権力を続ける可能性を意味した。しかし、数週間にわたる交渉の結果は、社会党、民主党、国民協同党を含む片山哲の連立政権の成立だった。問うべき質問は、占領当局の保守主義者に関する政策は、片山内閣の成立に多少影響を及ぼしたかという点である。

内閣成立につながる交渉

占領当局は、選挙結果への反応をだらだらと考えていなかった。4月29日に、GS はすでに西尾にインタビューしていた。連立内閣結成の障碍の中でも、西尾

は、大野伴睦と大久保留次郎に代表される自由党の反対派に言及した。表向きは社会党との連立に反対しないが、この党派は、陰では幣原を支持していると言われた。社会党内で最も影響力がある人物と見なされた西尾は、首相問題ではそっけなかった。GS は、社会主義者が幣原の下で協力するかどうか知りたいと思っていたが、西尾は、もう 1 つの幣原内閣に反対する世論を強調した。西尾はまた、連立内閣に対する芦田の支援を信じると表明した。社会党の平野力三は、5 月 2 日にインタビューを受け、彼は、片山が首相を務める自由党と民主党の連立を党は支持すると保証した。しかし、保守連立の可能性は、受け入れられなかった。[723]

　全ての党は混乱していた。西尾は、社会党の指揮を取っていたが、自由党の議員の立場は確かではなく、民主党の状況は、党管轄を目指す競争に囚われていた。幣原のグループは保守連立を支持した一方、斎藤と芦田は若手議員の路線に従い、3 大政党を含む連立を主張した。こうした状況下で、社会党の代表は、5 月 9 日に自由党、民主党、国民協同党の代表との会議を招集した。[724]

　4 党の連立内閣の創設は原則としては承認されたが、具体案は幹事長たちの後日の打合せに残され、首相職の問題は延期された。この状況で、GS は、3 つの主な連立の可能性を説明したメモを作成した。最も可能性がありそうなのは、片山を首相とする 4 党連立だった。社会党、民主党、自由党、国民協同党を含む計画の重大な問題は、内閣の経済ポストの取引であると考えられた。この計画は、民主党の芦田派が支持すると言われた。片山を首相とする 3 党連立の可能性は、社会党派が支持すると主張された。しかし、自由党が反対することを意味していたであろう連立は、自由党・民主党連立の問題で幣原と芦田が分断された場合にしか可能ではないと考えられ、これはありそうもない展開だと見られた。3 番目の可能性は、吉田か幣原のいずれかが率いる保守的な 2 党の連立だった。カルロス・マーカムの意向は、4 党連合が成功する政府が保証される最善の策だと彼が結論を下したことから、明白だった。[725]

　5 月 12 日に、社会党は 4 党幹事長会議へ政策合意案を提出した。その 4 日後に、ほとんど合意に達した。しかし、それに先立って、片山は 5 月 14 日にケーディスと会っていた。議論になったのは、社会党左翼党派と連立参加だったが、これはまた、片山が連立形成に対する民主党総裁問題の影響に関し彼の見解を表現した

時だった。さらに、片山は、彼の党が要求していた5つの大臣職を明らかにした。ケーディスは、社会党を励まし、占領当局は制限された資本主義の政策を支持する用意があると断言した。同日に、社会党左翼党派が共産党から離脱した。[726]

5月17日に、自由党の意見はまだ割れていたが、翌日の芦田を民主党総裁にする選挙は、保守主義・社会主義連立の障碍を取り除いた。とはいえ、自由党の吉田は、5月19日に共産党だけでなく社会党左派の放逐を要求した。吉田は、GHQ/SCAP が左翼社会主義者を閣僚として承認しないとはったりをかけたが、社会党の指導者はこの提案を承認できなかった。[727] 衆議院議長と副議長は、5月21日夕方選任された。社会党と民主党は、共同で松岡駒吉を議長に、田中萬逸を副議長に指名した。自由党は、それ自身の候補を指名した。1947年5月23日に、社会党は、首相の選挙ができるだけ早急に行われることを他の党に示唆した。その結果、新憲法下で最初に、参議院と衆議院の両方がほとんど満場一致で片山哲を首相に任命した。彼は宮中就任式に単独で出席し、大臣の地位を全て同時に占めた。同日に、新首相とマッカーサー元帥の会合が合意された。[728]

5月24日に、マッカーサーは声明を発表し、日本が中道路線を選択したことを示す片山の選択に彼の満足を表明した。片山がキリスト教徒だったので、最高司令官は特に喜んだ。その後、自由党は5月28日に新しい連立案を拒絶し、民主党は片山率いる連立に参加することを5月30日に票決した。翌朝、西尾末広はGSのチャールズ・ケーディスを訪れ、閣僚案の承認可能性を探った。[729] 社会党から7名、民主党から7名、国民協同党から2名の大臣からなる片山内閣は、1947年6月1日に組閣された。数日後に、片山は、マッカーサーに対し組閣に示された彼の気遣いに感謝し、新内閣の政策が発表される前に最高司令官へ提出されると約束した。[730]

片山内閣成立における占領者の役割

占領当局は、内閣成立の進展を綿密に追跡していたが、彼らはその活動分野をオブザーバーに限定していたのだろうか。占領当局は政治に介入する権力を持ち、重大な岐路には介入しなかったことを考えると、当時日本の政治における彼らの役割を誇張するのは容易であると主張する研究者がいる一方、他の者は、片山政府を説明する際にその特異な歴史的状況を過度に強調すべきではないと指摘

した。[731]

GHQ/SCAP を、そのイニシアチブなしでは占領下の日本では何も起きなかった、全能の関係者と見なす危険は明白である。しかし、入手可能な証拠に基づいて、私は、組閣における占領者の役割を強調する研究者のグループに合意したい。占領当局が片山内閣結成のために擁護者として積極的役割を果たしたので[732]、組閣は単にマッカーサーと GS の予想外の喜びだったと評することはできない。

首相しか選出されない状況でマッカーサーが片山と中道路線の勝利を賞賛したことは、中道派の組閣に対する暗黙の命令として理解することができる。さらに、ケーディスが社会党左翼を代表する加藤勘十の反連立の話合いに抗議した時、GHQ/SCAP は活発だった。支援の2番目の具体的な例は、平野力三はパージを容赦されるというマッカーサーの約束で、これは、連立結成におそらく絶大な影響を与えたと思われる。[733]

GS が片山の首相職を支援したと考えるのは難しいことではない。さまざまな GS 高官が占領のまさにその始まりから社会党を支援したが、以前はその指導体制の準備ができた時だとは考えられていなかった。さらに占領当局は、すでに 1947 年 4 月の選挙に先立って、共産党と社会党の溝が広がっていることを知っていた。[734] これは、確かに疑念を薄め、党を主要な政党として妥当と思われる代替政党に見せた進展だった。同様に、片山個人の特徴は、尊敬に値すると見られた。すでに 1946 年夏に、GS は、日本の政党政治の広範囲な評価を行い、ハリー・ワイルズは、片山の傑出した特徴として基本的人権が十分認められていない人々に対する謙虚さ、誠実さ、共感に言及していた。さらに、片山の深いキリスト教精神が記述され、少数派の大義の代表選手、特に女性の権利の唱道者として、彼の闘争が紹介された。斎藤隆夫の追放の場合は、通常受け身の理論家が党の意思に反対投票し、追放に反対して、彼自身の党から役職停止になった一例として言及された。[735]

占領者の片山内閣成立への支援は、日本の保守派に関する占領当局の政策のために提示された説明に十分適合している。占領当局が穏健な中道に向けて保守派の表看板を改造しようとしたならば、彼らが保守派と社会主義者の右翼派下にある社会派の間の内閣結成を支援したのは当然にすぎない。

自由党は、吉田が名目上の党首にすぎない、大野伴睦、大久保留次郎、林譲治

の政党であると評された。GS の報告書では、大野は国会の重要性と尊厳、および女性の平等を受け入れることを拒否した独裁的で無教養な指導者として引合いに出されていた。吉田は、その党の連立問題、つまり、左翼の社会主義者の追放を要求し、進路を突然変更させるには弱体すぎるとみられたので、大野が非難されることになった。GS の説明では、後者は内閣の議論を行き詰まらせて、組閣に幣原男爵が招集される妥協を強要しようとした。[736] したがって、内閣に自由党を参加させなかったのは、占領の大義の後退ではない進展として説明された。

　1947 年 3 月に民主党へ国会議員を失い、かつ、衆議院選挙で失望して弱体化した国民協同党は、1947 年 5 月末には、決して非常に大きく成長しない魅力的な装飾である盆栽と評された。党は、選挙運動中は社会党の綱領に従ったと主張された。人間の原則を売るとして以前理解されたものは、農家から増加する専門家と知識人まで党の主張を広げることに成功した三木武夫と松本瀧蔵として、今度は賞賛された。[737] GHQ/SCAP は、政党が果たす大きな役割を期待していなかったが、それは現在日本を率いると期待された中道勢力を拡大した。

　片山内閣が結成された後何が変わると予想されたのか。私は、1947 年 5 月 27 日にタイムズの社説を書いた記者は、片山の選出は、彼が民主党の支持を得るため彼のより進歩的思想を放棄せざるを得なかったために日本の針路を変えなかったと示唆するとき、多くの点で正しかったと主張する。さらに、選挙の結果から、吉田内閣の保守的性格ではなく、それが経済危機を解決しないことに対する不満だけが明らかになった。[738] 占領当局は、全面的な社会主義的改革の道ではなく、日本の社会秩序と占領者が主導する政策の円滑な進行を求めていた。

　要するに、占領当局は、1947 年初春に、破壊する必要がある問題、ボトルネックに直面していた。吉田内閣を支持する前の政策は主張できず、新政府を樹立する必要があった。古い指導部の転覆は、GHQ/SCAP 内部に大きな組織内の取引を生じることはなく、誰もそれを弁護していなかった。吉田・幣原連合から片山・芦田ペアまでの変更は急進的に見えるが、占領者の政策の前提を揺るがすことはなかった。占領当局が幣原、吉田、片山内閣で引き続いて調査し、発見したものは、彼らの指示に従い、かつ、それらを GHQ/SCAP が当惑しない方法で実施する能力を持つ適切な指導部だった。

文　献

1) 同時代史学会『占領とデモクラシイの同時代史』（東京：日本経済評論社、2004 年），iii; Gary A. Stradiotto, "Democratic Prospects in Iraq: A Comparative Approach". *International Politics, 2006, 43,* 2006.

2) *U.S. Plans for War and Occupation in Iraq are a Historical Mistake. An Urgent Appeal from Students of the Allied Occupation of Japan.* January 24, 2003; John W. Dower, "Lessons From Japan About War's Aftermath". *The New York Times,* October 27, 2002.

3) Kenneth B. Pyle, *Japan Rising. The Resurgence of Japanese Power and Purpose.* New York: Public Affairs, 2007, 218.

4) Stradiotto 2006.

5) John W. Dower, "Review: Recent Japan in Historical Revisionism: Occupied Japan as History and Occupation History as Politics". *The Journal of Asian Studies, Vol. 34, No. 2. (Feb., 1975),* 1975, 492; Ray A. Moore, "Reflections on the Occupation of Japan". *The Journal of Asian studies, Volume XXXVIII, Number 4, August 1979,* 1979, 721-724; Ray A. Moore, "The Occupation of Japan as History. Some Recent Research". *Monumenta Nipponica, Vol. 36, No. 3 (Autumn 1981),* 1981, 317-328; 福永文夫『占領下中道政権の形成と崩壊―GHQ 民政局と日本社会党』（東京：岩波書店、1997 年），3 頁.

6) Tsutsui Kiyotada, "Toward the Liberal Democratic Party Merger: Conservative Policies and Politics". *Creating Single-Party Democracy - Japan's Postwar Political System.* Edited by Kataoka Tetsuya. Stanford, California: Hoover Institution Press, Stanford University, 1992, 119-120.

7) Yoshida Shigeru, *The Yoshida Memoirs. The Story of Japan in Crisis.* (Translated by Yoshida Kenichi.) London: Heinemann, 1961, 148; Justin Williams, Sr., *Japan's Political Revolution under MacArthur. A Participant's Account.* Tokyo: University of Tokyo Press, 1979, 39.

8) Lindblom 1968, 4, 13; Graham Allison-Philip Zelikow, *Essence of Decision. Explaining the Cuban Missile Crisis.* (Second edition) New York; Reading Massachusetts; Menlo Park, California; Harlow, England; Don Mills, Ontario; Sydney; Mexico City; Madrid; Amsterdam: Addison Wesley Longman, 1999.

9) Lindblom 1968, 13-15, 116.

10) Lindblom 1968, 24-27.

11) Masaru Kohno, *Japan's Postwar Party Politics.* New Jersey: Princeton University Press, 1997, 12.

12) Allison-Zelikow 1999, 5-6, 143, 157, 166, 242, 255-257, 302.

13) Takemae Eiji, *The Allied Occupation of Japan.* Translated and adapted from the Japanese by Robert Ricketts and Sebastian Swann. New York: The Continuum International Publishing Group, 2003, 137-142.

14) Patrick Thaddeus Jackson, *Civilizing the Enemy. German Reconstruction and the Invention of the West.* Ann Arbor: The University of Michigan Press, 2006, 27. さらに: Peter Burke, "Overture. The New History: Its Past and Future". *New Perspectives on Historical Writing.* (Second edition, edited by Peter Burke) University Park, Pennsylvania: The Pennsylvania State

文 献 *191*

University Press, 2001, 4, 20; Peter Burke, "History of Events and the Revival of Narrative". *New Perspectives on Historical Writing.* (Second edition, edited by Peter Burke) University Park, Pennsylvania: The Pennsylvania State University Press, 2001, 286.

15) Richard J. Evans, *In Defence of History.* New York: W. W. Norton&Company, 1999, 93, 112- 115.

16) Jackson 2006, 32-33.

17) Pentti Renvall, *Nykyajan Historiantutkimus.* Porvoo-Helsinki: WSOY, 1965, 165-167, 197, 216; Kari Palonen, *Tekstistä politiikkaan - Johdatusta tulkintataitoon.* Tampere: Vastapaino, 1988, 61 -64; Evans 1999, 135-136.

18) Renvall 1965, 177, 216; Evans 1999, 70-71, 79, 89.

19) Russell Brines, *MacArthur's Japan.* Philadelphia and New York: J. B. Lippincott Company, 1948, 63.

20) Pertti Alasuutari, Researching Culture. Qualitative Method and Cultural Studies. London- Thousand Oaks-New Delhi: Sage Publications, 1995, 50-51.

21) Jackson 2006, 26.

22) Evans 1999, 80.

23) Takemae 2003, 115.

24) Masumi Junnosuke, *Postwar Politics in Japan, 1945-1955.* Translated by Lonny E. Carlile. Berkeley, California: Institute of East Asian studies, University of California, Berkeley Center for Japanese Studies, 1985, 76-77.

25) Michael Schaller, *The American Occupation of Japan - The Origins of the Cold War in Asia.* New York: Oxford University Press, 1985, 63.

26) Williams 1979, 22.

27) Harry Emerson Wildes, *Typhoon in Tokyo - The Occupation and Its Aftermath.* (First printing Macmillan Publishing 1954) New York: Octagon Books, 1978, 114.

28) Allison-Zelikow 1999, 312.

29) Tuula Okkonen, *Yhdysvaltojen näkemykset, suunnitelmat ja toimenpiteet Japanin koulujär -jestelmän uudistamiseksi 1942-1947.* Oulu: Väitöskirja, Acta Universitatis Ouluensis, B Humaniora, Oulun yliopisto 45, 2002, 27.

30) Wildes 1978, 27, 309-314.

31) Dower 1975, 501-503; Moore 1979, 723.

32) Robert A. Scalapino, *Democracy and the Party Movement in Prewar Japan. The Failure of the First Attempt.* Berkeley and Los Angeles: University of California Press; Gordon Mark Berger, *Parties out of Power in Japan, 1931-1941.* New Jersey: Princeton University Press, 1977.

33) Ben-Ami Shillony, *Politics and Culture in Wartime Japan.* Oxford: Clarendon Press, 1981, 19- 21.

34) Shillony 1981, 75.

35) Marlene J. Mayo, "American Wartime Planning for Occupied Japan". *Americans as Proconsuls - United States Military Government in Germany and Japan, 1944-1952.* Edited by Robert Wolfe. Carbondale and Edwardsville: Southern Illinois University Press, 1984, 7-10.

36) Takemae 2003, 201-202.

37) Mayo 1984, 6-7, 10-11, 13.

38) Rudolf V. A. Janssens, *'What Future for Japan?' U.S. Wartime Planning for the Postwar Era, 1942-1945.* Amsterdam – Atlanta, GA: Rodopi, 1995, 10-15.

39) Janssens 1995, 119; Takemae 2003, 201-202.

40) Mayo 1984, 7, 12-14; Janssens 1995, 119-120.

41) Mayo 1984, 23-24; Howard B. Schonberger, *Aftermath of War. Americans and the Remaking of Japan, 1945-1952.* Kent, Ohio and London, England. The Kent State University Press, 1992, 25.

42) Mayo 1984, 24, 29; Janssens 1995, 230-231, 329.

43) Dale M. Hellegers, *We, the Japanese People: World War II and the Origins of the Japanese Constitution. Volume One – Washington.* Stanford, California: Stanford University Press, 2001 (a), 159-161.

44) Janssens 1995, 154-156.

45) Hellegers 2001a, 160-162.

46) Barry M. Katz, *Foreign Intelligence – Research and Analysis in the Office of Strategic Services 1942-1945.* Cambridge, Massachusetts and London, England: Harvard University Press, 1989, xiii, 3-4, 17-19; Janssens 1995, 178-179, 186.

47) Stephen C. Mercado, "FBIS Against the Axis, 1941-1945. Open-Source Intelligence from the Airwaves". *Studies in Intelligence, Fall-Winter 2001, No. 11,* 2001.

48) Mayo 1984, 8.

49) Takemae 2003, 210.

50) Mayo 1984, 37-38, 40; Janssens 1995, 361-364.

51) Catherine R. Edwards, *U.S. Policy towards Japan, 1945-1951: Rejection of Revolution.* Dissertation, University of California, Los Angles 1977, 93, John Curtis Perry, *Beneath the Eagle's Wings – Americans in Occupied Japan.* New York: Dodd, Mead & Company, 1980, 28, 42; Mayo 1984, 10, 50; Schonberger 1992, 23, 36.

52) McNelly, 2000, 36.

53) Henry Oinas-Kukkonen, *Tolerance, Suspicion, and Hostility – Changing U.S. Attitudes toward the Japanese Communist Movement, 1944-1947.* Westport, Connecticut and London: Greenwood Press, 2003, 6.

54) Akira Iriye, *Power and Culture. The Japan-American War 1941-1945.* Cambridge, Massachusetts and London, England: Harvard University Press, 1981, 123; Mayo 1984, 23.

55) 五百旗頭真『日米戦争と戦後日本』（東京：講談社学術文庫、2005 年）、56 頁.

56) Schonberger 1992, 39, 134.

57) Mayo 1984, 13-14, Janssens 1995, 80-81, 141.

58) 五百旗頭真 2005 年、56-63 頁.

59) 同前.

60) Hellegers 2001a, 88.

61) Joseph C. Grew, *Ten Years in Japan. A Contemporary Record from the Diaries and Official Papers of Joseph C. Grew. United States Ambassador to Japan 1932-1942.* (First printing Simon and Schuster 1944.) Westport, New York: Greenwood Press, 1973, 51-52, 118-119, 125, 155-156, 297-298, 344-350.

62) Schonberger 1992, 24.

文　献　*193*

63)　Grew 1973, xi.

64)　Schonberger 1992, 14. さらに：Grew 1973, 32, 338.

65)　Kenneth W. Colegrove, *Militarism in Japan.* Boston-New York: World Peace foundation 1936, 23-26, 44-45, 58-60, 66-69.

66)　Owen Lattimore, *Solution in Asia.* Boston: An Athlantic Monthly Press Book, Little Brown and Company, 1945, 29, 46-47, 190.

67)　Summary of Information, GHQ/FECOM, Operations Division, CIS, G-2, Special Activities Branch, March 1, 1947. NDL, MMA-5, roll 13（no. 920）, box 18.

68)　Andrew Roth, *Dilemma in Japan.* London: Victor Gollancz, 1946, 11-13, 31-36, 52-53.

69)　Hugh Borton, *Japan Since 1931 – Its Political and Social Developments.* New York: International Secretariat Institute of Pacific Relations, Publications Office, 1940, 14-15, 33, 40, 43, 49-55, 65.

70)　Janssens 1995, 104-105.

71)　PS, T 358, July 28, 1943. The Occupation of Japan – U.S. Planning Documents 1942-1945. Edited by Makoto Iokibe. Published by Congressional Information Service and Maruzen, 1987（OJUSPD）1-B-23; PS, T 381, September, 1943. OJUSPD 1-B-28（2）.

72)　PS, T 366, September 27, 1943. OJUSPD 1-B-28（2）.

73)　Memorandum of Conversation, by Mr. Joseph W. Ballantine, March 28, 1941. Foreign Relations of the United States. Diplomatic Papers.（FRUS）1941, 113-117.

74)　PS, T 366, September 27, 1943. OJUSPD 1-B-28（2）.

75)　Joseph. C. Grew to Philip. J. Jaffe, August 25, 1944. OJUSPD 5-E-13.

76)　PS, T 358, July 28, 1943. OJUSPD 1-B-23.

77)　PS, T 381, September, 1943. OJUSPD 1-B-28（2）.

78)　同前.

79)　同前.

80)　DOS, Division of Political Studies, T Minutes 53, July 30, 1943. OJUSPD 1-C-3; DOS, Division of Political Studies, T Minutes 54, October 22, 1943. OJUSPD 1-C-4.

81)　Shillony 1981, 19-20.

82)　Shillony 1981, 20, 22.

83)　Memorandum, To the Secretary of State, from Tokyo, April 24, 1941. NDL, SIJ-2, reel 1, 894.00/1039.

84)　Japan, Political Estimate, August 20, 1941. NDL, SIJ-2, reel 1, 894.00/1132.

85)　たとえば：Joseph C. Grew to the Secretary of State, March 27, 1940. NDL, SIJ-2, reel 2, 894.00 P.R./147; Japan, Political Estimate, August 20, 1941. NDL, SIJ-2, reel 1, 894.00/1132; Borton 1940, 120.

86)　Earl H. Kinmonth, "The Mouse That Roared: Saito Takao, Conservative Critic of Japan's "Holy War" in China". *Journal of Japanese Studies. Vol. 25, No. 2 (Summer 1999)*, 1999, 346-349.

87)　PS, T 358, July 28, 1943. OJUSPD 1-B-23.

88)　DOS, IRIS, R&A Branch, R&A 3405. The Japanese National Election System, October 18, 1945. OSS/State Department Intelligence and Research Reports. Part 2. Postwar Japan, Korea and Southeast Asia. University Publications of America, Frederick, MD, 1977（OSS/SDIRR）reel 2 document 10.

89) Schonberger 1992, 25.

90) Schonberger 1992, 17-23; 五百旗頭真 2005 年, 74-78 頁.

91) Theodore Cohen, *Remaking Japan – The American Occupation As New Deal.* (Edited by Herbert Passin) New York: The Free Press, 1987, 14-17.

92) Hellegers 2001a, 163.

93) Mayo 1984, 24-26; Janssens 1995, 152; Hellegers 2001a, 165.

94) たとえば：OSS, R&A (#1343), Agenda of Research Requirements for Civil Affairs Administration of Japan, November 19, 1943. OJUSPD 3-A-40.

95) Preliminary Political and Policy Questions Bearing on Civil Affairs Planning for the Far East and Pacific Areas, February 18, 1944. OJUSPD 2-A-14; Memorandum Prepared in the War and Navy Departments, 18 February, 1944. FRUS 1944, vol. V, 1190-1194.

96) 比較文献：福永文夫 1997 年, 14-15, 20 頁.

97) CAC-111, Japan: Political Parties and Agencies, March 15, 1944, 1-3. OJUSPD 2-A-32; CAC-108 Preliminary, Japan: Political Parties or Agencies, March 9, 1944. OJUSPD 2-A-31.

98) Hellegers 2001a, 191.

99) Elmer Plischke, "Denazification in Germany. A Policy Analysis". *Americans as Proconsuls – United States Military Government in Germany and Japan, 1944-1952.* Edited by Robert Wolfe. Carbondale and Edwardsville: Southern Illinois University Press, 1984, 201-205.

100) OSS, Far Eastern Section, Strategic Survey of Japan, February 28, 1942. OJUSPD 3-A-31.

101) Army Service Force Manual (M354-2), Civil Affairs Handbook. Japan, Section 2: Government and Administration, January 1945. OJUSPD 3-B-3; OSS, R&A (#1319, 2A) Army Service Force Manual (M354-2A), July 3, 1944. OJUSPD 3-B-4.

102) Coordination of Data on Japanese Personalities, OSS, R&A Branch, No. 2509, April 9, 1945. OJUSPD 3-A-118.

103) OSS, R&A (#3034) Report. May 16, 1945. OJUSPD 3-A-132.

104) Janssens 1995, 341.

105) J. W. Dower, *Empire and Aftermath. Yoshida Shigeru and the Japanese Experience, 1878-1954.* Cambridge (Massachusetts) and London: Harvard University Press, 1979, 227.

106) Hellegers 2001a, 71-78.

107) Janssens 1995, 348-352.

108) PWC/CAC 文書の中に、たとえば；PWC-108b/CAC-116b, Memorandum Prepared by IDACFE, May 4, 1944. FRUS 1944, vol. V, 1235.

109) William R. Nester, *Power across the Pacific. A Diplomat History of American Relations with Japan.* London: Macmillan Press, 1996, 193.

110) Draft of Proposed Statement, 5/45. OJUSPD 5-A-25.

111) Hellegers 2001a, 121.

112) Mayo 1984, 46-48; 福永文夫 1997 年, 16-17 頁.

113) Janssens 1995, 355-360.

114) Schaller 1985, 11.

115) Diary of Henry L. Stimson, Secretary of War, July 2, 1945. OJUSPD 5-D-1.

116) 五百旗頭真 2005 年, 137-142 頁.

117) Mayo 1984, 44-45; Takemae 2003, 226.

文　献　*195*

118) Occupation of Japan: Policy and Progress. The Department of State. U.S.A. Publication 2671. Far Eastern Series 17. s.l.s.a., 53-55, 73-81. さらに：福永文夫 1997 年，27 頁.

119) Takemae 2003, 212-213, 228.

120) JCS, Basic Directive for Post-Surrender Military Government in Japan Proper（JCS-1380/15）, November 3, 1945. NDL, GS（B）00291.

121) Takemae 2003, 37-40.

122) Dale M. Hellegers, *We, the Japanese People: World War II and the Origins of the Japanese Constitution. Volume Two - Tokyo.* Stanford, California: Stanford University Press, 2001（b）, 407-418.

123) Takemae 2003, 47-49, 64.

124) Hellegers 2001b, 419-423.

125) Hellegers 2001b, 409.

126) Mayo 1984, 49, 471.

127) Grew memorandum of Conversation, July 16, 1945. OJUSPD 5-E-33.

128) Grew to MacArthur, August 22, 1945. NDL, MMA-14, reel 2,（box 5, folder 7, Joseph C. Grew）.

129) Letter from Grew to MacArthur, October 3, 1945. NDL, MMA-14, reel 2,（box 5, folder 7 Joseph C. Grew）.

130) Williams 1979, 35-36. さらに：Janssens 1995, xviii-xix; Takemae 2003, 151-152.

131) Williams 1979, 61.

132) Takemae 2003, 176, 209.

133) Williams 1979, xiv, 52-63, 69.

134) Janssens 1995, 159; Hellegers 2001a, 234, 398.

135) Hellegers 2001b, 580-581, 632, 645.

136) Williams 1979, 69.

137) Frank E. Hays, Forces Influencing the Japanese Cabinet 1885-1945, April 4. NDL, GS（B）00255.

138) GHQ, SCAP, History of the Nonmilitary Activities of the Occupation of Japan 1945 through November 1951, Volume III - Political and Legal - Part F, Development of Political Parties, NDL.

139) Masumi 1985, 76-77; さらに：Appendix G, History of the Government Section, GHQ, SCAP. NDL, GS（B）00513.

140) Wildes 1978, 14-15, 31, 339.

141) Kohno 1997, 30. さらに：Dower 1975, 488; Moore 1979, 723.

142) Takemae 2003, 64, 66-67.

143) Kawai Kazuo, *Japan's American Interlude.*（First printing 1960）Chicago: The University of Chicago Press, 1969, 19; Dower 1979, 309; Takemae 2003, 113.

144) 冨森叡児『戦後保守党史』（東京：岩波書店、2006 年），1 頁.

145) Masumi 1985, 78-79, Uchida Kenzō, "Japan's Postwar Conservative Parties". *Democratizing Japan. The Allied Occupation.* Edited by Robert E. Ward and Sakamoto Yoshikazu. Honolulu: University of Hawaii Press, 1987, 310; 福永文夫 1997 年，30-31 頁.

146) 信夫清三郎『戦後日本政治史・1945-1952』（東京：勁草書房、1965 年），201 頁；Uchida 1987, 310-312; 福永文夫 1997 年、30-31 頁；冨森叡児 2006 年，3 頁.

147) 信夫清三郎 1965 年，201 頁；Uchida 1987, 312; 冨森叡児 2006 年，3 頁.

148) 信夫清三郎 1965 年，201 頁；Masumi 1985, 79-80; 冨森叡児 2006 年，4 頁.

149) 鳩山一郎『鳩山一郎・薫日記.上巻鳩山一郎篇』伊藤隆、季武嘉也編（東京：中央公論新社、1999 年），412 頁.

150) 信夫清三郎 1965 年，204-205 頁；Uchida 1987, 314-315.

151) 福永文夫『戦後日本の再生 1945-1964 年』（東京：丸善株式会社、2004 年），35 頁.

152) John K. Emmerson, *The Japanese Thread. A life in the U.S. Foreign Service*. New York: Holt, Rinehart and Winston, 1978, 232.

153) James F. Byrnes, *Speaking Frankly*. London: William Heinemann, 1947, 102-104; Douglas MacArthur, *Reminiscences*. London: William Heinemann, 1965, 279-280.

154) Harriman telegram from Moscow for Secretary of State, August 31, 1945. Confidential U.S. State Department Central Files: Japan: Internal Affairs 1945-1949. Edited by Paul Kesaris. University Publication of America, Frederick, MD 1985（CUSSDCF), reel 1, windows 180-181.

155) The Minister in New Zealand（Patton）to the Secretary of State September 20, 1945. FRUS 1945, vol. 6, 719-720.

156) OSS/R&A 3258, Proposal for Political Reform in Japan, September 21, 1945. OSS/SDIRR reel 2 document 3.

157) 同前.

158) Dean Acheson, *Present at the Creation. My Years in the State Department*. First Printing in 1969. New York: W. W. Norton & Company, 1987, 127, 157-160, 214.

159) George F. Kennan, *Memoirs, 1925-1950*. Boston: An Atlantic Monthly Press Book, Little Brown and Company, 1967, 268-373.

160) Schaller 1985, 55.

161) Acheson 1987, 126.

162) OSS, R&A（#3155）Report, June 19, 1945. OJUSPD 3-A-135; OSS, R&A,（#3263）report, September 28, 1945. OJUSPD 3-C-31.

163) OSS, R&A,（#3263）report, September 28, 1945. OJUSPD 3-C-31.

164) 同前.

165) たとえば：OSS, R&A,（#3263）report, September 28, 1945. OJUSPD 3-C-31; DOS, IRIS, R&A Branch,（#3449）report, November 9, 1945. OSS/SDIRR, reel 2 document 15.

166) P. E. Peabody, War Department, Military Intelligence Division, Washington, for the Assistant Chief of Staff, G-2, September 12, 1945. NDL, LS 24079-LS 24084.

167) H.W. Allen, SCAP Memorandum for Imperial Japanese Government, October 4, 1945. The Occupation of Japan, Part 3. Reform, Recovery and Peace 1945-52. Edited by Makoto Iokibe. Published by Congressional Information Service and Maruzen, 1991.（OJP3RRP) 3-C-100.

168) Masumi 1985, 45; Richard B. Finn, *Winners in Peace. MacArthur, Yoshida and Postwar Japan*. Berkeley and Los Angeles: University of California Press, 1992, 49.

169) DOS, IRIS, R&A Branch,（#3274）report, October 12, 1945. OSS/SDIRR, reel 2 document 8.

170) Masumi 1985, 45; Finn 1992, 39; Mayumi Itoh, *The Hatoyama Dynasty. Japanese Political Leadership Through the Generations*. New York: Palgrave Macmillan, 2003, 75; 福永文夫2004年、23-25 頁.

171) 五百旗頭真 2005 年，137-142 頁.

172) GHQ, SCAP, USAFPAC, Military Intelligence Section, General Staff, Daily Summary No. 1287,

文　献　*197*

October 13, 1945, 6. NARA, RG 200, box 43; DOS, IRIS, R&A Branch, (#3274) report, October 12, 1945. OSS/SDIRR, reel 2 document 8.

173) Brines 1948, 47-48, 198.

174) 五百旗頭真『占領期—首相たちの新日本』（東京：講談社学術文庫、2007 年）, 126-132, 163 頁.

175) H.W. Allen, SCAP Memorandum for Imperial Japanese Government, SCAPIN 99. October 7, 1945. OJP3RRP 3-C-107.

176) Atcheson telegram to the Secretary of State October 4, 1945. CUSSDCF reel 1 window 203; Byrnes, Department of State, Airgram for SCAP and for Atcheson, Political Adviser, October 17, 1945. CUSSDCF reel 1 window 205; GHQ/USAFPAC, Office of the Chief-of-Staff, R.K. Sutherland memorandum for Mr. Atcheson, October 3, 1945. CUSSDCF reel 1 window 218.

177) George Atcheson Jr., POLAD, Memorandum to the Supreme Commander and Chief of Staff, September 24, 1945. NARA, RG 84, entry 2828, box 1, folder 1.

178) Emmerson 1978, 256.

179) Williams 1979, 6-8.

180) Williams 1979, 21, 74.

181) Wildes 1978, 29; Williams 1979, 57-58.

182) Takemae 2003, 156.

183) Williams 1979, 35.

184) Wildes 1978, 28-31, 36.

185) Cohen 1987, 89-90.

186) Paul J. Mueller, GHQ/FECOM, The Intelligence Series, Volume IX; Operations of the Civil Intelligence Section, SCAP, July 8, 1948. NDL, The Intelligence Series G2, USAFFE-SWPA-AF -PAC-FEC-SCAP, ISG-1, reel 12. さらに：Takemae 2003, 152-153; Oinas-Kukkonen 2003, 20, 61.

187) Cohen 1987, 90.

188) Emmerson 1978, 252, 256, 267-268; William J. Sebald with Russell Brines, *With MacArthur in Japan. A Personal History of the Occupation*. London: The Cresset Press, 1965, 78-79. さらに： Finn 1992, 37.

189) Wildes 1978, 5, 9, 13, 18, 105, 116.

190) John K. Emmerson, POLAD, Political Parties in Japan, October 11, 1945. NDL, GS (A) 02522.

191) 同前.

192) 同前.

193) John K. Emmerson, POLAD, Memorandum（日時不明）. Interrogation of TOKUDA, Kyuichi, released political prisoner, conducted at General Headquarters, Tokyo, October 7, 1945, 4. NARA, RG 84, box 3, vol. V.

194) John K. Emmerson, POLAD, Political Parties in Japan, October 11, 1945. NDL, GS (A) 02522.

195) John K. Emmerson, POLAD, weekly report, December 10, 1945. NDL, GS (A) 0252; Harry Emerson Wildes, GHQ, SCAP, GS, Public Administration Division, PPB. Liberal Party, June 20, 1946. NDL, MMA-3, reel 82.

196) John K. Emmerson, POLAD, Political Parties in Japan, October 11, 1945. NDL, GS (A) 02522.

197) たとえば：Henry Oinas-Kukkonen, *US Attitude towards the Japanese Communist Movement 1944-1947.* Oulu: Dissertation, University of Oulu, 1999, 38.

198) John K. Emmerson, POLAD, Political Parties in Japan, October 11, 1945. NDL, GS (A) 02522.

198

199) J.R.Friedman, DOS, Division of Far Eastern Affairs, Report to Mr. Acheson, October 11, 1945. CUSSDCF reel 1 window 211.

200) John K. Emmerson, POLAD, Political Parties in Japan, October 11, 1945. NDL, GS (A) 02522; John K. Emmerson, POLAD, weekly report, October 18, 1945. NDL, GS (A) 02522; John K. Emmerson, POLAD, weekly report, November 3, 1945. NDL, GS (A) 02521.

201) 芦田均『芦田均日記。第一巻』(東京：岩波書店刊行、1986 年)、54 頁.

202) 増田弘『政治粛清放』(東京：中央公論新社、2001 年)、72 頁.

203) 河野一郎『河野一郎自伝』伝記刊行委員会編 (東京：徳間書店、1965 年)、180 頁.

204) John K. Emmerson, POLAD, weekly report, October 18, 1945. NDL, GS (A) 02522.

205) 同前.

206) John K. Emmerson, POLAD, weekly report, October 27, 1945. NDL, GS (A) 02522; John K. Emmerson, POLAD, weekly report, November 12, 1945, Appendix III. NDL, GS (A) 02521.

207) 宇垣一成『宇垣一成日記巻・3』(東京：みすず書房、1971 年)、1657 頁.

208) GHQ, SCAP, USAFPAC, Military Intelligence Section, General Staff, Daily Summary No. 67-1315, November 10, 1945. NARA, RG 200, box 43.

209) John K. Emmerson, POLAD, weekly report, October 18, 1945. NDL, GS (A) 02522; John K. Emmerson, POLAD, weekly report, October 27, 1945. NDL, GS (A) 02522.

210) John K. Emmerson, POLAD, weekly report, November 12, 1945. NDL, GS (A) 02521.

211) John K. Emmerson, POLAD, weekly report, November 12, 1945, Appendix I. NDL, GS (A) 02521.

212) The Nippon Times - November 11, 1945. NARA, RG 331, box 8593, folder 9.

213) Atcheson, POLAD, Telegram to Secretary of State, October 30, 1945. CUSSDCF reel 1 windows 242-246; The Acting Political adviser in Japan (Atcheson) to President Truman, November 5, 1945. FRUS 1945, vol. 6, 825-827.

214) The Acting Political adviser in Japan (Atcheson) to President Truman, November 5, 1945. FRUS 1945, vol. 6, 825-827.

215) MacArthur 1965, 288.

216) John K. Emmerson, POLAD, weekly report, November 17, 1945. NDL, GS (A) 02521.

217) George Atcheson Jr., POLAD, Memorandum for the Supreme Commander, November 24, 1945. NDL, GS (A) 02521.

218) John K. Emmerson, POLAD, weekly report, November 17, 1945. NDL, GS (A) 02521.

219) Berger 1977, 350.

220) 芦田均 1986 年、10-11 頁.

221) P. E. Peabody, War Department, Military Intelligence Division, Washington, for the Assistant Chief of Staff, G-2, (August 1945). NDL, LS 24079-LS24080.

222) Saito Takao's Report to Friends Throughout the Country on My Secession From the Democratic Party and the Establishment of a New Political Party, March 1948. NDL, GS (A) 02534.

223) GHQ/USAFPAC, Office of Chief of Counter-Intelligence, from Tec 3 Saffell and Tec 5 Scott to Lt. Pontius, Research and Analysis Section, November 22, 1945. NARA, RG 84, entry 2828, box 3, vol. V.

224) Wildes 1978, 116.

225) CIS, SCAP, Occupational Trends Japan and Korea. Report No. 21, May 8, 1946. NARA, RG

331, SCAP, NRS, entry 1828, box 9091.

226) John K. Emmerson, POLAD, weekly report, November 17, 1945, Appendix. NDL, GS (A) 02521.

227) Sebald with Brines 1965, 12, 44, 66.

228) P. K. Roest, GHQ, SCAP, GS, Public Administration Branch, Memorandum for Record, November 19, 1945. NDL, GS (A) 00117.

229) W.E.C., GS to G-2 (Japanese Liaison Officer), November 15, 1945 with P. K. Roest, Memorandum for Record, November 15, 1945. NDL, GS (B) 03013.

230) 鳩山一郎 1999 年, 413 頁.

231) P. K. Roest, Memorandum for Record （日時不明）. NDL, GS (A) 00117.

232) 同前.

233) John S. Service, POLAD, Memorandum of conversation, November 25, 1945, 3. NARA, RG 84, box 11, folder 18.

234) GHQ/USAFPAC, Office of the Chief of Counter Intelligence, Research and Analysis Section, To Lt. Pontius from Sgt. Cole, November 28, 1945. NARA, RG 84, entry 2828, box 3, vol. V.

235) P. K. Roest, GS, Public Administration Branch, Memorandum to General Christ, November 18, 1945. OJP3RRP 3-A-86.

236) P. K. Roest, GHQ, SCAP, GS, Memorandum for Record, December 12, 1945. NDL, GS (A) 00117.

237) John K. Emmerson, POLAD, Memorandum of Conversation, November 7, 1945. CUSSDCF reel 1 windows 265-267.

238) John K. Emmerson, POLAD, weekly report, November 12, 1945. NDL, GS (A) 02521.

239) Masumi 1985, 80; 増田弘 2001 年, 34, 64 頁；冨森叡児 2006 年, 12-13 頁.

240) John K. Emmerson, POLAD, weekly report, October 27, 1945. NDL, GS (A) 02522.

241) John G. Roberts, *Mitsui – Three Centuries of Japanese Business*. New York: Weatherhill, (Second printing), 1991, 367-368.

242) The Acting Political Adviser in Japan (Atcheson) to the Secretary of State, October 24, 1945. FRUS 1945, vol. 6, 780-781; Robert A. Fearey, POLAD, Review of Developments in Japan August 26 – November 20, 1945. CUSSDCF reel 1 windows 324, 331.

243) Robert A. Fearey, POLAD, Review of Developments in Japan August 26 – November 20, 1945. CUSSDCF reel 1 windows 324, 331; Yoshida 1961, 150.

244) John K. Emmerson, POLAD, weekly report, November 12, 1945, 2. NDL, GS (A) 02521; John K. Emmerson, POLAD, weekly report, November 24, 1945. NDL, GS (A) 02521.

245) George Atcheson, Jr., POLAD, Memorandum for the Supreme Commander, November 24, 1945. NDL, GS (A) 02521.

246) The Acting Political Adviser in Japan (Atcheson) to the Secretary of State, November 15, FRUS 1945, vol. 6, 854-856.

247) W. E. Crist, GHQ, SCAP, GS, Memorandum for the Chief of Staff, November 1945. OJP3RRP 3 -A-94（日時不明）; GHQ, SCAP, Memorandum for the Chief of Staff, December 6, 1945. OJP3RRP 3-A-98.（記述者不明）.

248) Memorandum from Christ to Chief of Staff, November 30, 1945. OJP3RRP 3-A-93.

249) Kohno 1997, 34.

250) 石川真澄 『戦後政治史』（東京：岩波書店、2006 年），23-25 頁；Kohno 1997, 34.

251) Kohno 1997, 35-36.

252) ローストの見解，たとえば: P. K. Roest, GHQ, SCAP, GS, Memorandum for the Chief, Government Section, December 29, 1945. NDL, GS (A) 00117.

253) Williams 1979, 74-79; Hellegers 2001b, 495.

254) 信夫清三郎 1965 年，209-211 頁.

255) John K. Emmerson, POLAD weekly report, December 3, 1945. NDL, GS (A) 02521.

256) John K. Emmerson, POLAD, weekly report December 10, 1945. CUSSDCF reel 1 window 370; Summation of Non-Military Activities in Japan and Korea, No. 2. OJP3RRP 3-B-2.

257) John K. Emmerson, POLAD, weekly report, Appendix, November 17, 1945. CUSSDCF reel 1 windows 290-292.

258) Summation of Non-Military Activities in Japan and Korea, No. 2. OJP3RRP 3-B-2.

259) John K. Emmerson, POLAD, weekly report, December 3, 1945. NDL, GS(A) 02521.

260) 同前.

261) John K. Emmerson, POLAD, weekly report, December 10, 1945. NDL, GS (A) 02521; GHQ/ USAFPAC, Military Intelligence Section, General Staff. No. 97-1345, December 10, 1945. NARA, RG 200, General Charles A. Willoughby "Personal-Official File" 1941-50, Daily Intelligence Summary (set II), Nov-DEC 1945, box 59.

262) John K. Emmerson, POLAD, weekly report, December 15, 1945. NDL, GS (A) 02521.

263) GHQ/USAFPAC, Military Intelligence Section, General Staff. No. 103-1351, December 16, 1945. NARA, RG 200, General Charles A. Willoughby "Personal-Official File" 1941-50, Daily Intelligence Summary (set II), Nov-DEC 1945, box 59.

264) John K. Emmerson, POLAD, weekly report, December 24, 1945. NDL, GS (A) 02520.

265) John K. Emmerson, POLAD, weekly report, December 3, 1945. NDL, GS (A) 02521; John K. Emmerson, POLAD, weekly report, December 10, 1945. NDL, GS (A) 02521.

266) D.S., Tec 5 Scott, Lt. Pontus, Check Sheet, Tsurume Yusuke, December 1, 1945. NDL, JW-93-03; OCCIO, Research and Analysis Section, From T/3 Saffel and T/5 Scott to Lt. Pontius, December 1945. NDL, JW-93-03 P. K. Roest, GHQ, SCAP, GS, Public Administration Branch, Memorandum for Record, December 24, 1945. NDL, GS (A) 00117.

267) George Atcheson Jr., POLAD, Memorandum for the Supreme Commander, December 18, 1945. NDL, GS (A) 02521.

268) 同前.

269) R. J. Marshall, Chieff of Staff, Memorandum for George Atcheson Jr., December 20, 1945. NARA, RG 84, entry 2828, box 3, vol. V.

270) GS report to the FEC, January 17, 1946. NDL, JW-35-01.

271) Uchida 1987, 317-319.

272) John K. Emmerson, POLAD, weekly report, December 24, 1945. NDL, GS (A) 02520.

273) CIS, SCAP, Occupational Trends Japan and Korea, Report No. 5, January 16, 1946. NARA, RG 331, SCAP, NRS, entry 1828, box 9091.

274) John K. Emmerson, POLAD, weekly report, December 24, 1945. NDL, GS (A) 02520.

275) John K. Emmerson, POLAD, Memorandum of conversation, December 28, 1945. NARA, RG 84, box 11, folder 16; P. K. Roest, GS, Memorandum for Chief, GS, January 16, 1946. OJP3RRP 3-A-135.

276) POLAD, Russell L. Durgin, Memorandum, December 24, 1945 NARA, RG 84, entry 2828, box

文　献　*201*

11, folder 16.

277) POLAD, George Atcheson, Jr., Despatch No. 168 to the Secretary of State, January 5, 1946. NARA, RG 84, entry 2828, box 11, folder 16.

278) John K. Emmerson, POLAD, Memorandum of conversation, December 28, 1945. NARA, RG 84, entry 2828, box 11, folder 16; John K. Emmerson, POLAD, weekly report, December 31, 1945. NDL, GS (A) 02520; P. K. Roest, GS, Memorandum for Chief, GS, January 16, 1946. OJP3RRP 3-A-135.

279) The Acting Political Adviser in Japan (Atcheson) to President Truman, January 4, 1946. FRUS 1946, vol. 8, 88.

280) P. K. Roest, GS, Memorandum for Chief, GS, January 16, 1946. OJP3RRP 3-A-135.

281) GHQ/USAFPAC, Military Intelligence Section, General Staff. No. 114-1362, December 27, 1945, 10. NARA, RG 200, General Charles A. Willoughby "Personal-Official File" 1941-50, Daily Intelligence Summary (set II), Nov-DEC 1945, box 59.

282) Charles L. Kades, GHQ, SCAP, GS, Memorandum for the Chief, GS, December 26, 1945. NDL, GS (B) 01168; Williams 1979, 21.

283) Williams 1979, 74-78; Itoh 2003, 76.

284) Oinas-Kukkonen 2003, 61-62; Takemae Eiji. "Early Postwar Reformist Parties". *Democratizing Japan. The Allied Occupation*. Edited by Robert E. Ward and Sakamoto Yoshikazu. Honolulu: University of Hawaii Press, 1987, 350.

285) Hellegers 2001b, 451; Oinas-Kukkonen 2003, 25.

286) George Atcheson Jr., Report to the Secretary of State, November 17, 1945. NARA, RG 84, entry 2829, box 1, folder 2; POLAD, George Atcheson Jr. report to the Secretary of State, November 19, 1945. NARA, RG 84, entry 2829, box 1, folder 2; E.H. Norman, Memorandum, November 5, 1945. NARA, RG 84, entry 2829, box 1, folder 2; E.H. Norman, Memorandum for the Office in Charge, November 8, 1945 NARA, RG 84, entry 2829, box 1, folder 2; Emmerson 1978, 240, 273.

287) CIS, SCAP, Occupational Trends Japan and Korea, Report No. 4, January 9, 1946. NARA, RG 331, SCAP, NRS, entry 1828, box 9091.

288) Hans H. Baerwald, *The Purge of Japanese Leaders under the Occupation*. Berkeley and Los Angeles: University of California Press, 1959, 1-3, 10.

289) 増田弘 2001 年, 14-16 頁 .

290) Williams 1979, 39; Yoshida 1961, 148.

291) MacArthur 1965, 298.

292) Courtney Whitney, *MacArthur - His Rendezvous with History*. (First printing Alfred A. Knopf, 1956) Westport, Connecticut: Greenwood Press, 1977, 283.

293) Willoughby 1956, 311-312.

294) H. W. Allen, Memorandum for Imperial Japanese Government, January 4, 1946. OJP3RRP 3-C-563; Abolition of Certain Political Parties, Associations, Societies and Other Organizations (SCAP Directive, January 4, 1946) Occupation of Japan: Policy and Progress. The Department of State. U.S.A. Publication 2671. Far Eastern Series 17. s.l.s.a., 112-116.

295) Removal and Exclusion of Undesirable Personnel From Public Office (SCAP Directive, January 4, 1946). Occupation of Japan: Policy and Progress. The Department of State. U.S.A.

Publication 2671. Far Eastern Series 17. s.l.s.a., 99-105.

296) Removal and Exclusion of Undesirable Personnel From Public Office (SCAP Directive, January 4, 1946), Appendix A. Occupation of Japan: Policy and Progress. The Department of State. U.S.A. Publication 2671. Far Eastern Series 17. s.l.s.a., 105-109.

297) Baerwald 1959, 42-45.

298) Wildes 1978, 53-54; Williams 1979, 38.

299) Captain Arthur Behrstock Memorandum to Commander Byard, November 6, 1945. NARA, RG 331, box 2053.

300) Williams 1979, 38-39; Cohen 1987, 89; Finn 1992, 87-88; 冨森叡児 2006 年, 31-33 頁.

301) W. E. C. (William E. Crist), GHQ, SCAP, Check Sheet from GS to G-2, G-3, GPA, CIS, PH&W, E&S, LS, CI&E, NR, POLAD, November 10, 1945. NARA, RG 331, box 2053.

302) S. F. M. (Sidney F. Mashbir), Check sheet from G-2 to GS, November 19, 1945. NARA, RG 331, box 2053.

303) W. E. C. (William E. Crist), GS, Memorandum to Chief of Staff, December 1945. NARA, RG 331, box 2053.

304) H.W. Allen, GHQ, SCAP, Draft Memorandum for the Imperial Japanese Government, November 1945. NDL, GS (A) 02536.

305) M. Goodsill, GHQ, SCAP, GS, Memorandum to Colonel Kades, November 18, 1945. OJP3RRP 3-A-98; Draft, GHQ, SCAP, AG 000.1 (19 Nov 45) CIS, Memorandum for Imperial Japanese Government, November 19, 1945. NDL, GS (B) 00192.

306) Harry I. T. Creswell, GHQ, USAFPAC, Military Intelligence Section, General Staff, ATIS, Memorandum to General Willoughby, December 5, 1945. NARA, RG 331, box 2053.

307) C. A. W. (Charles A. Willoughby), G-2, GHQ, USAFPAC, Check Sheet from G-2 to Military Govt. Sec., December 6, 1945. NARA, RG 331, box 2053.

308) W. E. C. (William E. Crist), GS, Inclosure to the Chief of Staff, December 7, 1945. NARA, RG 331, box 2053. さらに: Removal and Exclusion of Undesirable Personnel From Public Office (SCAP Directive, January 4, 1946), Appendix B. Occupation of Japan: Policy and Progress. The Department of State. U.S.A. Publication 2671. Far Eastern Series 17. s.l.s.a., 107, 109-110; Abolition of Certain Political Parties, Associations, Societies and Other Organizations (SCAP Directive, January 4, 1946) Occupation of Japan: Policy and Progress. The Department of State. U.S.A. Publication 2671. Far Eastern Series 17. s.l.s.a., 114.

309) George Atcheson Jr., POLAD, Memorandum for Supreme Commander and Chief of Staff, November 9, 1945. NARA, RG 331, entry 1897, box 1, folder 2.

310) George Atcheson, Jr., POLAD, Memorandum for the Supreme Commander, November 24, 1945. NDL, GS(A)02521; George Atcheson Jr., POLAD, Memorandum for the Supreme Commander and Chief of Staff, December 10, 1945. NARA, RG 84, box 3, vol. V.

311) W.E.C (William E. Crist), GS, Report to Chief of Staff, December 3, 1945. NARA, RG 331, box 2033, folder 29; GHQ, SCAP, Memorandum for the Chief of Staff, December 6, 1945. OJP3RRP 3-A-98.

312) George Atcheson Jr., POLAD, Memorandum for Supreme Commander and Chief of Staff, December 24, 1945. NDL, GS (A) 02520.

313) John K. Emmerson, POLAD, weekly report, December 24, 1945. NDL, GS (A) 02520; Mark

文 献 *203*

Gayn, *Japan Diary*. (First Printing William Sloane, 1948.) Rutland, Vermont & Tokyo: Charles E. Tuttle Company, 1981, 44.

314) P. K. Roest, GHQ, SCAP, GS, Memorandum for the Chief, Government Section, 29 December 1945. NDL, GS (A) 00117; P. K. Roest, GHQ, SCAP, GS, Memorandum for the Chief, Government Section, 5 January 1946. NDL, GS (A) 00071.

315) Finn 1992, 83.

316) Uchida 1987, 323.

317) Summation of non-Military Activities in Japan and Korea No. 4. OJP3RRP 3-B-4; Summation of non-Military Activities in Japan and Korea No. 5. OJP3RRP 3-B-5.

318) POLAD, John S. Service, report 215, January 19, 1946. NARA, RG 226, Box 392, XL37097; Atcheson, POLAD to the Secretary of State, January 17, 1946. FRUS 1946, vol. 8, 114.

319) GHQ, SCAP, Richard J. Marshall, AG 091.1 Staff Memorandum No. 2, January 21, 1946, Informal and Confidential. NDL, GS (B) 00909.

320) Masumi 1985, 95; Uchida 1987, 323, 337.

321) GHQ, SCAP, GS, Political report (1 February to 19 February 1946), (日時不明). NARA, RG 331, box 2134, folder 20; GHQ, SCAP, Richard J. Marshall, AG 091.1 Staff Memorandum No. 2, January 21, 1946. NDL, GS (B) 00909.

322) D.R.N., C, CI&E to OCCIO, Information on Hatoyama Ichiro, April 3, 1946. NDL, BAE-122; William J. Sebald, POLAD, weekly report, March 5, 1946. NARA, RG 84, box 11, folder 24; Summation of Non-Military Activities in Japan and Korea No. 5. OJP3RRP 3-B-5. さらに: Masumi 1985, 95.

323) Baerwald 1959, 45-48.

324) OSS, R&A (#2509) memorandum, April 9, 1945. OJUSPD 3-A-118.

325) Summation of Non-Military Activities in Japan and Korea No. 4. OJP3RRP 3-B-4; Memorandum titled: The Shidehara Cabinet, January 23, 1946. CUSSDCF reel 5 window 683; The Acting Political Adviser in Japan (Atcheson) to the Secretary of State January 17, 1946. FRUS 1946, vol. 8, 112.

326) POLAD, George Atcheson Jr., Memorandum for the Supreme Commander and Chief of Staff, January 4, 1946. NARA, RG, 84, box 10, folder 16.

327) John K. Emmerson, POLAD, weekly report, January 7, 1946. NDL, GS (A) 02520.

328) Oinas-Kukkonen 2003, 61-62; Takemae 1987, 350.

329) Sebald with Brines 1965, 42.

330) POLAD, Max W. Bishop, Memorandum of conversation, January 8, 1946. NARA, RG 226, box 390, XL 36630.

331) DOS, Office of Research and Intelligence, Division of Far East Intelligence, Situation Report – Japan. R&A 3479.2., January 23, 1946. OSS/SDIRR reel 2 document 19.

332) Charles L. Kades, GHQ, SCAP, GS, Memorandum for the Chief, Government Section, January 21, 1946. NDL, GS (B) 01167.

333) Wildes 1978, 35. 賄賂に関すること、たとえば: Gayn 1981, 124-125.

334) 楢橋渡『激流に棹さして — わが告白』(東京：翼書院、1968 年), 64-65, 92, 95 頁; Hellegers 2001b, 781-782.

335) Courtney Whitney, GHQ, SCAP, GS, Memorandum for the Commander in Chief, January 14,

1946. OJP3RRP 3-A-132.

336) Whitney 1977, 245-246; Wildes 1978, 56. さらに：信夫清三郎 1965 年，247 頁；五百旗頭真 2007
年，215，217 頁.

337) Courtney Whitney, GHQ, SCAP, Memorandum for the Supreme Commander, January 28,
1946. OJP3RRP 3-A-147.

338) Baerwald 1959, 84; Uchida 1987, 323-324.

339) P. K. Roest, GHQ, SCAP, GS, Memorandum for the Chief, Government Section, January 5,
1946. NDL, GS (A) 00071; John K. Emmerson, POLAD, weekly report, January 7, 1946. NDL, GS
(A) 02520; CIS, SCAP, Occupational Trends Japan and Korea, Report No. 5, January 16, 1946.
NARA, RG 331, SCAP, NRS, entry 1828, box 9091; GS report to the FEC, 26, January 17, 1946.
NDL, JW-35-01.

340) Summation of Non-Military Activities in Japan and Korea No. 4. OJP3RRP 3-B-4; Summation
of Non-Military Activities in Japan and Korea No. 5. OJP3RRP 3-B-5; D. R. N. (Donald R.
Nugent), C, CI&E to OCCIO, April 3, 1946. NDL, BAE-122.

341) Tsurumu Yusuke to William J. Sebald, Tokyo, 25 December 1947. NDL, GS (B) 03626; Max W.
Bishop, POLAD, Transmitting Memoranda Prepared by TSURUMI Yusuke, February 11, 1946.
NDL, GS (A) 02520.

342) William J. Sebald, POLAD, weekly report, February 18, 1946. NDL, GS (A) 02519.

343) C. W. (Courtney Whitney) Memorandum to the C-in-C, February 13, 1946. NARA, RG 331,
box 2055, folder 6.

344) CIS, SCAP, Occupational Trends Japan and Korea, Report No. 9, February 13, 1946. NARA,
RG 331, SCAP, NRS, entry 1828, box 9091; William J. Sebald, POLAD, weekly report, February
18, 1946. NDL, GS (A) 02519.

345) CIS, SCAP, Occupational Trends Japan and Korea, Report No. 5, January 16, 1946. NARA,
RG 331, SCAP, NRS, entry 1828, box 9091; CIS, SCAP, Occupational Trends Japan and Korea,
Report No. 11, February 27, 1946. NARA, RG 331, SCAP, NRS, entry 1828, box 9091.

346) P. K. Roest, GS, Public Administration Division, Memorandum for the Chief, GS, February 24,
1946. NDL, JW-93-06.

347) 同前.

348) Baerwald 1959, 85; Uchida 1987, 324.

349) John K. Emmerson, POLAD, weekly report, January 7, 1946. NDL, GS (A) 02520; CIS, SCAP,
Occupational Trends Japan and Korea, Report No. 5, January 16, 1946, 1-2, 4. NARA, RG 331,
SCAP, NRS, entry 1828, box 9091.

350) GS report to the FEC, January 17, 1946. NDL, JW-35-01.

351) POLAD, W. J. Sebald, Memorandum of Conversation, January 15, 1946. NARA, RG 226,
box 392, XL 37095; R.L. Research Analyst, GHQ/USAFPAC, Office of the Chief of Counter-
Intelligence, Research & Analysis, Memorandum for the office in charge, January 22, 1946.
NARA, RG 84, box 11, folder 18.

352) GHQ, SCAP, GS, Political report (1 February to 19 February 1946), (日時不明). NARA, RG
331, box 2134, folder 20; William J. Sebald, POLAD, weekly report, January 29, 1946. GS (A) 02520;
William J. Sebald, POLAD, weekly report, February 4, 1946. GS (A) 02520.

353) 芦田均 1986 年，72 頁.

354) Summation of Non-Military Activities in Japan and Korea No. 5. OJP3RRP 3-B-5: Summation of Non-Military Activities in Japan No. 6. OJP3RRP 3-B-6.

355) CIS, SCAP, Occupational Trends Japan and Korea, Report No. 11, February 27, 1946. NARA, RG 331, SCAP, NRS, entry 1828, box 9091; Summation of Non-Military Activities in Japan and Korea No. 5. OJP3RRP 3-B-5.

356) 鳩山一郎 1999 年, 430 頁.

357) CIS, SCAP, Occupational Trends Japan and Korea, Report No. 11, February 27, 1946. NARA, RG 331, SCAP, NRS, entry 1828, box 9091.

358) Harry Emerson Wildes, GS, Public Administration Division, PPB, Report of interview, March 21, 1946. NDL, JW-93-08.

359) GHQ, SCAP, GS, Political report (1 February to 19 February 1946), (日時不明). NARA, RG 331, box 2134, folder 20.

360) William J. Sebald, POLAD, weekly report, February 18, 1946. NDL, GS (A) 02519.

361) John K. Emmerson, POLAD, weekly report, January 7, 1946. NDL, GS (A) 02520.

362) GS report to the FEC, 17 January 1946. NDL, JW-35-01; William J. Sebald, POLAD, weekly report, February 18, 1946. NDL, GS (A) 02519.

363) Baerwald 1959, 12.

364) Wildes 1978, 54-55.

365) Baerwald 1959, 9; 増田弘 2001 年, 19 頁.

366) JCS, Basic Directive for Post-Surrender Military Government in Japan Proper (JCS-1380/15), November 3, 1945, 136. NDL, GS (B) 00291; Removal and Exclusion of Undesirable Personnel From Public Office (SCAP Directive, January 4, 1946). Occupation of Japan: Policy and Progress. The Department of State. U.S.A. Publication 2671. Far Eastern Series 17. s.l.s.a., 99-105.

367) Baerwald 1959, 18.

368) Examination of the Imperial Rule Assistance Association; The Imperial Rule Assistance Political Society and the Political Association of Great Japan. NDL, GS (B) 00909.

369) Baerwald 1959, 20.

370) Removal and Exclusion of Undesirable Personnel From Public Office (SCAP Directive, January 4, 1946), Appendix A, category G, paragraph 3. Occupation of Japan: Policy and Progress. The Department of State. U.S.A. Publication 2671. Far Eastern Series 17. s.l.s.a., 109; Baerwald 1959, 20-21.

371) Removal and Exclusion of Undesirable Personnel From Public Office (SCAP Directive, January 4, 1946), Appendix A, category G, paragraph 3. Occupation of Japan: Policy and Progress. The Department of State. U.S.A. Publication 2671. Far Eastern Series 17. s.l.s.a., 108-109; Draft, GHQ, SCAP, AG 000.1 (19 Nov 45) CIS, Memorandum for Imperial Japanese Government, November 19, 1945. NDL, GS (B) 00192.

372) Removal and Exclusion of Undesirable Personnel From Public Office (SCAP Directive, January 4, 1946), 100-104. Occupation of Japan: Policy and Progress. The Department of State. U.S.A. Publication 2671. Far Eastern Series 17. s.l.s.a., 108-109.

373) Sebald with Brines 1965, 86.

374) Williams 1979, 35-38, 90-91; Moore 1979, 724; 増田弘 2001 年, 17-18, 46, 177 頁.

375) WARCOS to CINCAFPAC W-95995, February 9, 1946. NDL, TS 00022; CINCAFPAC to Wargos reference to W-95995, February 10, 1946. NDL, TS 00022.

376) JCS, Memorandum by the Acting Chief of Staff, U.S. Army, JCS 1638, March 3, 1946. NARA, RG 218, box 37, folder 4; Message to SCAP from the Chief of Staff, WAR 91800, January 7, 1946. NARA, RG 218, box 37, folder 4; War Department message, State Department Cable for Information of War Department, 16 March 1946. NARA, RG 218, box 37, folder 4.

377) War Department message, State Department Cable for Information of War Department, March 16, 1946. NARA, RG 218, box 37, folder 4.

378) The Political Adviser in Japan, Atcheson to the Secretary of State, April 23, 1946. FRUS 1946, vol. 8, 214-216. さらに：Williams 1979, 128.

379) Koseki Shōichi, *The Birth of Japan's Postwar Constitution.* Translated by Ray A. Moore. Boulder, Colorado: Westview Press, 1998, 77.

380) Koseki 1998, 141-144, 153-156, 161. さらに：Williams 1979, 22.

381) Grew to Colegrove, July 6, 1945. NDL, MMA-14（RG 10）Personal Correspondence VIP File, reel 2, box 5, folder 7（Joseph C. Grew）. さらに：Theodore McNelly, *The Origin of Japan's Democratic Constitution.* Lanham-New York-Oxford: University Press of America, 2000, 63.

382) 増田弘, 2001 年, 45 頁.

383) Paul J. Mueller, GHQ/FECOM, The Intelligence Series, Volume IX; Operations of the Civil Intelligence Section, July 8, 1948. The Intelligence Series G2, USAFFE-SWPA-AFPAC-FEC-SCAP, ISG-1, reel 12.

384) Oinas-Kukkonen 2003, 59-61; Frazer J. Harbutt, *The Iron Curtain: Churchill, America, and the Origins of the Cold War.* New York: Oxford University Press, 1986, 151-153, 159, 165, 208, 280-282.

385) Jackson 2006, 135-136.

386) McNelly 2000, 86.

387) Hellegers 2001b, 511.

388) Hellegers 2001b, 438, 443-457, 459; Koseki 1998, 1-11, 14-16, 19, 21; McNelly 2000, 3, 36-38; Wildes 1978, 34.

389) Hellegers 2001b, 461-464; Koseki 1998, 12.

390) Hellegers 2001b, 464-469; Koseki 1998, 50.

391) Hellegers 2001b, 468-486; Koseki 1998, 54-65.

392) Finn 1992, 90-91; Hellegers 2001b, 505-509; Koseki 1998, 68-79; Takemae 2003, 274.

393) Hellegers 2001b, 514-526; Koseki 1998, 68-69, 77-79; John W. Dower, *Embrasing Defeat. Japan in the Wake of World War II.* New York: W. W. Norton&Company/The New Press, 2000, 360-363, 373. Wildes 1978, 44.

394) Hellegers 2001b, 513, 527-544; Koseki 1998, 98-99, 105, 111-112, 121, 129, 144; Dower 2000, 377-383.

395) 冨森叡児 2006 年, 19 頁.

396) William J. Sebald, POLAD, weekly report, January 29, 1946. NDL, GS（A）02520; William J. Sebald, POLAD, weekly report, February 12, 1946. NDL, GS（A）02520; William J. Sebald, POLAD, weekly report, February 18, 1946. NDL, GS（A）02519; Max W. Bishop, POLAD, to the Secretary of State, March 7, 1946. FRUS 1946, vol. 8, 169-170.

397) P. K. Roest, GHQ, SCAP, GS, Public Administration Division, Memorandum for the Chief, GS, February 25, 1946. OJP3RRP 3-A-166.

398) P. K. Roest, GS, Public Administration Division, Memorandum for the Chief, Government Section, February 24, 1946. NDL, JW-93-06; CIS, SCAP, Occupational Trends Japan and Korea, Report No. 11, February 27, 1946. NARA, RG 331, SCAP, NRS, entry 1828, box 9091.

399) Koseki 1998, 44-45.

400) Memorandum by Mr. Robert A. Fearey of the Office of the Acting Political Adviser in Japan, （日時不明）. FRUS 1946, vol. 8, 170-172.

401) GHQ, SCAP, GS, Political report（1 February to 19 February 1946）,（日時不明）. NARA, RG 331, box 2134, folder 20.

402) Hellegers 2001b, 515-516.

403) William J. Sebald, POLAD, weekly report, March 12, 1946. NARA, RG 84, box 11, folder 24.

404) Harry Emerson Wildes, GHQ, SCAP, GS, PUD, PPB, Report of Interview,（日時不明）. NDL, GS（B）03182; Harry Emerson Wildes, GS, Public Administration Division, PPB, March 21, 1946. NDL, JW-93-08.

405) O. I. Hauge, GHQ, SCAP, GS, Public Administration Division, Review and Reports Branch, Memorandum for the Chief, GS, March 25, 1946. OJP3RRP 3-A-191.

406) Civil Intelligence Section, SCAP, Occupational Trends Japan and Korea. Report No. 16, April 3, 1946. NARA, RG 331, SCAP, Natural Resources Section, Library Division, Publications, 1945-51, entry 1828, box 9091.

407) 同様な結論、たとえば：Schaller 1985, 48.

408) JCS, Basic Directive for Post-Surrender Military Government in Japan Proper（JCS-1380/15）, November 3, 1945. NDL, GS（B）00291.

409) Masumi 1985, 95.

410) P. K. Roest and O. I. Hauge, GHQ, SCAP, GS, Public Administration Division, Memorandum for the Record, March 21, 1946. OJP3RRP 3-A-179; Guy J. Swope, GHQ, SCAP, GS, Public Administration Division, Memorandum for the Chief, GS, March 22, 1946. OJP3RRP 3-A-180; C. G. Tilton, GHQ, SCAP, GS, Public Administration Division, Memorandum for the Chief, GS, March 23, 1946. OJP3RRP 3-A-187.

411) CIS, SCAP, Occupational Trends Japan and Korea, Report No. 19, April 24, 1946. NARA, RG 331, SCAP, NRS, entry 1828, box 9091.

412) William J. Sebald, POLAD, weekly report, March 5, 1946. NARA, RG 84, box 11, folder 24.

413) Dower 2000, 260-261.

414) War Department, ClassifiedMessageCenter, Outgoing Classified Message, WAROPDIV to CINAFPAC Tokyo Japan, message WAR 82176, March 26, 1946. NARA, RG 218（Chairman's File, Admiral Leahy, 1942-48）, box 8, folder 44; Memorandum by the Office of Far Eastern Affairs to the Operations Division, War Department, General Staff March, 26, 1946. Annex, Proposed Message From the Far Eastern Commission to General of the Army Douglas MacArthur. FRUS 1946, vol. 8, 183-184.

415) 同前.

416) Koseki 1998, 147.

417) Koseki 1998, 147-152.

418) Moscow via War, SECSTATE, message unsigned, April 4.1946. CUSSDCF, reel 1 windows 497-498; Moscow via War, SECSTATE, message unsigned, April 11, 1946. CUSSDCF, reel 1 windows 663-664; Gallman telegram, London, SECSTATE, April 15, 1946. CUSSDCF reel 1 windows 675-678.

419) William J. Sebald, POLAD, weekly report, April 2, 1946. NDL, GS (A) 02519; CIS, SCAP, Occupational Trends Japan and Korea, Report No. 17 April 10, 1946. NARA, RG 331, SCAP, NRS, entry 1828, box 9091; R.L. Research Analyst, General Headquarters, USAFPAC, Office of the Chief of Counter-Intelligence, Research & Analysis, Memorandum for the office in charge, January 22, 1946. NARA, RG 84, Box 11, Folder 18; GHQ, SCAP, GS, Political report (1 February to 19 February 1946), (日時不明). NARA, RG 331, box 2134, folder 20; OCCIO, GHQ, USAFPAC, Office of the Chief of Counter-Intelligence, Report to GS, March 13, 1946. NDL, JW-93-07.

420) William J. Sebald, POLAD, February 12, 1946. NDL, GS (A) 02520; William J. Sebald, POLAD, March 27, 1946. NDL, GS (A) 02519; William J. Sebald, POLAD, April 2, 1946. NDL, GS (A) 02519.

421) GHQ, SCAP, GS, Political report (1 February to 19 February 1946), (日時不明). NARA, RG 331, box 2134, folder 20; Guy J. Swope, GHQ, SCAP, GS, Memorandum for Chief, GS, January 14, 1946. OJP3RRP 3-A-131.

422) William J. Sebald, POLAD, weekly report, March 12, 1946. NARA, RG 226, box 445, XL 46249.

423) CIS, SCAP, Occupational Trends Japan and Korea, Report No. 15, March 27, 1946. NARA, RG 331, SCAP, NRS, entry 1828, box.

424) CIS, SCAP, Occupational Trends Japan and Korea, Report No. 17, April 10, 1946. NARA, RG 331, SCAP, NRS, entry 1828, box 9091.

425) William J. Sebald, POLAD, weekly report, April 9, 1946. CUSSDCF reel 1 windows 659-662.

426) William J. Sebald, POLAD, weekly report, March 27, 1946. NDL, GS (A) 02519; William J. Sebald, POLAD, weekly report, April 9, 1946. CUSSDCF reel 1 windows 659-662; CIS, SCAP, Occupational Trends Japan and Korea, Report No. 15, March 27, 1946. NARA, RG 331, SCAP, NRS, entry 1828, box 9091; Harry Emerson Wildes, GS, Public Administration Division, PPB, March 21, 1946. NDL, JW-93-08; Harry Emerson Wildes, GHQ, SCAP, GS, Public Administration Division, PPB, Report of Interview, March 21, 1946. NDL, JW-93-08.

427) William J. Sebald, POLAD, weekly report, April 9, 1946, 4. CUSSDCF reel 1 windows 659-662.

428) 同前.

429) Sebald 1967, 67.

430) Narahshi 1968, 127-128, 133-134.

431) Hellegers 2001b, 536, 781-782; 河野一郎 1965 年, 183 頁.

432) P. K. Roest, GHQ, SCAP, GS, Public Administration Division, PPB, Memorandum to the Chief of Section, April 19, 1946. NARA, RG 331, box 2142, folder 2.

433) 河野一郎 1965 年, 182-183 頁.

434) GHQ/USAFPAC, Special Intelligence Branch, Intelligence Division, CIS, Memorandum for Colonel Crewell thru: Colonel Duff, April 26, 1946. NDL, GS (B) 03313; GHQ USAFPAC, Office of the Chief of Counter-Intelligence, Check Sheet from OCCIO to GS, April 29, 46. NDL, GS (B) 003313.

435) Summation of Non-Military Activities in Japan No. 6. OJP3RRP 3-B-6.

文　献　*209*

436) GHQ/USAFPAC, Office of the Chief of Counter-Intelligence, Report from H. I. T. Creswell, OCCIO to Roest, GS, March 11, 1946. NDL, GS (B) 03013; GHQ, USAFPAC, Office of the Chief of Counter Intelligence, Summary of Information, March 9, 1946. NDL, GS (B) 03013.

437) Summation of Non-Military Activities in Japan No. 6. OJP3RRP 3-B-6.

438) Gayn 1981, 159-164, 176.

439) D. R. N. (Donald R. Nugent), C, CI&E to OCCIO, April 3, 1946. NDL, BAE-122.

440) War Department, Classified Message Center, Incoming Classified Message, Message from CINCAFPAC Command Tokyo Japan to War Department, C 59765, April 10 1946. NARA, RG 218 (Chairman's File, Admiral Leahy, 1942-48), box 8, folder 44.

441) War Department, Classified Message Center, Incoming Classified Message, Message from CINCAFPAC Command Tokyo Japan to War Department, C 59765, April 10 1946. NARA, RG 218 (Chairman's File, Admiral Leahy, 1942-48), box 8, folder 44; Bishop, POLAD to Secretary of State, GHQ, USAFPAC, Outgoing Message No. 171, April 10, 1946. NARA, RG 84, entry 2828, box 10, folder 15; Mr. Max W. Bishop, of the Office of the Political Adviser in Japan, to the Secretary of State, April 10, 1946. FRUS 1946, vol. 8, 191.

442) Koseki 1998, 148-150; Hellegers 2001b, 546.

443) Koseki 1998, 132-133.

444) Courtney Whitney, GHQ, SCAP, GS, Memorandum for the Supreme Commander, February 1, 1946. OJP3RRP 3-A-151.

445) MacArthur 1965, 300-301.

446) Koseki 1998, 151-152, 156-158.

447) T. A. Bisson, *Prospects for Democracy in Japan*. New York: The Macmillian Company, 1949, 30-31.

448) Oinas-Kukkonen 2003, 59.

449) C. A. Willoughby, G-2, to George Atcheson Jr., November 29, 1945. NARA, RG 84, entry 2828, box 1, folder 1; George Atcheson Jr., POLAD, to C. A. Willoughby, December 6, 1945. NARA, RG 84, entry 2828, box 1, folder 1; C. A. Willoughby, G-2, to George Atcheson Jr., December 8, 1945. NARA, RG 84, entry 2828, box 1, folder 1.

450) Max W. Bishop, POLAD to the Secretary of State, February 15, 1946. FRUS 1946, vol. 8, 140-141; Mr. Max W. Bishop, of the Office of the Political Adviser in Japan, to the Secretary of State, April 10, 1946. FRUS 1946, vol. 8, 191-194.

451) Memorandum by Mr. Robert A. Fearey, of the Office of the Political Adviser in Japan 17.4.1946. FRUS 1946, vol. 8, 209-210.

452) William J. Sebald, POLAD, weekly report, March 5, 1946. NARA, RG 84, box 11, folder 24.

453) Oinas-Kukkonen 2003, 65, 70, 72.

454) Message from CINAFPAC Tokyo to War Department, Z-32814, April 23, 1946. NARA, RG 218, box 139, folder 2; Whitney 1977, 263-264.

455) William J. Sebald, POLAD, weekly report, April 17, 1946. NARA, RG 84, box 11, folder 24.

456) 同前.

457) George Atcheson Jr., POLAD, Despatch No. 423 to the Secretary of State, May 17, 1946. NARA, RG 84, entry 2828, box 10, folder 15.

458) Kenneth E. Colton, "Pre-War Political Influences in Post-War Conservative Parties". *The*

American Political Review, Vol. 42, No. 5 (Oct., 1948), 1948, 941.

459) GHQ, SCAP, History of the Nonmilitary Activities of the Occupation of Japan 1945 Through November 1951, Volume III - Political and Legal - Part F, Development of Political Parties, 128. NDL.

460) 冨森叡児 2006 年, 20-22 頁.

461) Masumi 1985, 99; 福永文夫 1997 年、70-71 頁.

462) Masumi 1985, 99-100; 五百旗頭真 2007 年, 266 頁.

463) 五百旗頭真 2007 年, 268 頁.

464) Masumi 1985, 99-100; 冨森叡児 2006 年, 24 頁; 福永文夫 1997 年、71 頁.

465) Willoughby, GHQ, AFPAC, G-2, report to Chief of Staff, April 10, 1946. OJP3RRP 3-A-208.

466) Saito Takao's Report to Friends Throughout the Country on My Secession From the Democratic Party and the Establishment of a New Political Party, March 1948, 5. NDL, GS (A) 02534.

467) 栖橋渡 1968 年, 136 頁.

468) 増田弘 2001 年, 77-79 頁; Masumi 1985, 100-101; 冨森叡児 2006 年, 25 頁.

469) William J. Sebald, POLAD, weekly report, April 17, 1946. NARA, RG 84, box 11, folder 24; CIS, SCAP, Occupational Trends Japan and Korea, Report No. 18, April 17, 1946. NARA, RG 331, SCAP, NRS, entry 1828, box 9091.

470) Courtney Whitney to Commander-in-Chief, April 19, 1946. NDL, GS (B) 02514.

471) WJS (William J. Sebald), POLAD, Memorandum for GA (George Atcheson Jr.), April 24, 1946. NARA, RG 84, box 12, folder 2.

472) P. K. Roest, GHQ, SCAP, GS, Public Administration Division, PPB, Memorandum to the Chief of Section, April 19, 1946. NARA, RG 331, box 2142, folder 2.

473) 同前.

474) P. K. Roest, GHQ, SCAP, GS, Public Administration Division, PPB, Memorandum to the Chief, GS, April 23, 1946. NARA, RG, 331, box 2142, folder 2.

475) P. K. Roest, GHQ, SCAP, GS, Public Administration Division, PPB, Memorandum to the Chief, GS, April 26, 1946. NARA, RG 331, box 2142, folder 2.

476) 河野一郎 1965 年, 182 頁.

477) 石橋湛山『石橋湛山日記。昭和 20-31 年上 (上)』石橋湛一、伊藤隆編 (東京：みすず書房、2001 年), 107 頁.

478) 増田弘 2001 年, 48, 60-61 頁; Finn 1992, 109; Masumi 1985, 102-103.

479) 増田弘 2001 年, 39-40 頁; Masumi 1985, 102.

480) CIS, SCAP, Occupational Trends Japan and Korea, Report No. 18, April 17, 1946. NARA, RG 331, SCAP, NRS, entry 1828, box 9091.

481) Paul Rusch, GHQ/USAFPAC, Special Intelligence Branch, Intelligence Division, CIS, April 26, 1946. Memorandum for Colonel Crewell Thru: Colonel Duff. NDL, GS (B) 03313.

482) H. I. T. C. (Harry I. T. Creswell), GHQ, USAFPAC, Office of the Chief of Counter Intelligence, OCCIO to GS, April 26, 1946. NDL, GS (B) 03013.

483) 同前.

484) 同前.

485) Copy of a report informally submitted to GS in the afternoon of April 24, 1946. NDL, GS(B)

文　献　*211*

00907-00908.

486) Courtney Whitney, GHQ, SCAP, GS to C-in-C, May 1, 1946. NDL, GS (B) 03013.

487) Courtney Whitney, GHQ, SCAP, GS to C-in-C, May 2, 1946. NDL, GS (B) 03012.

488) GHQ, SCAP, Check Sheet from the Chief of Staff to OCCIO, May 2, 1946. NDL, GS (B) 03012.

489) Frank Rizzo, GS, Memorandum for the Chief, Government Section, May 3, 1946. NDL, GS (B) 00907-00908.

490) 増田弘 2001 年，57-58 頁.

491) 西尾末広『西尾末広の政治覚書』（東京：毎日新聞社、1968 年），68 頁.

492) Osbourne Hauge, Information Management Branch, GHQ, SCAP, GS, Public Administration Division, Memorandum for the Chief, GS, May 9, 1946. NARA, RG 331, box 2142, folder 2.

493) 福永文夫 1997 年、72 頁．さらに：西尾末広 1968 年，68 頁.

494) 増田弘 2001 年，79-80 頁；Masumi 1985, 104-105; Wildes 1954, 136.

495) 河野一郎 1965 年，189-191 頁.

496) 芦田均 1986 年，106, 109 頁.

497) Masumi 1985, 106.

498) 増田弘 2001 年，80 頁.

499) Yoshida 1961, 69-75.

500) Yoshida Shigeru to General Douglas MacArtur, General of the Army, May 15, 1946. NDL, MMA-14, reel 6.

501) Wildes 1954, 108, 137.

502) 芦田均 1986 年，113 頁.

503) Brines 1948, 201-202.

504) Itoh 2003, 84-102.

505) 楢橋渡 1968 年，119-120 頁.

506) 増田弘 2001 年，22-68 頁.

507) Itoh 2003, 89-92, 97-98, 100.

508) 増田弘 2001 年，33-34, 59-60 頁.

509) Masumi 1985, 107-108.

510) Finn 1992, 112.

511) Williams 1979, 258; Gayn 1981, 231-232.

512) WDSCA to CINAFPAC TokyoJapan, Message, WAR 91476, June 15, 1946. RG 218 （Chairman's File, Admiral Leahy, 1942-48）, box 8, folder 43; GHQ, SCAP, GS, Memorandum for the Chief, GS, June 17, 1946. OJP3RRP 3-A-293.

513) Headquarters, 81st Military Government Company, Kochi, Shikoku, APO 24, Captain Korb, Memorandum, March 22, 1946. NDL, GS (B) 03008; Public Administration Division, Note to Commander Swope, May 28, 1946. NDL, GS (B) 03008.

514) Confidental, UEHARA, Etsujiro, May 19, 1946. NDL, GS (B) 03652.

515) 鳩山一郎 1999 年，448 頁.

516) 増田弘 2001 年，70, 104-105 頁.

517) 河野一郎 1965 年，202 頁；増田弘 2001 年，104 頁.

518) 増田弘 2001 年，83-84, 104 頁.

519) 河野一郎 1965 年，204, 208 頁.

520) 増田弘, 2001 年, 91 頁.

521) GHQ/USAFPAC, Check Sheet, from G-2 to GS, June 1, 1946. NDL, GS (B) 03332; GHQ, SCAP, GS, Memorandum for Record, June 5, 1946. NDL, GS (B) 03332; GHQ, SCAP, CHEK SHEET, from GS to C of S, June 6, 1946. NDL, GS (B) 03313. たとえば: 増田弘 2001 年, 89, 91-92 頁.

522) C.W (Courtney Whitney) to C-in-C, June 20, 1946. NDL, GS (B) 01751.

523) 増田弘, 2001 年, 86, 89-92, 103 頁.

524) G-2 to Government Section, June 18, 1946. NDL, GS (B) 03182; CW, GS to G-2/CIS, June 21, 1946. NDL, GS (B) 03182; General Headquarters, United States Army Forces, Pacific, Check Sheet, from G-2 to GS, June 1, 1946. NDL, GS (B) 03332; GHQ, SCAP, GS, Memorandum for Record, June 5, 1946. NDL, GS (B) 03332; General Headquarters, SCAP, Check Sheet, from GS to C of S, June 6, 1946. NDL, GS (B) 03332.

525) Lt. General K. Derevyanko, ACJ, Tokyo, Office of the Member for the Union of Soviet Socialist Republics, Chairman, ACJ, envoy Atcheson. No. 40193, June 1, 1946. OJP3RRP 3-A-277; Frank Rizzo, GHQ, SCAP, GS, Memorandum for the Chief, GS, June 10, 1946. OJP3RRP 3-A-284; Pieter K. Roest, GHQ, SCAP, GS, Public Affairs Division, PPB, Memorandum for the Chief, GS, July 12, 1946. NDL, GS (B) 03313; C. W., GS to G-2/CIS, July 23, 1946. NDL, GS (B) 00907.

526) Wildes, GHQ, SCAP, GS, Public Administration Division, PPB, Liberal Party, June 20, 1946, 8-9, 11-12. NDL, MMA-03 (RG 5), reel 82.

527) Grew to Colegrove, July 6, 1946. NDL, MMA-14 (RG 10) Personal Correspondence VIP File, reel 2, box 5, folder 7 (Joseph C. Grew).

528) 福永文夫 1997 年、81-82 頁; Uchida 1987, 328-331.

529) Uchida 1987, 327-328, 331; Masumi 1980, 112-113.

530) 福永文夫 1997 年、94-96, 101-102 頁; Takemae 2003, 317-318.

531) Masumi 1985, 112-113. 福永文夫 1997 年、101-103, 113-114 頁.

532) U. Alexis Johnson with Jef Olivarius McAllister, *The Right Hand of Power*. Englewood Cliffd, New Jersey: Prentice-Hall, 1984, 87.

533) Charles L. Kades, GHQ, SCAP, GS, Public Administration Division, Administrative memorandum No. 2, August 1, 1946. OJP3RRP 3-A-330; Courtney Whitney, GHQ, SCAP, GS, Administrative memorandum to A-2/2, August 8, 1946. OJP3RRP 3-A-336; Appendix G, History of the Government Section, GHQ, SCAP, 845. NDL, GS (B) 00513. (日時不明, 記述者不明); Carlos P. Marcum, GHQ, SCAP, GS, Memorandum for Colonel Kades, Octobcr 22, 1946. NDL, YE-5, reel 1, Document 1-A-1.

534) Christopher Aldous, *The Police in Occupation Japan. Control, corruption and resistance to reform*. London and New York: Routledge Studies in the Modern History of Asia, 1997, 8.

535) Harry Emerson Wildes, GHQ, SCAP, GS, Public Administration Division, PPB, Liberal Party, June 20, 1946. NDL, MMA-03 (RG 5), reel 82.

536) Harry Emerson Wildes, GHQ, SCAP, GS, Public Administration Division, PPB, Liberal Party, June 20, 1946. NDL, MMA-03 (RG 5), reel 82.

537) GHQ, SCAP, History of the Nonmilitary Activities of the Occupation of Japan 1945 through November 1951, Volume III – Political and Legal – Part F, Development of Political Parties, 46-49. NDL; Political Reorientation of Japan. September 1945 to September 1948. Report of Government Section, SCAP. Section XI, Political Parties. NDL, GS (B) 00561.

文　献　*213*

538) Charles Nelson Spinks, "Postwar Political Parties in Japan". *Pacific Affairs, Vol. 19, No. 3. (Sep., 1946),* 1946; GHQ, SCAP, History of the Nonmilitary Activities of the Occupation of Japan 1945 Through November 1951, Volume III – Political and Legal – Part F, Development of Political Parties, 46-49, 128, 133. NDL.

539) Harry Emerson Wildes, GHQ, SCAP, GS, Public Administration Division, PPB, The Progressive Party, June 22, 1946. NDL, MMA-03 (RG 5), reel 82; DOS, Office of Intelligence Collection and Dissemination, Division of Biographic Intelligence, R&A, (#3767) report, June 14, 1946. OSS/SDIRR, reel 3, document 6.

540) Harry Emerson Wildes, GHQ, SCAP, GS, Public Administration Division, PPB, The Progressive Party, June 22, 1946. NDL, MMA-03 (RG 5), reel 82.

541) GHQ, Far East Command, Military Intelligence Section, General Staff. Charles A. Willoughby, Memorandum to the Chief of Staff. Leftist infiltration into SCAP, March 5, 1947. NDL, MMA-5 (RG-23), roll 13 (no. 920), box 18.

542) A. J. Grajdanzev, GHQ, SCAP, GS, Public Administration Division, Memorandum for the Chief, Local Government Section, June 7, 1946. NDL, GS (A) 00037.

543) Harry Emerson Wildes, GHQ, SCAP, GS, Public Administration Division, PPB, Co-Operative Democratic Party, July 15, 1946. NDL, MMA-03 (RG 5), reel 82.

544) 同前.

545) 同前.

546) History of the Nonmilitary Activities of the Occupation of Japan 1945 Through November 1951, Volume III – Political and Legal – Part F, Development of Political Parties, 134. NDL.

547) CIS, SCAP, Occupational Trends Japan and Korea, Report No. 26, June 12, 1946. NARA, RG 331, SCAP, NRS, entry 1828, box 9091.

548) Harry Emerson Wildes, GHQ, SCAP, GS, Public Administration Division, PPB, Memorandum to Chief, Political Parties Branch, August 6, 1946. CUSSDCF reel 1 window 830. さらに: General Headquarters, Far East Command, Military Intelligence Section, General Staff, General Activities, APO 500, Memorandum for information, April 21, 1947, 8. NDL, GS (B) 03106.

549) Harry Emerson Wildes, GHQ, SCAP, GS, Public Administration Division, PPB, Memorandum to Chief, Political Parties Branch, August 6, 1946. CUSSDCF reel 1 window 830; Summation of Non-Military Activities in Japan and Korea, No. 11. OJP3RRP 3-B-11.

550) 福永文夫 1997 年、76 頁.

551) 福永文夫 1997 年、83-84 頁.

552) GHQ/USAFPAC, Military Intelligence Section, General Staff, CIS, August 15, 1946. NDL, GS (A) 02368.

553) Document No. 50099, Asahi Weekly, August 28, 1949. A Certain Conservative Politician – Inukai Ken. NARA, RG 331, box 2275D, folder 44.

554) Harry Emerson Wildes, GHQ, SCAP, GS, Public Administration Division, PPB, Memorandum for the record, July 30, 1946. NDL, GS (B) 03086.

555) P. K. Roest, GHQ, SCAP, GS, PAD, PPB, Memorandum for the Chief, Government Section, July 31, 1946. NARA, RG 331, box 2142, folder 2.

556) Wildes 1978, 30-31, 111.

557) Williams 1979, 144, 148.

558) GHQ/USAFPAC, Military Intelligence Section, General Staff, CIS, Special Projects, Summary of information, November 4, 1946. NDL, GS (B) 03107; GHQ/FECOM, Military Intelligence Section, General Staff, General Activities, Memorandum for information, April 21, 1947. NDL, GS (B) 03106; Eulogy for Inukai Takeru by Kōno Mitsu; John Hunter Boyle, *China and Japan at War, 1937-1945*. The Politics of Collaboration. Stanford, California: Stanford University Press, 1972.

559) H.R.J., GHQ/USAFPAC, Check sheet, From Special Projects Section to CIS (Opns), November 6, 1946. NDL, GS (B) 03107.

560) P. K. Roest, GHQ, SCAP, GS, Public Administration Division, PPB, Memorandum to the Chief, GS, July 31, 1946. NARA, RG 331, box 2142, folder 2.

561) P. K. Roest, GHQ, SCAP, GS, Political Affairs Division, Memorandum to the Chief, GS, September 20, 1946. NARA, RG 84, box 11, folder 16; P. K. Roest, GHQ, SCAP, GS, Political Affairs Division, Memorandum to the Chief, GS, October 11, 1946. NARA, RG 84, box 10, folder 16.

562) Harry Emerson Wildes, GHQ, SCAP, GS, Political Affairs Division, Memorandum for the record, October 2, 1946. NDL, JW-41-14; 芦田均 1986 年, 130, 284 頁.

563) P. K. Roest, GHQ, SCAP, GS, Political Affairs Division, September 13, 1946. NDL, JW-41-10.

564) P. K. Roest, GHQ, SCAP, GS, Political Affairs Division, Memorandum to the Chief, GS, September 20, 1946. NARA, RG 84, Box 11, Folder 16; P. K. Roest, GHQ, SCAP, GS, Political Affairs Division, Memorandum to the Chief, GS, October 11, 1946. NARA, RG 84, box 10, folder 16.

565) DOS, Intelligence Research Report, Office of Intelligence Coordination and Liaison, R&A 4118, October 1, 1946, 25. OSS/SDIRR, reel 3, document 19.

566) DOS, Intelligence Research Report, Office of Intelligence Coordination and Liaison, R&A 4118, October 1, 1946. OSS/SDIRR, reel 3, document 19; 福永文夫 1997 年、83-84 頁.

567) Finn 1992, 115, 117, 125-127.

568) 河野一郎 1965 年, 216 頁.

569) C. W. (Courtney Whitney) GS to C in C, June 26, 1946. NDL, GS (B) 03113.

570) Finn 1992, 130-131; Takemae 2003, 340-343.

571) Williams 1979, 234, 247; Finn 1992, 123.

572) Schaller 1985, 46; Schonberger 1992, 52.

573) Statement First Anniversary of Surrender, September 2, 1946, PRJ (political reorientation), vol. 2, appendix F21, 766-767. NDL, GS (B) 00570.

574) Gayn 1981, 337.

575) The Political Adviser in Japan (Atcheson) to the Secretary of State, (Extracts) Tokyo, September 18, 1946. (Received October 7.) CONFIDENTAL No. 607, FRUS 1946, Vol. 8, 315-316.

576) Memorandum by the Assistant Chief of the Division of Japanese Affairs (Emmerson). (Washington,) October 9, 1946. FRUS 1946, Vol. 8, 337-339; DOS, Office of Research and Intelligence, Division of Far East Intelligence, Situation Report – Japan. R&A 3479.18, November 8, 1946. OSS/SDIRR, reel 3, document 24.

577) Finn 1992, 115, 117, 125-127.

578) John M. Maki, GHQ, SCAP, GS, Memorandum for the chief, GS, July 15, 1946. NARA, RG 331, box 2142, folder 2.

579) 福永文夫 1997 年, 104, 125 頁 ; Masumi 1985, 135.

文 献 *215*

580) GHQ, SCAP, GS, PAD, PPB, Memorandum to the Chief GS, July 24, 1946. OJP3RRP 3-A-323; P. K. Roest, GHQ, SCAP, GS, Public Administration Division, PPB, Memorandum for the Chief, Government Section, July 31, 1946. NARA, RG 331, box 2142, folder 2; Harry Emerson Wildes, GHQ, SCAP, GS, Public Administration Division, PPB, Memorandum to the Chief, GS, July 26, 1946. OJP3RRP 3-A-323; Courtney Whitney, GS to CI&E, Memorandum, August 16, 1946. NARA, RG 331, box 2134, folder 20; Tokyo News Letter, Far Eastern Press, Tokyo, Japan, August 9, 1947, Civil Affairs: Purged Hatoyama Rumoured to Be Future Premier.

581) P. K. Roest, GHQ, SCAP, GS, Public Administration Division, PPB, Memorandum to the Chief, GS, July 31, 1946. NARA, RG 331, box 2142, folder 2; Harry Emerson Wildes, GHQ, SCAP, GS, Political Affairs Division, Memorandum for the record, October 2, 1946. NDL, JW-41-14; Harry Emerson Wildes, GHQ, SCAP, GS, Public Administration Division, PPB, Memorandum for the record, August 6, 1946. NDL, GS (B) 03438; Memorandum for the Chief, GS, August 9, 1946. GS (B) 00907-00908.

582) 鳩山一郎 1999 年, 449-450, 452, 456-457, 467 頁.

583) Courtney Whitney, Report from GS to C-in-C, September 9, 1946. NDL, GS (B) 03012; 鳩山一郎 1999 年, 467 頁.

584) Gayn 1981, 472-475; 鳩山一郎 1999 年, 470, 473-474, 494 頁.

585) Charles L. Kades, GHQ, SCAP, GS, Memorandum for General Whitney, December 10, 1946. OJP3RRP 3-A-431.1.

586) O.I. Hauge, GHQ, SCAP, GS, Memorandum for Record, December 11, 1946. NDL, GS (B)00185.

587) Harry Emerson Wildes, GHQ, SCAP, GS, Political Affairs Division, Memorandum for the record, October 11, 1946. NDL, JW-41-15.

588) C.W., Check Sheet, reguest for investigation, from GS to G-2/CIS, August 16, 1946. NDL, GS (A) 02962; J.L.Kennedy, Headquarters, Counter Intelligence Corps, Area 37, APO 928 to Commanding Officer 441ˢᵗ CIC detachment, GHQ, AFPAC, APO 500, 4 October 1946. NDL, GS (B) 02962.

589) Wildes 1978, 172-179.

590) 福永文夫 1997 年、119-120 頁.

591) P. K. Roest, GHQ, SCAP, GS, Political Affairs Division, Memorandum to the Chief, GS, January 17, 1947. OJP3RRP 3-A-451; Appendix: GHQ, SCAP, GS, Memorandum to the Chief, GS, January 15, 1947. OJP3RRP 3-A-451; Political Reorientation of Japan, September 1945 to September 1948, Report of Government Section, SCAP. Section XI, Political Parties, 798-801. NDL, GS (B) 00561.

592) Paul J. Mueller, General Headquarters, Far East Command, The Intelligence Series, Volume IX; Operations of the Civil Intelligence Section, SCAP, July 8, 1948. NDL, The Intelligence Series G2, USAFFE-SWPA-AFPAC-FEC-SCAP, ISG-1, reel 12; C.W., GS to C/S, December 13, 1946. NARA, RG 331, box 2055, folder 6.

593) Finn 1992, 125.

594) J. F. A., Memorandum of Conference, October 1, 1946. NDL, GS (B) 00906.

595) Yoshida Shigeru to General of the Army Douglas MacArtur, October 22, 1946. NDL, MMA-14, reel 6; 福永文夫 1997 年、86-88 頁.

596) Baerwald 1959, 25-39.

597) Paul J. Mueller, GHQ/FECOM, The Intelligence Series,Volume IX; Operations of the Civil

Intelligence Section, July 8, 1948, 68. NDL, The Intelligence Series G2, USAFFE-SWPA-AFPAC-FEC-SCAP, ISG-1, reel 12; GHQ/USAFPAC, Military Intelligence Section, General Staff. Memorandum to Chief of Staff, December 18, 1946. NARA, RG 331, box 2055, folder 6; GHQ/USAFPAC, Military Intelligence Section, General Staff, C. A. Willoughby to Chief of Staff, December 19, 1946. NARA, RG 84, box 10, folder 16; C. A.Willoughby to Chief of Staff, report, December 19, 1946. NDL, GS(A)02368; G-2 (CIS) C. A. Willoughby, G-2 (CIS) to GS, Check Sheet, 0880 (unidentifiable digit), December 19, 1946. NDL, GS (A) 02368; C. A. Willoughby, G-2 to CI&E, ESS, GS, D/CS, CS, Check Sheet, December 23, 1946. NDL, GS (A) 02368.

598) GHQ, SCAP, GS, Memorandum to the Chief, January 3, 1947. OJP3RRP 3-A-442.

599) 福永文夫 1997 年、88 頁.

600) Summation of Non-Military Activities in Japan and Korea No. 14, 73. OJP3RRP 3-B-14.

601) 福永文夫 1997 年、88 頁.

602) Bisson 1949, 38-42.

603) Gayn 1981, 466.

604) Beate Shirota, GHQ, SCAP, GS, Political Affairs Division, Memorandum for the record, November 4, 1946. NDL, GS (A) 00036.

605) Summation of Non-Military Activities, December 1946. OJP3RRP 3-B-15.

606) 福永文夫 1997 年、113-114 頁.

607) Misao Kuwaye, GHQ, SCAP, GS, Memorandum for the record, December 17, 1946. NDL, JW -41-21; P. K. Roest, GHQ, SCAP, GS, Political Affairs Division, Memorandum to the Chief, GS, December 18, 1946. NARA, RG 84, box 22, folder 8.

608) Masumi 1985, 113-115; 福永文夫 1997 年、115 頁.

609) 福永文夫 1997 年、117 頁 ; Masumi 1985, 115-120.

610) Masumi 1985, 120-121, 128, 132.

611) DOS, Office of Research and Intelligence, Division of Far East Intelligence, Situation Report - Japan. R&A 3479.19, December 6, 1946. OSS/SDIRR, reel 3, document 27.

612) Masumi 1985, 132-135. さらに : 石橋湛山 2001 年, 178-181 頁 .

613) Charles A. Willoughby, GHQ, SCAP, Military Intelligence Section, General Staff, Spot Intelligence report, December 19, 1946. NDL, G2-02647.

614) GHQ/FECOM, Military Intelligence Section, General Staff, Civil Intelligence Section, Periodical Summary, Civil Censhorship, Counter Intelligence, Public Safety, Summation. Issue no. 15, April 15, 1947. NARA, RG 200, Willoughby "Personal-Official" File 1941-50, box 19; GHQ/FECOM, Military Intelligence Section, General Staff, Civil Intelligence Section, Periodical Summary, Civil Censorship, Counter Intelligence, Public Safety, Summation. Issue no. 17, Section IV, June 15, 1947. NARA, RG 200, entry 23310, box 19.

615) GHQ/FECOM, Military Intelligence Section, General Staff, Civil Intelligence Section, Periodical Summary, Civil Censhorship, Counter Intelligence, Public Safety, Summation. Issue no. 17, Section IV, June 15, 1947. NARA, RG 200, entry 23310, box 19.

616) Yoshida Shigeru to General MacArthur, January 28, 1947. NDL, GS (B) 01753.

617) 西尾末広 1968 年, 79 頁.

618) Gayn 1981, 463.

619) DOS, Office of Research and Intelligence, Division of Far East Intelligence, Situation Report

文　献　*217*

- Japan. R&A 3479.23, February 14, 1947. OSS/SDIRR reel 4 document 9; Pieter K. Roest, GS, Political Affairs Division, Memorandum to the Chief, GS, February 14, 1947. NARA, RG 84, box 22, folder 8.

620) Schaller 1985, 77, 94-95; Michael Schaller, *Altered States* - *The United States and Japan since the Occupation.* New York - Oxford: Oxford University Press, 1997, 12-13.

621) Summation of Non-Military Activities in Japan No. 17. OJP3RRP 3-B-16; New Year's Greeting to the Japanese People, December 31, 1946. Appendix F, Statement by General MacArthur. NDL, GS（B）00570.

622) Finn 1992, 156-157.

623) Schaller 1985, 77, 94; Schaller 1997, 12-13.

624) Schaller 1985, 93-95; Schonberger 1992, 39, 134-150. さらに：Newsweek, January 27, 1947. NDL, YE-5, reel 12, document 104-A-98; Newsweek, February 10, 1947. NDL, YE-5, reel 12, document 104-A-100.

625) Summation of Non-Military Activities in Japan No. 18. OJP3RRP 3-B-18.

626) Hugh Borton, *Japan's Modern Century.* New York: The Ronald Press Company, 1955, 414-416; Masumi 1985, 138; Finn 1992, 142; James Babb, "Two Currents of Conservatism in Modern Japan". *Social Science Japan Journal Vol. 5, No. 2,* 2002, 228.

627) Finn 1992, 126-127, 143, 148; 福永文夫 1997 年、89 頁；Babb 2002, 228.

628) 福永文夫 1997 年、118 頁.

629) Takemae 2003, 323.

630) GHQ/FECOM, Military Intelligence Section, General Staff, Charles A. Willoughby, Memorandum to the Chief of Staff, Leftist infiltration into SCAP, March 5, 1947. NDL, MMA-5（RG-23）, roll 13（no. 920）, box 18.

631) GHQ, SCAP, GS, Memorandum to the Chief, January 3, 1947. OJP3RRP 3-A-442.

632) P. K. Roest, GHQ, SCAP, GS, Political Affairs Division, Memorandum for the Record, November 14, 1946. NDL, GS（A）00036.

633) Misao Kuwaye, GHQ, SCAP, GS, Memorandum for the record, December 17, 1946. NDL, JW-41-21; P. K. Roest, GHQ, SCAP, GS, Political Affairs Division, Memorandum to the Chief, GS, December 18, 1946. NARA, RG 84, entry 2828, box 22, folder 8.

634) Summation of Non-Military Activites in Japan No. 17. OJP3RRP 3-B-17; P. K. Roest, GHQ, SCAP, GS, Political Affairs Division, Memorandum for the Record, February 18, 1947. NDL, GS（A）00064.

635) CI&E and GS, GHQ, SCAP, Political Affairs Bulletin No. 3, March 15, 1947. NARA, RG 331, box 5242, folder 31.

636) P. K. Roest, GHQ, SCAP, GS, Political Affairs Division, Memorandum for the record, March 18, 1947. NARA, RG 84, box 22, folder 9.

637) 同様な結論、たとえば：福永文夫 1997 年、124 頁.

638) 冨森叡児 2006 年, 26 頁.

639) Masumi 1985, 135-138; Uchida 1987, 331-332.

640) 芦田均 1986 年, 159, 161 頁.

641) Pieter K. Roest, GS, Political Affairs Division, Memorandum to the Chief, GS, February 14, 1947. NARA, RG 84, box 22, folder 8.

642) P. K.Roest, GHQ, SCAP, GS, Political Affairs Division, Memorandum for the Record, February 11, 1947. NDL, GS (A) 00064; Pieter K. Roest, GS, Political Affairs Division, Memorandum to the Chief, GS, February 14, 1947. NARA, RG 84, box 22, folder 8.

643) Summation of Non-Military Activities in Japan No. 17, 26. OJP3RRP 3-B-17; GHQ/FECOM, Military Intelligence Section, General Staff, Civil Intelligence Section, Periodical Summary, Civil Censhorship, Counter Intelligence, Public Safety, Summation. Issue no. 15, April 15, 1947. NARA, RG 200, Willoughby "Personal-Official" File 1941-50, box 19.

644) P. K. Roest, GHQ, SCAP, GS, Political Affairs Division, Memorandum for the Chief, GS, February 27, 1947. NARA, RG 84, box 22, folder 9.

645) P. K. Roest, GHQ, SCAP, GS, Political Affairs Division, Memorandum for the Chief, GS, February 27, 1947. NARA, RG 84, box 22, folder 9; P. K.Roest, GHQ, SCAP, GS, Political Affairs Division, Memorandum for the Record, February 11, 1947. NDL, GS (A) 00064.; Summation of Non-Military Activities in Japan No. 17. OJP3RRP 3-B-17.

646) Pieter K. Roest, GHQ, SCAP, GS, Memo for the Chief, GS, March 31, 1947. NARA, RG 84, box 22, folder 9.

647) Harry Emerson Wildes, GHQ, SCAP, GS, Public Administration Division, PPB, July 24, 1946. NDL, JW-41-03; P. K. Roest, GHQ, SCAP, GS, Memo for the Chief, GS, March 31, 1947. NARA, RG 84, box 22, folder 9.

648) P. K. Roest, GHQ, SCAP, GS, Memo for the Chief, GS, March 31, 1947. NARA, RG 84, box 22, folder 9.

649) GHQ, SCAP, History of the Nonmilitary Activities of the Occupation of Japan 1945 through November 1951, Volume III - Political and Legal - Part F, Development of Political Parties, 64-66. NDL.

650) 芦田均 1986 年, 181-182, 315 頁.

651) 福永文夫 1997 年、119-121 頁.

652) Misao Kuwaye, GHQ, SCAP, GS, Political Affairs Division, Memorandum for the record, December 18, 1946. NDL, JW-41-23.

653) Frank E. Hays, GHQ, SCAP, GS, Memorandum to the Chief, GS, February 11, 1947. OJP3RRP 3-A-465; Courtney Whitney to Yoshida Shigeru, March 14, 1947. NDL, JW-128-28; 福永文夫 1997 年、121-123 頁 ; Masumi 1985, 138-139.

654) GHQ, SCAP, GS, Japanese Election - April 1947, June 20, 1947. NDL, GS (A) 00049; Williams 1979, 175-176.

655) P. K. Roest, GHQ, SCAP, GS, Political Affairs Division, Memorandum for the Record, March 25, 1947. NDL, GS (A) 00062; GHQ, SCAP, GS, Japanese Election - April 1947, June 20, 1947. NDL, GS (A) 00049; Helen Loeb, GS, Legislative Division, No. 49 (92), The Diet, March 28, 1947. NDL, GS (A) 00061.

656) DOS, Office of Research and Intelligence, Division of Far East Intelligence, Situation Report - Japan, R&A 3479.24, February 28, 1947. OSS/SDIRP reel 4, document 11.

657) Masumi 1985, 139; Williams 1979, 36-37.

658) P. K. Roest, GHQ, SCAP, GS, Political Affairs Division, Memorandum to the Chief, GS, March 17, 1947. NARA, RG 84, box 22, folder 9.

659) Alfred R. Hussey and Cecil G. Tilton, GHQ, SCAP, GS, Memorandum for the Chief, GS,

文　献　*219*

February 14, 1947. OJP3RRP 3-A-469.

660) GHQ, Military Intelligence Section, General Staff, Civil Intelligence Section, Summary of Information, 31 March 1947. NDL, GS (A) 00061; GHQ/FECOM, Military Intelligence Section, General Staff, Civil Intelligence Section, Periodical Summary, Civil Censorship, Counter Intelligence, Public Safety, Summation. Issue no. 15, April 15, 1947. NARA, RG 200, Willoughby "Personal-Official" File 1941-50, box 19.

661) GHQ/FECOM, Military Intelligence Section, General Staff, Civil Intelligence Section, Periodical Summary, Civil Censorship, Counter Intelligence, Public Safety, Summation. Issue no. 15, April 15, 1947. NARA, RG 200, Willoughby "Personal-Official" File 1941-50, box 19.

662) Henry Oinas-Kukkonen, "A Set-back in the "Yardstick Elections". US Estimate of the Japanese Communist Party's Election Results in 1947". *Mielikuvien maanosat, Olavi K. Fältin juhlakirja*. Vaajakoski: Gummerruksen kirjapaino, 2006, 199-205.

663) P. K. Roest, GHQ, SCAP, GS, Political Affairs Division, Memorandum for Record, December 10, 1946. NDL, GS (A) 00035; P. K. Roest, GHQ, SCAP, GS, Memorandum to the Chief, GS, February 11, 1947. OJP3RRP 3-A-464; P. K. Roest, GHQ, SCAP, GS, Political Affairs Division, Memorandum for the Record, March 25, 1947. NDL, GS (A) 00062; Helen Loeb, GS, Legislative Division, No. 49 (92), The Diet, March 28, 1947. NDL, GS (A) 00061.

664) GHQ, SCAP, GS, Political Affairs Division, P. K. Roest, Memorandum to the Chief, GS, March 17, 1947. NARA, RG 84, Box 22, Folder 9.

665) Guy Wiggins, GHQ, SCAP, GS, Summary of Information, April 10, 1947. NDL, GS (B) 03117; Pol, series 785, Yomiuri Shimbun, Mr. Ishiguro Takeshige, May 18, 1946. NDL, GS (B) 03117; P. K. Roest, GHQ, SCAP, GS, Political Affairs Division, Memorandum for the records, March 13, 1947. NDL, GS (B) 02961; Guy A. Wiggins, Memo for Record, March 25, 1947. NDL, GS (B) 02961; Guy A. Wiggins, GHQ, SCAP, GS, Memorandum for record, March 28, 1947. NDL, GS (B) 02961; Japan Review Vol. 1, No. 13, April 18, 1947. NDL, G2-01777; P. K. Roest, GHQ, SCAP, GS, Political Affairs Division, Memorandum for the Chief, GS, February 27, 1947. NARA, RG 84, box 22, folder 9.

666) 増田弘 2001 年, 112, 148, 158 頁 ; Masumi 1985, 139.

667) Uchida 1987, 332.

668) Add Morning, Democratic Camp Badly Shaken as Result of Purge of Leaders, Jiji Press, April 5, 1947. NDL, GS (A) 00063; Item 4, Is Hatoyama behind the Purge?, Mimpo, April 13, 1947. NDL, GS (A) 00063; Item 15, Democratic Party Will Swing To Right, Yomiuri, April 10, 1947. NDL, GS (A) 00063; ITEM 16, Democrats To Carry On Despite Purge of Inukai, Jiji Shimpo, April 10, 1947. NDL, GS (A) 00063; GHQ, SCAP, CI&E, Analysis and Research Division, Press Analysis, April 11, 1947. NDL, GS (A) 00063.

669) Letter from Wataru Narahashi to General Whitney, April 20, 1947. NDL, GS (B) 01753; Wataru Narahashi to General Whitney, April 27, 1947. NDL, GS (B) 00202; Letter from Wataru Narahashi to General Whitney, May 19, 1947. NDL, GS (B) 03312; Uchida 1987, 332-333; 増田弘 2001 年, 112-113 頁.

670) Letter from Whitney to Prime Minister (Yoshida), April 21, 1947. NDL, GS (B) 01753; Letter from Yoshida Shigeru to General Whitney, April 22, 1947. NDL, GS (B) 03312.

671) Baerwald 1959, 51-52, 84.

672) Kataoka Tetsuya, "Intorduction" and "The 1955 System: The Origin of Japan's Postwar Politics". *Creating Single-Party Democracy – Japan's Postwar Political System*. Edited by Kataoka Tetsuya. Stanford, California: Hoover Institution Press, Stanford University, 1992, 18, 156.

673) Guy A. Wiggins, GHQ, SCAP, GS, Memorandum for record, March 27, 1947. NDL, GS (B) 03313; Request for information from GS to CIS, March 27, 1947. NDL, GS (B) 03313; Guy A. Wiggins, GHQ, SCAP, GS, Narahashi Wataru, April 1, 1947. NDL, GS (B) 03313.

674) Carlos P. Marcum, GHQ, SCAP, GS, April 3, 1947. NDL, BAE-11; Report, (ペンで書いた) 2 April 1947 (日時不明, 記述者不明). NDL, GS (B) 03313.

675) 増田弘, 2001 年, 136 頁.

676) Additional Information Re Narahashi Purge, May 18, 1947. NDL, GS (B) 03312.

677) 増田弘, 2001 年, 116-125, 128-137, 140-141 頁.

678) Copy of purge directive, to be signed by the Prime Minister on March 31, 1947. NDL, GS (B) 03313.

679) Add Morning, Democratic Camp Badly Shaken as Result of Purge of Leaders, Jiji Press, April 5, 1947. NDL, GS (A) 00063.

680) The Assistant Secretary of State (Hilldring) to the Director of the Civil Affairs Division, War Department (Echols). Washington, November 23, 1946. FRUS 1946, vol. 8, 365-367.

681) CW/CLK/CPM/CAW/rg, Request for Questinnaires. NDL, GS (B) 00202.

682) Status under SACPIN 550 report, April 4, 1947. NDL, GS (B) 03086; Draft of Status under SACPIN 550 report, April 3, 1947. NDL, GS (B) 03086; GHQ/FECOM, Military Intelligence Section, General Staff, General Activities, Memorandum for Information, April 21, 1947. NDL, GS (B) 03106.

683) GHQ/FECOM, Military Intelligence Section, General Staff. General Activities, Memorandum for Information, April 21, 1947. NDL, GS (B) 03106.

684) GHQ/USAFPAC, Check Sheet. From G-2 (P.S.B for C.A.W) to GS, May 8, 1947. NDL, GS (B) 03106.

685) Letter from Yoshida Shigeru to General Whitney, March 23, 1947. NDL, GS (B) 01753; Letter from Courtney Whitney to the Prime Minister of Japan (Yoshida), March 30, 1947. NDL, GS (B) 03008; 増田弘, 2001 年, 139 頁.

686) Carlos P. Marcum, GHQ, SCAP, GS, Memorandum for the Chief, GS, February 20, 1947. NARA, RG 331, entry 1372, box 2053, folder 5; Jack P. Napier, Chief Purge Officer, GS, Memo for purge personnel. NARA, RG 331, box 2053, folder 2; GHQ, SCAP, GS, Administrative Memorandum No. 4, GS, April 8, 1947. NDL, Hussey papers 2-C-13.

687) R. C. Kramer, ESS, Memorandum to Central Liaison Office, October 1, 1945. NDL, BAE-112-25; 石橋湛山 2001 年, 54-55 頁.

688) R. J. Marshall, Chief of Staff, Memorandum for George Atcheson Jr., December 20, 1945. NARA, RG 84, box 3, Volume V.

689) C. W. GS to C in C, June 26, 1946. NDL, GS (B) 03113; Frank Rizzo, Memorandum for Record, June 26, 1946. NDL, GS (B) 03113; Frank Rizzo, GHQ, SCAP, GS, Memorandum for the Chief, GS, June 17, 1946. OJP3RRP 3-A-293; 石橋湛山 2001 年, 116-125 頁.

690) 石橋湛山 2001 年, 141-142 頁.

文 献 *221*

691) Elsa C. McVoy, GHQ, SCAP, GS, Memorandum for the record, March 5, 1947. NDL, BAE-14; Elsa C. McVoy, GHQ, SCAP, GS, Memorandum for the record, March 20, 1947. NDL, BAE-12; Status report, Ishibashi Tanzan, March 21, 1947. NDL, GS (B) 03113; T. Tsukahara, GHQ, SCAP, GS, Memorandum for Record, March 21, 1947. NDL, GS (B) 03113.

692) Add Morning, Democratic Camp Badly Shaken as Result of Purge of Leaders, Jiji Press, April 5, 1947. NDL, GS (A) 00063.

693) Jack P. Napier and Guy Wiggins, GHQ, SCAP, GS, Memorandum for the Record, April 30 1947. NDL, GS (B) 00855-00856; Secret, Appendix I, Mr. Ishibashi's Obstruction on Extraordinary Tax Legislation. NDL, BAE-128.

694) W. F. M., GHG, SCAP, Check Sheet from ESS to GS, May 1, 1947. NDL, GS (B) 03111; Courtney Whitney, GS, Memorandum for Central Liaison Office, May 7, 1947. NDL, GS (B) 03111.

695) Letter from Tanzan Ishibashi to Yoshida Shigeru, May 9, 1947. NDL, GS (B) 03111; GHQ, SCAP, GS, Memorandum for the record, May 27, 1947. NDL, GS (B) 03111; Letter to MacArthur on May 12, 1947, signed by H. Ashida, Tsunega Baba, T. Yamazaki, M. Ito, Bunshiro Suzuki, E. Uehara, S. Nishio, T. Miki, Niro Hoshijima, I. Suehiro, T. Obama, Takuzo Itakura, Tetsuro Furugaki, Iwao Ayusawa, Shuke Shirayanagi, Takeo Kurusu, H. Ichimada, Hyoe Ouchi, Yoshishige Abe, N. Hasegawa, Mr. K. Matsuoka, Mr. H. Ikeda, Toyotaro Toda NDL, GS (B) 03111; Ishibashi to Messrs. of the Central Screening Committee, May 12, 1947. NDL, GS (B) 03111; 石橋湛山 2001 年, 190-192 頁.

696) Guy a. Wiggins, Memorandum for the Chief, Special Projects Division February 16, 1948. NDL, BAE-28.

697) 増田弘 2001 年, 136 頁.

698) 楢橋渡 1968 年, 82, 84 頁.

699) Guy A. Wiggins, status report, April 4, 1947. NDL, GS (B) 02945.

700) GHQ/FECOM, Military Intelligence Section, General Staff, Civil Intelligence Section, Periodical Summary, Civil Censorship, Counter Intelligence, Public Safety, Summation. Issue no. 15, April 15, 1947. NARA, RG 200, Willoughby "Personal-Official" File 1941-50, box 19.

701) Summation of Non-Military Affairs, No. 17. OJP3RRP 3-B-17.; SID – Who is Who, Inukai Ken, February 1, 1947. NDL, G2 00994.

702) O. I. Hauge, GHQ, SCAP, GS, Memorandum to the Chief, May 21, 1947. NDL, GS (B) 02945.

703) 福永文夫 1997 年, 125 頁; Masumi 1985, 138.

704) 芦田均 1986 年, 148, 306-307 頁.

705) 芦田均 1986 年, 195 頁; P. K. Roest, GHQ, SCAP, GS, Public Administration Division, PPB, Memorandum to the Chief of Section, April 19, 1946. NARA, RG 331, box 2142, folder 2; P. K. Roest, GHQ, SCAP, GS, Public Administration Division, PPB, Memorandum to the Chief, GS, April 23, 1946. NARA, RG, 331, box 2142, folder 2.

706) Draft memorandum dealing with the clearance of personnel for government service under SCAPIN 550, November 15, 1946. NDL, GS (B) 00186; SID – Who is Who, Ashida Hitoshi, February 1, 1947. NDL, G2 00994.

707) Guy A. Wiggins, status report, April 4, 1947. NDL, GS (B) 02945.

708) 芦田均 1986 年, 182 頁; 五百旗頭真 2007 年, 315 頁.

709) Baerwald 1959, 39, 96.

710) 芦田均 1986 年，186 頁；鳩山一郎 1999 年，520 頁.

711) Masumi 1985, 145.

712) Saito Takao's Report to Friends Throughout the Country on My Secession From the Democratic Party and the Establishment of a New Political Party, March 1948. NDL, GS（A）02534.

713) Carlos P. Marcum, GHQ, SCAP, GS, Political Affairs Division, Memorandum for record, May 9, 1947, NDL, GS（A）00502; Carlos P. Marcum, GHQ, SCAP, GS, Memorandum to Chief, GS, May 9, 1947. OJP3RRP 3-A-557.

714) 福永文夫 1997 年、137-138 頁.

715) Masumi 1985, 145-146.

716) Report, Saito Takao, April 2, 1947. NDL, GS（B）03481. Saito was also introduced in Nippon Time's men of the moment on May 12, 1947; O. I. Hauge, GHQ, SCAP, GS, Memorandum to the Chief, May 21, 1947. NDL, GS（B）02945.

717) 芦田均 1986 年、196-197 頁；Guy A. Wiggins, GHQ, SCAP, GS, Memorandum for the record, May 14, 1947. NDL, GS（B）02945.

718) Jack P. Napier, GHQ, SCAP, GS, Memorandum for the Chief, GS, May 30, 1947. NDL, GS（B）02944; Harry Emerson Wildes, GHQ, SCAP, GS, Memorandum for the Chief, GS, May 30, 1947. NDL, GS（B）02944.

719) Ashida Hitoshi, Status under SCAPIN 550, May 30, 1947. NDL, GS（B）02944.

720) Jack P. Napier, Chief, Public Service Qualifications Division, Memorandum to Commander A.R. Hussey, Jr., August 8, 1947. NDL, GS（B）00854. さらに: Douglas F. Scott, GHQ, SCAP, GS, Memorandum for the Record, June 13, 1947. NDL, BAE-159.

721) GHQ, SCAP, History of the Nonmilitary Activities of the Occupation of Japan 1945 Through November 1951, Volume III – Political and Legal – Part F, Development of Political Parties, 131–132. NDL.

722) Finn 1992, 149.

723) 福永文夫 1997 年、133-135 頁；Masaru Kohno, "The Politics of Coalition Building in Japan: The Case of the Katayama Government Formation in 1947". *British Journal of Political Science, Vol. 24, No. 1 （Jan., 1994）*, 1994, 149-150.

724) Masumi 1985, 143.

725) 福永文夫 1997 年、135-137 頁. Original document: Carlos P. Marcum, GHQ, SCAP, GS, Memorandum to Chief, GS, May 9, 1947. OJP3RRP 3-A-557.

726) 福永文夫 1997 年、137-138 頁；林由美、（戦後日本の連合―片山内閣を中心に）『連合政治 I ―デモクラシーの安定をもとめて』（東京：岩波現代選書、1984 年）, 266 頁；Masumi 1985, 143-144.

727) GHQ/FECOM, Military Intelligence Section, General Staff, Civil Intelligence Section, Periodical Summary, Civil Censorship, Counter Intelligence, Public Safety, Summation. Issue no. 17, Section IV, June 15, 1947, 28. NARA, RG 200, Willoughby Personal-Official File, 1941-50, entry 23310; 石橋湛山 2001 年，192 頁.

728) Finn 1992, 149; 福永文夫 1997 年、138-139 頁；Masumi 1985, 146.

729) GHQ/FECOM, Military Intelligence Section, General Staff, Civil Intelligence Section, Periodical Summary, Civil Censorship, Counter Intelligence, Public Safety, Summation. Issue no. 17, Section IV, June 15, 1947. NARA, RG 200, Willoughby Personal-Official File, 1941-50, entry

23310; 西尾末広 1968 年，143 頁 ; 林由美 1984 年，267 頁.

730) Tetsu Katayama, Prime Minister to General of the Army Douglas MacArtur, Supreme Commander for the Allied Powers, June 3, 1947. NDL, MMA-14, reel 6.

731) Babb 2002, 215-216, 229; Kohno 1994, 156-158.

732) Kataoka 1992, 18, 155-156; 林由美 1984 年，257-258, 264, 269-270 頁 ; Takemae 2003, 322.

733) 林由美 1984 年，257-258, 264, 269-270 頁 ; Masumi 1985, 146.

734) Oinas-Kukkonen 2006, 205-206.

735) Harry Emerson Wildes, GHQ, SCAP, GS, Public Administration Division, PPB, August 6, 1946. NDL, JW-41-07.

736) GHQ, SCAP, GS, Status report, May 27, 1947. NDL, GS (B) 03438.

737) GHQ, SCAP, GS, Japanese Election – April 1947, June 20, 1947. NDL, GS (A) 00049; GHQ, SCAP, GS, Status report, May 27, 1947. NDL, GS (B) 03333.

738) American Embassy, Everett F. Drumright to Secretary of State (Original and four copies to Department, Copy to U.S. Political Adviser, SCAP, Tokyo), June 3, 1947. NARA, RG 84, box 22, folder 8.

人名索引

ア行

芦田均　13, 28, 29, 46, 49, 55, 59, 63, 89, 117, 119, 120, 126, 137, 141, 143, 144, 164, 165, 166, 167, 160, 173, 174, 176, 181, 182, 183, 184, 185, 186, 187, 189

アチソン，ジョージ（Atcheson, George）22, 52, 57, 58, 64, 69, 70, 71, 72, 73, 80, 81, 84, 86, 96, 97, 99, 115, 147, 148, 150

アチソン，ディーン（Acheson, Dean）13, 22, 48, 162

安倍能成　120

阿部信行　16

安藤正純　46, 55, 59, 89, 93, 126, 137

井川忠雄　71, 121, 139, 164

石黒武重　119, 166, 173, 176, 180, 182

石橋正二郎　85, 149

石橋湛山　13, 121, 129, 156, 157, 158, 174, 177, 178, 179, 182

一宮房治郎　59

犬養健　28, 29, 93, 117, 134, 137, 138, 140, 141, 142, 143, 145, 149, 154, 159, 164, 165, 166, 167, 168, 173, 174, 176, 177, 180, 181, 182, 185

ウィギンズ，ガイ（Wiggins, Guy）175, 180, 181, 184

ウィリアムズ，ジャスティン（Williams, Justin）3, 11, 12, 13, 41, 42, 52, 94, 142, 170

ウィリアムズ，フランク（Williams, Frank）19

ウィロビー，チャールズ（Willoughby, Charles）12, 13, 53, 76, 78, 79, 80, 98, 113, 117, 135, 138, 154, 181

ヴィンセント，ジョン・カーター（Vincent, John Carter）22

植原悦二郎　46, 49, 130, 149, 152, 169, 171

宇垣一成　13, 26, 33, 56, 57, 58, 68

エスマン，ミルトン（Esman, Milton）42

エマーソン，ジョン（Emmerson, John）13, 23, 41, 52, 54, 55, 56, 62, 63, 67, 68, 71, 72, 73, 84, 85, 86, 87, 89, 90, 96, 97, 114, 146, 148

大麻唯男　49, 56

大久保留次郎　143, 149, 158, 186, 188

大野伴睦　28, 134, 143, 149, 158, 166, 186, 188, 189

小笠原三九郎　87

岡田勢一　164

尾崎行雄　27, 28, 29, 31, 119, 122, 123, 171

カ行

カーン，ハリー（Kern, Harry）162

加瀬俊一　17

片山哲　28, 59, 118, 119, 120, 125, 140, 156, 157, 172, 183, 184, 185, 186, 187, 188, 189

加藤勘十　188

金光庸夫　49, 56

河合良成　142, 164, 166, 176

北勝太郎　138, 145

北政清　138, 145

北晧吉　28

木戸幸一　27, 51, 73

木村小左衛門　159, 166

木村武雄　89

クィグリー，ハロルド（Quigley, Harold）53, 142

グッドウイル，マーシャル（Goodsill, Marshall）79

久原房之助　15, 28, 29, 59, 123

グラジダンツェフ，アンドリュー（Grajdanzev, Andrew）138, 147

クリスト，ウィリアム（Crist, William）39, 40, 41, 52, 65, 72, 79, 80, 81

栗山長次郎　143, 144

グルー，ジョセフ（Grew, Joseph）13, 19, 21, 22, 24, 25, 26, 27, 29, 30, 31, 34, 35, 36, 40, 41, 42, 50, 56, 59, 73, 98, 113, 114, 132, 133

クレスウェル，ハリー（Creswell, Harry）79, 80, 87, 90, 98, 123, 124

黒沢西蔵　71

ゲイン，マーク（Gayn, Mark）　14, 110, 111,
127, 147, 150, 155, 160

ケーディス，チャールズ（Kades, Charles）
12, 41, 42, 52, 53, 72, 78, 79, 86, 92, 94, 98,
128, 150, 153, 170, 182, 183, 186, 187, 188

ケナン，ジョージ（Kennan, George）　13,
48, 98

小磯国昭　16, 34

コーヴィル，キャボット（Coville, Cabot）
19, 22

コーエン，セオドア（Cohen, Theodore）
13, 41, 163

河野一郎　13, 46, 55, 63, 104, 110, 116, 121,
126, 130, 131, 134, 136, 140, 143

コールグローブ，ケネス（Colegrove, Kenneth）
13, 25, 42, 53, 98, 133

小阪善太郎　166

古島一雄　126

児玉誉士夫　63

近衛文麿　15, 16, 24, 29, 56, 68, 73, 99

コルトン，ケネス（Colton, Kenneth）　13, 116

サ行

サービス，ジョン（Service, John）　62, 73

斎藤隆夫　25, 30, 59, 68, 69, 70, 87, 88, 102,
117, 118, 122, 123, 134, 136, 137, 138, 145,
159, 166, 182, 183, 184, 186, 188

桜井兵五郎　56

サザーランド，リチャード（Sutherland, Richard）
45

サビン，ロレンツォ（Sabin, Lorenzo）　20

サンソム，ジョージ（Sansom, George）　23

シーボルド，ウィリアム（Sebald, William）
13, 60, 73, 85, 86, 87, 88, 90, 94, 97, 102, 104,
108, 109, 113, 114, 115, 118, 119

シェンク，ハーバート（Schenk, Hubert）
147

シャラー，マイケル（Schaller, Michael）　10

ジョンソン，U・アレクシス（Johnson, U. Alexis）
13, 41

ジョンソン，ネルソン（Johnson, Nelson）　87

重光葵　13, 46

幣原喜重郎　25, 36, 49, 50, 51, 55, 63, 65, 66,
81, 84, 85, 86, 89, 96, 99, 100, 101, 108, 109,
110, 116, 117, 118, 119, 120, 122, 125, 126, 127,
128, 129, 132, 134, 138, 140, 141, 142, 143, 145,
157, 158, 159, 160, 161, 166, 167, 168, 171, 174,
176, 177, 179, 180, 181, 182, 183, 184, 186, 189

渋沢敬三　63, 68

島田俊雄　49, 137

白洲次郎　119, 122, 150

シロタ，ベアテ（Sirota, Beate）　42, 98, 135

スウォープ，ガイ（Swope, Guy）　42, 108

菅原通済　165

鈴木貫太郎　16, 34, 45

スターリン，ヨシフ（Stalin, Josif）　35, 47,
98

スティムソン，ヘンリー（Stimson, Henry）
36, 40, 51

ステティニアス，エドワード（Stettinius, Edward）
34

スピンクス，チャールズ・ネルソン（Spinks,
Charles Nelson）　13, 136, 137

千石興太郎　71, 90

タ行

ダージン，ラッセル（Durgin, Russel）　71,
85

ダイク，カーミット（Dyke, Kermit）　87

田中儀一　27, 54, 122

田中萬逸　134, 159, 187

田辺七六　56

地崎宇三郎　151, 152, 165, 173, 174, 180, 182

チャーチル，ウィンストン（Churchill, Winston）
35, 98

辻嘉六　63, 126, 130, 144, 149

鶴見祐輔　56, 59, 60, 61, 62, 69, 82, 87, 88, 137,
142

ディックオーバー，アール（Dickover, Erle）
19, 22, 31

ティルトン，セシル（Tilton, Cecil）　42, 171

東条英機　16, 81, 122, 123
ドーマン，ユージン（Dooman, Eugene）
19, 21, 22, 25, 26, 31, 35, 40, 41, 42, 114
徳田球一　54, 106
トルーマン，ハリー（Truman, Harry）　34,
35, 36, 37, 38, 45, 57, 98, 161

ナ行

中島知久平　15, 30, 47, 49, 56
中野有礼　181
楢橋渡　13, 55, 83, 84, 85, 86, 103, 108, 109,
110, 117, 118, 119, 121, 122, 127, 130, 134,
166, 167, 168, 173, 174, 175, 176, 179, 180,
181, 182, 185
西尾末広　13, 46, 120, 121, 125, 141, 156, 157,
158, 159, 168, 185, 186, 187
ニミッツ，チェスター（Nimitz, Chester）　38
ニュージェント，ドナルド（Nugent, Donald）
13, 111
ネービア，ジャック（Napier, Jack）　184,
185
ノーマン，E・ハーバート（Norman, E.
Herbert）　22, 73

ハ行

バーンズ，ジェームズ（Byrnes, James）
13, 34
パイル，ケネス（Pyle, Kenneth）　1
ハウギ，オズボーン（Hauge, Osbourne）
42, 183
パケナム，コンプトン（Packenham, Compton）
162
パスボルスキー，レオ（Pasvolsky, Leo）　18
ハッシー，アルフレット（Hussey, Alfred）
12, 42, 86, 171, 182
鳩山一郎　13, 28, 46, 47, 49, 54, 55, 57, 59, 60,
61, 62, 63, 68, 89, 90, 93, 102, 104, 108, 109,
110, 111, 116, 117, 118, 119, 120, 121, 122, 123,
124, 125, 126, 127, 128, 129, 130, 131, 132, 134,
136, 137, 140, 143, 144, 149, 150, 151, 158, 166,
175, 176, 181, 184

浜口雄幸　15, 27, 36
林譲治　130, 131, 150, 157, 158, 175, 176, 188
バランタイン，ジョセフ（Ballantine, Joseph）
19, 22, 23, 28, 36, 38
ハリマン，W・アヴェレル（Harriman, W. Averell）
98, 99, 161
ハル，コーデル（Hull, Cordell）　18, 19, 31,
34
バルフォア，ジョン（Balfour, John）　36
ピーク，サイルス（Peake, Cyrus）　98, 103
東久邇稔彦　45, 50
ビショップ，マックス（Bishop, Max）　19,
41, 66, 85, 97, 113, 114
ビッソン，トマス（Bisson, Thomas）　13,
22, 73, 98, 112
一松定吉　129, 166, 181, 182
平塚常次郎　143, 146, 149
平沼騏一郎　16
平野力三　46, 156, 157, 158, 186, 188
ヒルドリング，ジョン（Hilldring, John）
32, 41
フィアリー，ロバート（Fearey, Robert）
19, 22, 31, 41, 113, 114
フィン，リチャード（Finn, Richard）　13
フーヴァー，ハーバート（Hoover, Herbert）
162
船田中　70, 71
ブラインズ，ラッセル（Brines, Russell）　9,
14, 127
プル，レオン（Prou, Leon）　150
ブレイクスリー，ジョージ（Blakeslee, George）
19, 21, 23, 24, 26, 28, 38, 41, 87, 88
ベアワルド，ハンス（Baerwald, Hans）　12,
13, 75, 174, 182
ヘイズ，フランク（Hays, Frank）　42
ペンス，ハリー（Pence, Harry）　20, 22
ホイットニー，コートニー（Whitney, Courtney）
13, 41, 52, 53, 66, 72, 76, 87, 88, 94, 101, 112,
122, 124, 125, 131, 147, 150, 152, 169, 170, 171,
178, 179
ボートン，ヒュー（Borton, Hugh）　13, 19,

21, 23, 24, 26, 28, 30, 31, 41, 42, 50, 114, 146
ボーマン，イザヤ（Bowman, Isaiah） 18
ホーンベック，スタンリー（Hornbeck, Stanley）
　18, 19, 22, 31
星島二郎　129, 164
保利茂　173

マ行

マーカム，カルロス（Marcum, Carlos）
　163, 175, 176, 177, 178, 183, 186
マーシャル，リチャード（Marshall, Richard）
　　　　　　　　　　　　　　　　　　47
前田米蔵　49
マキ，ジョン（Maki, John）　148, 149
牧野伸顕　24, 25, 98, 126
牧野良三　46, 103, 126
マシビル，シドニー（Mashbir, Sidney）
　78, 79, 80
町田忠治　30, 47, 49, 56, 58, 68, 87, 88, 126,
　137
松岡駒吉　187
マッカーサー，ダグラス（MacArthur, Douglas）
　6, 7, 8, 9, 11, 13, 16, 22, 23, 36, 37, 38, 39, 40,
　41, 45, 47, 48, 49, 50, 53, 57, 58, 72, 76, 79, 80,
　82, 84, 86, 87, 92, 97, 99, 100, 101, 106, 107,
　111, 112, 114, 124, 126, 127, 128, 132, 133, 137,
　146, 147, 148, 150, 152, 153, 154, 158, 159, 160,
　161, 162, 169, 170, 171, 174, 187, 188
マックロイ，ジョン（McCloy, John）　21,
　34, 36
マッコイ，フランク（McCoy, Frank）　107
松嶋鹿夫　173
松平恒雄　25, 27, 50, 120, 126
松野鶴平　126, 177
松村謙三　56
松本瀧蔵　134, 164, 165, 189
三木武夫　134, 139, 164, 165, 166, 189
三木武吉　116, 126, 130, 136
水谷長三郎　156
三土忠造　84, 119, 120, 127
村上義一　84

モーゲンソー，ヘンリー（Morgenthau Henry,
　Jr.）　33, 37
森戸辰男　62

ヤ行

矢野庄太郎　46
山崎巌　50
山田久就　150
山本実彦　71, 134, 139, 145, 164
吉田茂　3, 13, 25, 34, 46, 50, 63, 85, 86, 109,
　116, 117, 119, 120, 122, 125, 126, 127, 128,
　129, 130, 131, 132, 134, 135, 136, 137, 140, 142,
　143, 144, 145, 146, 147, 149, 150, 153, 155, 156,
　157, 158, 159, 160, 161, 162, 166, 167, 169, 170,
　171, 173, 174, 175, 176, 177, 179, 180, 181, 183,
　186, 189, 188, 187
米内光政　16, 26

ラ行

ラウエル，マイロ（Rowell, Milo）　42, 66
ラティモア，オーウェン（Lattimore, Owen）
　13, 22, 25, 59
ラデジンスキー，ヴォルフ（Ladejinsky, Wolf）
　146, 147
リッツォ，フランク（Rizzo, Frank）　41, 124
ルーズベルト，フランクリン（Roosevelt,
　Franklin）　18, 34
ロースト，ピエター（Roest, Pieter）　42, 52,
　53, 60, 61, 62, 66, 71, 72, 82, 86, 87, 96, 98, 119,
　120, 121, 135, 143, 144, 145, 156, 160, 163, 164,
　165, 166, 167, 168, 169, 170, 172
ロス，アンドリュー（Roth, Andrew）　13,
　22, 25, 50

ワ行

ワイルズ，ハリー（Wildes, Harry）　11, 13,
　42, 53, 59, 85, 86, 88, 92, 98, 127, 135, 136, 137,
　138, 139, 140, 141, 142, 143, 144, 151, 152, 180,
　183, 184, 188
和田博雄　147

■著者紹介

ユハ・サウナワーラ　（Juha Saunavaara）

博士号取得の研究者。1980 年生まれ。フィンランドのオウル大学文学部卒業、2005 年オウル大学修士課程修了。2006 年から 2009 年までのオウル大学博士課程在学中に、慶應義塾大学、北海道大学へ留学。東京国立国会図書館、米国立公文書館で研究。2010 年から 2012 年までオウル大学歴史学科講師。GHQ/SCAP、占領時代政治、日本民主化についてのいくつかの小論文が国際刊行物に掲載される。

■翻訳者紹介

原谷　友香　（Haraya Tomoka）（序章、第 1 章、第 2 章担当）

翻訳家。北海道大学文学部卒業。法律、スポーツ、広告等さまざまな業界で企業内翻訳者として勤務後、現在はフリーランスの翻訳家として、映像翻訳、産業翻訳などを手掛ける。

黒川　賢吉　（Kurokawa Kenkichi）（第 3 章、第 4 章、第 5 章、第 6 章担当）

翻訳家。1938 年新潟県生まれ。東京外国語大学仏語科卒業。海運会社勤務中に医師の依頼でアメリカ、イギリスの物理療法の翻訳を行う。退社後はフリーランスの翻訳家として環境・エネルギー、産業、経済、社会科学、臨床医学など幅広い分野の翻訳を手掛ける。

GHQ/SCAP と戦後の政治再建
── 占領計画や政策における日本保守主義者たち ──

2015 年 1 月 30 日　初版第 1 刷発行

■著　　者──── ユハ・サウナワーラ
■翻 訳 者──── 原谷友香・黒川賢吉
■発 行 者──── 佐藤　守
■発 行 所──── 株式会社 大学教育出版
　　　　　　　　〒 700-0953　岡山市南区西市 855-4
　　　　　　　　電話（086）244-1268　FAX（086）246-0294
■印刷製本──── モリモト印刷 ㈱

© Juha Saunavaara, Tomoka Haraya, Kenkichi Kurokawa 2015, Printed in Japan
検印省略　　　落丁・乱丁本はお取り替えいたします。
本書のコピー・スキャン・デジタル化等の無断複製は著作権法上での例外を除き禁じら
れています。本書を代行業者等の第三者に依頼してスキャンやデジタル化することは、
たとえ個人や家庭内での利用でも著作権法違反です。

ISBN978 − 4 − 86429 − 287 − 0